财务管理实务

微课版 | 第 3 版

黄佑军◎主编

黄佩红 李晶 王亮◎副主编

FINANCIAL MANAGEMENT PRACTICE

人民邮电出版社

北 京

图书在版编目（CIP）数据

财务管理实务：微课版 / 黄佑军主编. -- 3 版.
北京：人民邮电出版社，2024. --（职业教育新形态财
会精品系列教材）. -- ISBN 978-7-115-64924-9

Ⅰ．F275

中国国家版本馆 CIP 数据核字第 2024X1J616 号

内 容 提 要

　　本书以企业财务管理活动为主线，参照当前财务管理的职业资格标准，注重职业素养形成和职业
能力培养，体现基于职业岗位分析和具体工作过程的课程设计理念，围绕财务管理活动设计相应的项
目、任务。本书提炼财务管理实务课程中蕴含的素养元素，构建基于成果导向的教材体系，将素质教
育的核心理念与要素有机融入教材中，将素养元素润物细无声地传递给学生，实现素质教育与职业能
力培养有机融合。本书强调学生知识目标和能力目标的实现，以培育创新型、复合型和发展型的高级
技术技能型人才为出发点。本书包括认知财务管理、筹资管理、投资管理、营运资金管理、收益与分
配管理、财务预算、财务控制、大数据财务分析 8 个项目。

　　本书既适合作为高等职业院校和应用型本科院校大数据与财务管理、大数据与会计、大数据与审
计、资产评估与管理、金融服务与管理等财经商贸类专业的教材，也适合作为工商管理类专业的专业
基础课程或选修课程教材，还适合企业财务人员和管理人员学习参考。

　◆　主　　编　黄佑军
　　　副 主 编　黄佩红　李　晶　王　亮
　　　责任编辑　王　振
　　　责任印制　王　郁　彭志环
　◆　人民邮电出版社出版发行　　　北京市丰台区成寿寺路 11 号
　　　邮编　100164　电子邮件　315@ptpress.com.cn
　　　网址　https://www.ptpress.com.cn
　　　北京天宇星印刷厂印刷
　◆　开本：787×1092　1/16
　　　印张：14.25　　　　　　　　　　2024 年 8 月第 3 版
　　　字数：352 千字　　　　　　　　2024 年 8 月北京第 1 次印刷

定价：56.00 元

读者服务热线：(010)81055256　印装质量热线：(010)81055316
反盗版热线：(010)81055315
广告经营许可证：京东市监广登字 20170147 号

前言
FOREWORD

党的二十大报告提出："加快发展数字经济，促进数字经济和实体经济深度融合，打造具有国际竞争力的数字产业集群。"本教材基于"数实融合"理念，以大数据环境下企业筹资管理、投资管理、营运资金管理、收益与分配管理等理财循环为主线，构建基于大数据数字资源的财务管理实务教材体系，以帮助学生理解影响价值创造的各种因素，建立终身理财的财务思维，培养优良的职业道德情操，树立正确的资金价值观，并具备数据收集、工具使用的能力，从而培养出具有诚实守信的职业道德、严谨细致的财务管理素养的高素质技术技能型人才。

财务管理实务课程既是大数据与财务管理、大数据与会计、大数据与审计、资产评估与管理、金融服务与管理等财经商贸类专业的核心课程，也是工商管理类专业的专业基础课程或选修课程。本教材以企业财务管理活动为主线，参照当前财务管理的职业资格标准，注重职业素养形成和职业能力培养，体现基于职业岗位分析和具体工作过程的课程设计理念，围绕财务管理活动设计相应的项目、任务。本教材融入了素质教育的核心理念与要素，实现了素质教育与职业能力培养有机融合。

本教材强调学生知识目标和能力目标的实现，以培育创新型、复合型和发展型的高级技术技能型人才为出发点。本教材打破以知识传授为主要特征的传统教材模式，采用以工作项目与任务为中心的模式。本教材在邀请企业、行业财务专家对有关专业所涵盖的业务岗位群进行任务与职业能力分析的基础上，以就业和创新创业为导向，以企业财务管理实际岗位工作内容为核心，让学生在完成具体项目、任务的过程中学习相关理论知识，并形成职业素养，培养职业能力。本教材包括认知财务管理、筹资管理、投资管理、营运资金管理、收益与分配管理、财务预算、财务控制、大数据财务分析 8 个项目。

本教材每个项目都以基本业务操作技能为载体，以工作任务为中心，实现理论与实践一体化。这些项目以财务管理一线岗位的基本价值观念、基本能力、基本方法、基本业务、基本操作等为线索进行设计。本教材注重对学生职业素养的培养和职业能力的训练，紧紧围绕完成工作任务的需要选取理论知识，并融合了相关职业资格证书考试、技能比赛对知识、能力和素养的要求，充分体现了"工学结合、任务驱动、项目导向"的教学模式。

本教材在第 2 版的基础上，对有关项目、任务进行了结构调整，对内容和数字资源进行了优化、丰富，对照社会主义核心价值观、财务管理有关岗位职业道德，充分挖掘素养元素。本教材的编写突出了以下特点。

（1）**深入挖掘素养元素，落实立德树人根本任务。**以党的二十大精神为指引，坚持

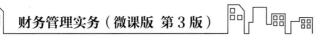

以立德树人为首，将素养元素融入教材建设全过程，落实到任务目标设计，案例选用，教案课件编写等方面。

（2）**遵循岗课赛证融合原则，理实一体、综合育人。**坚持立德树人，优化类型定位，推进"三教"改革不断深化，践行岗课赛证综合育人。

（3）**充分体现"任务驱动、项目导向"。**以企业财务管理相关业务操作为主线，充分体现"任务驱动、项目导向"的课程设计思想，以财务管理岗位为核心，结合岗位职业资格证书的考核要求，合理安排教材内容。

（4）**融媒体式的新形态一体化教材。**以设计的项目活动为基础，以经典案例引入项目、任务，将动画、视频等新媒体资源融入教材，通过情景模拟、角色体验、情景再现、能力提升训练等多种手段，深入浅出、图文并茂地展现教学内容。本教材根据财务管理有关岗位需要，设置系列项目，并根据项目任务组织内容，将纸质教材和信息化资源融合，是融媒体式的新形态一体化教材。

（5）**理实融合，与时俱进。**在内容上具有实用性和可操作性，注重与时俱进，把财务管理实务的新知识、新规定、新技术、新方法融入教材之中，使教材更贴近大数据和数智化财务管理实务的发展变化和实际需要。

本教材由黄佑军教授担任主编，负责教材结构的制定、数字化资源统筹制作、项目二的编写和教材的统稿；黄佩红副教授负责项目七、项目八的编写；李晶老师负责项目三、项目六的编写；王亮老师负责项目四的编写；李迟芳、洪雪芳老师负责项目一、项目五的编写。在编写本教材的过程中，编者参考、引用了新道教育科技有限公司、厦门网中网软件有限公司以及兄弟院校相关老师的教学资料，在此对他们致以衷心的感谢。

由于编者水平有限，书中难免存在不足之处，恳请广大读者批评指正。

编　者

2024 年 5 月

目录
CONTENTS

认知财务管理

 学习目标

【知识目标】

- 了解财务管理的内涵、目标、环境和组织机构
- 掌握资金时间价值的含义、计算方法
- 掌握名义利率和实际利率的含义、计算方法
- 掌握年金的含义、种类和计算方法
- 掌握风险和投资风险价值的含义、计算方法

【能力目标】

- 能正确分析企业财务活动和财务关系，熟悉企业财务管理环节
- 能正确分析企业财务管理环境和合理设置财务管理的组织机构
- 能有效利用资金时间价值和风险价值分析有关实际项目
- 能有效利用投资风险衡量指标分析有关投资项目

【素养目标】

- 培养大局意识，树立人生长远目标，具有科学高尚的人生追求
- 具备良好职业道德、职业荣誉感和自豪感
- 理性消费，增强金融素养和信用意识
- 树立坚定的理想信念

知识框架图

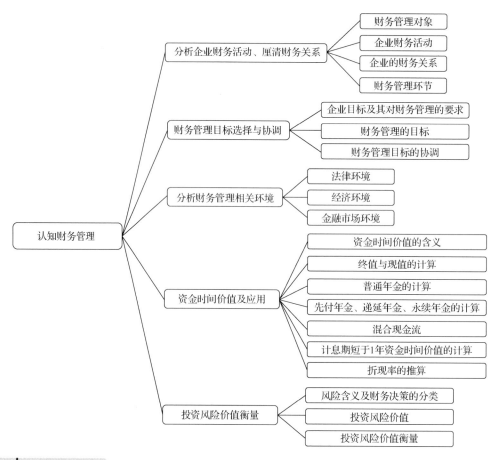

认知财务管理
- 分析企业财务活动、厘清财务关系
  - 财务管理对象
  - 企业财务活动
  - 企业的财务关系
  - 财务管理环节
- 财务管理目标选择与协调
  - 企业目标及其对财务管理的要求
  - 财务管理的目标
  - 财务管理目标的协调
- 分析财务管理相关环境
  - 法律环境
  - 经济环境
  - 金融市场环境
- 资金时间价值及应用
  - 资金时间价值的含义
  - 终值与现值的计算
  - 普通年金的计算
  - 先付年金、递延年金、永续年金的计算
  - 混合现金流
  - 计息期短于1年资金时间价值的计算
  - 折现率的推算
- 投资风险价值衡量
  - 风险含义及财务决策的分类
  - 投资风险价值
  - 投资风险价值衡量

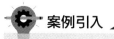 职场箴言

一个人越知道时间的价值，越备觉失时的痛苦呀！——但丁

放弃时间的人，时间也放弃他。——莎士比亚

积跬步以至千里，积怠惰以致深渊。

案例引入

格林柯尔系神话的破灭

你们认为企业的财务管理重要吗？它在企业管理中占有怎样的地位？带着这些问题，我们来看一个经典的案例。

顾雏军，以"顾氏循环理论"为基础发明了格林柯尔制冷剂，这是他涉足商海的最大资本。1990年顾雏军在英国注册了格林柯尔制冷剂生产公司，随后又在北美和东南亚广设分公司；1995年在天津建成无氟制冷剂生产基地；1997年，顾雏军创办格林柯尔科技控股有限公司（简称"格林柯尔"），并于2000年7月在香港创业板上市，共募集资金5.4亿港元。

2001年到2003年，格林柯尔入住科龙，收购美菱、西冷，抢食小天鹅，短短两年，一连串资本运作战绩，使顾雏军一跃成为引人瞩目的"资本狂人"。2003年到2004年，格林柯尔收购亚星客车、襄阳轴承、商丘冰熊等。在一系列收购完成之后，顾雏军的格林柯尔系已悄然成形，通过这一系列的资本运作，格林柯尔也瞬间缔造了总资产过百亿元，横跨制冷、家电和汽车等行业的资本"神话"。

2004年8月，郎咸平发表演讲，指责顾雏军在"国退民进"的过程中席卷国家财富，"郎顾之争"上演。2005年4月，由广东、江苏、湖北以及安徽四省证监局开展的联合调查工作正式启动，对格林柯尔违规挪用科龙资金，收购美菱、襄阳轴承以及亚星客车等三家上市公司的事件展开调查。2005年7月顾雏军及科龙六名高管因涉嫌经济犯罪被采取刑事强制措施。2006年6月，因科龙编造虚假财务报告等行为严重违反了证券监管法规，中国证监会对科龙处以60万元罚款，对顾雏军等人处以数额不等的罚款，顾雏军被罢免了董事长职务。在危机发生后，美菱、亚星客车、襄阳轴承相继脱离了格林柯尔系。2007年5月18日，格林柯尔正式在香港退市，鼎盛一时的格林柯尔系完全瓦解，被称为"资本玩家"的顾雏军，其资产随之灰飞烟灭。

顾雏军，在短短五年的时间中，缔造了庞大的产业帝国，横跨白色家电、汽车制造等领域，其炫耀夺目的资本运作技巧让人们惊叹之余，不禁要问：如何做好财务管理？志当存高远，路自脚下行。本项目首先引领各位读者对财务管理有一定的认知，打好理财基础。

任务一 分析企业财务活动、厘清财务关系

✹ 任务情境

大华公司是一家中小型制造业民营企业，在全国多地有自己的分公司及营业网点，员工200余人，大华公司的财务管理组织结构如下：公司下设财务管理部总监，总监下设副总监，副总监下设财务主管、资金主管、会计、出纳。

关于财务管理组织结构的研究大体上经历了3个阶段，众多专家学者对财务管理组织结构的研究已经形成了以下3种比较有代表性的观点。

观点一，清华大学杨纪琬、夏冬林教授设计的财务管理组织结构，是实行总经理领导下的总会计师负责制，下设财务、会计、内部审计3个部门。财务部门包括资金科、投资科、预算科和内部银行，主要负责企业的资金管理和资本运作。会计部门下设会计科、成本科、材料科、固定资产科和收入科，主要负责企业的成本管理和会计核算。内部审计部门既对董事会或股东大会负责，同时又对总经理负责。

观点二，东北财经大学陆正飞教授设计的财务管理组织结构，属于典型的制造业企业组织机构，财务副总经理作为现代企业三大功能板块之一的领导，直接对企业总裁或首席执行官（CEO）负责。在大型企业里，财务副总经理负责的工作往往又被分为两部分：一部分由财务长负责，另一部分由主计长负责。

观点三，上海财经大学张鸣教授设计的财务管理组织结构，财务管理部门由企业主管财务的副总经理或首席财务官（CFO）领导，下设主计长和司库。财务副总经理除了管理主计长和司库的工作外，主要负责企业财务战略和计划的制定、外汇交易和管理、利率风险管理、生产和存货的控制，具体对主计长和司库的工作做出安排。

✳ 任务描述

1. 财务与会计师是等价的吗？你是如何理解的？
2. 请探讨以上3种财务管理组织机构存在哪些问题，并解释原因。
3. 根据相关理论，请为大华公司设计一个相对合理的财务管理组织结构。

✳ 知识要点

财务管理（Financial Management）是企业以组织财务活动、处理财务关系来实现财务目标的一项综合性经济管理工作。

一、财务管理对象

财务管理主要是资金管理，其对象是现金及其流转。财务管理也会涉及成本、收入和利润问题。从财务的观点来看，成本和费用是现金的耗费，收入和利润是现金的来源。

1. 现金流转

以制造业企业为例来说明企业资金的运动过程，其运动过程如图1-1所示。

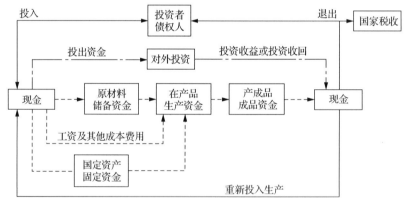

图1-1　制造业企业资金运动过程

通过图1-1可以看出，企业的生产经营过程具有两重性，它既是使用价值的生产和交换过程，又是价值的形成和实现过程。在生产经营过程中，随着使用价值的生产和交换，物质的价值形态和价值量在不断地发生变化。在这个过程中，现金流转的起点和终点都是现金，其他资产都是现金在流转中的转化形式，因此，财务管理的对象也可以说是现金及其流转。这种流转周而复始，形成现金的循环。

在现金循环过程中，应注意折旧是现金的一种来源。

例如，ABC公司的损益情况如表1-1所示。

表1-1　损益表

单位：元

项目	金额
销售收入	100 000
制造成本（不含折旧）	50 000
销售和管理费用	10 000

项目	金额
折旧	20 000
税前利润	20 000
所得税	5 000
税后利润	15 000

该公司盈利 15 000 元，现金却增加了 35 000 元。因为销售收入方面增加了现金 100 000 元，各种现金支出是 65 000 元（付现成本 50 000 元＋付现费用 10 000 元＋所得税 5 000 元），现金增加了 35 000 元，比税后利润多了 20 000 元（35 000 元－15 000 元），这是计提折旧 20 000 元引起的。利润是根据收入减全部费用计算得出的，而现金余额是收入减全部现金支出计算得出的。折旧不是本期的现金支出，但却是本期的费用。因此，每期的现金增加额是利润与折旧之和。利润会使企业现金增加，折旧作为费用不形成本期现金支出，不过，折旧同时还能够使固定资产的价值减少。

2．现金流转不平衡的原因及其影响

如果企业的现金流入量与流出量相等，财务管理工作将大大简化。实际上这种情况极为罕见，不是收大于支，就是支大于收。现金流转不平衡有企业内部引起的，如盈利、亏损或扩充；也有企业外部引起的，如市场的季节性变化、经济的波动、通货膨胀和竞争等。

（1）影响企业现金流转的内部原因。

① 盈利企业的现金流转。不打算扩充的盈利企业，其现金流转一般比较顺畅。税后利润使企业现金多出来，折旧、摊销等也会积存现金。盈利企业也可能由于抽出过多现金而发生临时流转困难。例如，付出股利、偿还借款、更新设备等。

② 亏损企业的现金流转。从长期的观点看，亏损企业的现金流转是不可能维持的。短期来看，亏损企业可分为两类：一类是亏损额小于折旧额的企业，这类企业在固定资产重置以前可以维持下去；另一类是亏损额大于折旧额的企业，这类企业若不从外部补充现金将很快破产。

③ 扩充企业的现金流转。任何要迅速扩大经营规模的企业，都会遇到相当严重的现金短缺问题。固定资产的投资扩大、存货增加、应收账款增加、营业费用增加等，都会使现金流出增加。财务主管人员的任务不仅是维持当前经营的收支平衡，而且要设法满足企业扩大的现金需要，并且力求使企业扩充的现金需求不超过扩充后新的现金流入。首先，扩充企业及其财务主管人员应从企业内部寻找扩充项目所需资金，如出售短期证券、减少股利分配、加速收回应收账款等。其次，内部筹集的资金不能满足扩充需要时，财务主管人员应从外部筹集资金，但从外部筹集的资金，要承担资本成本，将来要还本付息、支付股利等，这些都会引起未来的现金流出。

（2）影响企业现金流转的外部原因。

① 市场的季节性变化。通常来讲，企业的生产部门力求全年均衡生产，以充分利用设备和工人，但销售总会有季节性变化。

② 经济的波动。在经济收缩时，销售减少，进而生产和采购减少。整个短期循环中的资金减少了，企业便有了过剩的现金。如果预知经济不景气的持续时间很长，推迟固定资产的重置，折旧积累的现金也会增加。这种财务状况给人以假象，随着销售额的进一步减少，

大量的经营亏损很快会接踵而来，现金将被逐步用完。当经济"热"起来时，现金需求迅速扩大，积存的过剩现金很快被用尽，不仅扩充存货要投入大量现金，而且受繁荣时期乐观情绪的鼓舞，企业会对固定资产进行扩充性投资，并且往往要超过提取的折旧。

③ 通货膨胀。通货膨胀会使企业遭遇现金短缺的困难，由于原料价格上升，保持存货所需的现金增加；工资和其他费用的现金支出增加。企业唯一的希望是利润也会增加，若利润不同步增加，现金会越来越少。

④ 竞争。竞争会对企业的现金流转产生不利影响。

- 价格竞争会使企业立即减少现金流入。在竞争中获胜的一方会通过多卖产品挽回其损失，实际是靠牺牲别的企业的利益加快自己的现金周转。失败的一方，不但会蒙受价格下降的损失，还将会受到销量减少的打击，现金收支可能会严重失衡。

- 广告竞争会立即增加企业的现金流出。最好的结果是广告促进销售，加速现金流回。若竞争对手也为推销做了努力，企业广告只能防止其销售额的下降。

二、企业财务活动

企业财务是指企业在生产经营过程中关于资金收支的事务。

企业财务活动是以现金收支为主的企业资金收支活动的总称。

企业财务管理是以价值增值为目标，围绕企业各项财务活动而展开的决策、控制和评价的过程。

企业财务活动可分为以下 4 个方面。

1．企业筹资引起的财务活动（筹资活动）

企业要进行生产活动，首先必须从各种渠道筹集资金。企业的资金来源主要有两种方式：一是企业的自有资金，企业可通过向投资者吸收直接投资、发行股票、企业内部留存收益等方式取得；二是企业的债务资金，企业可通过从银行借款、发行债券、利用商业信用等方式取得。

2．企业投资引起的财务活动（投资活动）

企业取得资金后，必须将资金投入使用，以谋求最大的经济效益，否则筹资便失去了意义。企业资金投放可分为对内和对外两种方式。企业把筹集到的资金用于购置固定资产、无形资产等，便形成企业的对内投资；企业把筹集到的资金用于购买其他企业的股票、债券或与其他企业联营进行投资，便形成企业的对外投资。

企业在投资过程中，必须考虑投资规模，同时还必须通过选择投资方向和投资方式来确定合理的投资结构，以提高投资效益，降低投资风险，这是财务管理的主要内容之一。

3．企业经营引起的财务活动（营运活动）

企业在正常的经营过程中，会发生一系列的资金收支。首先，企业要采购材料或商品，以便从事生产和销售活动，同时，还要支付工资和其他费用；其次，当企业把产品或商品售出后，便可取得收入，收回资金；最后，如果企业现有资金不能满足企业经营的需要，企业还要采取短期借款方式来筹集所需资金。

4．企业利润分配引起的财务活动（利润分配活动）

企业在经营过程中会产生利润，也可能会因对外投资而分得利润，这表明企业有了资金的增值或取得了投资报酬。企业的利润要按规定的程序进行分配，首先要依法纳税；其次要用来弥补亏损，提取公积金；再次要向投资者分配利润。

上述财务活动的 4 个方面不是相互割裂、互不相关的，而是相互联系、相互依存的。正是上述 4 个方面既有联系又有区别，从而构成了完整的企业财务活动。另外，这 4 个方面也是财务管理的基本内容，即企业筹资管理、投资管理、营运资金管理、利润分配管理。

📖 **课堂活动**

试分享一家你熟悉的企业，说说该企业的 4 项财务活动具体有哪些。

三、企业的财务关系

财务关系是指企业在组织财务活动过程中与有关各方发生的经济关系。企业的筹资活动、投资活动、营运活动和利润分配活动与企业内外各方面有着广泛的联系。企业的财务关系可概括为以下 5 个方面。

1. 企业与投资者之间的财务关系

企业与投资者的财务关系（受资—投资）主要指企业的投资者向企业投入资金，而企业向其支付投资报酬所形成的经济关系。

2. 企业与债权人之间的财务关系

企业与债权人的财务关系（债务—债权）主要指企业向债权人借入资金，并按合同约定定时支付利息和归还本金而形成的经济关系。

3. 企业与政府之间的财务关系

政府作为社会管理者，担负着维持社会正常秩序、保卫国家安全、组织和管理社会活动等责任。企业与政府之间的财务关系（纳税—征税）是一种强制和无偿的分配关系。

4. 企业内部各单位之间的财务关系

企业内部的各职能部门和生产单位分工合作，共同形成一个企业系统。企业内部各单位之间的财务关系主要指企业内部各单位之间在生产经营各环节中相互提供产品或劳务所形成的经济关系。

5. 企业与职工之间的财务关系

企业和职工之间的财务关系是企业向职工支付劳动报酬的过程中形成的经济关系。

四、财务管理环节

财务管理环节是指财务管理工作的各个阶段，它包括财务管理的各种业务手段。财务管理的基本环节有财务预测、财务决策、财务计划、财务控制和财务分析。这些管理环节互相配合，紧密联系，形成财务管理循环过程，构成完整的财务管理工作体系。

1. 财务预测

财务预测是指根据财务活动的历史资料，考虑现实的要求和条件，对企业未来的财务活动和财务成果做出科学的预计和测算。它是财务决策环节的必要前提。财务预测环节包括以下工作步骤：①明确预测对象和目的；②收集和整理相关资料；③建立预测模型；④确定财务预测结果。

2．财务决策

财务决策是指根据企业经营战略的要求和国家宏观经济政策的要求，从提高企业经济效益的财务管理目标出发，在若干个可以选择的财务活动方案中，选择一个最优方案的过程。财务决策环节包括以下工作步骤：①确定决策目标；②拟订备选方案；③选择最优方案。

3．财务计划

财务计划是指运用科学技术手段和数学方法，对目标进行综合平衡，制定主要计划指标，拟定增产节约措施，协调各项计划指标。编制财务计划要做好以下工作：①分析主客观条件，确定主要指标；②安排生产要素，组织综合平衡；③编制计划表格，协调各项指标。

4．财务控制

财务控制是指在生产经营活动的过程中，以任务计划和各项定额为依据，对资金的收入、支出、占用和耗费进行日常的核算，利用特定手段对各单位财务活动进行调节，以便实现计划制定的财务指标。财务控制要适应管理定量化的需要，落实财务控制主要应抓好以下工作：①指定控制标准，分解落实责任；②确定执行差异，及时消除差异。

5．财务分析

财务分析是指以核算资料为主要依据，对企业财务活动的过程和结果进行剖析和评价的一项工作。进行财务分析的一般程序是：①收集资料，掌握情况；②指标对比，揭露矛盾；③因素分析，明确责任；④提出措施，改进工作。

❋ 任务实施

1．随机分成若干小组（每组 5～8 人），讨论合理的财务管理组织结构如何设置，应该设置哪些相应的职能岗位，分别扮演各工作岗位角色，分析各岗位自身的职责。

2．分析讨论 3 种财务管理组织机构存在的问题及其原因。

3．小组代表汇报，其他小组和老师评分。

4．互换角色。

5．根据相关理论，为大华公司设计一个相对合理的财务管理组织结构。

任务二 财务管理目标选择与协调

❋ 任务情境

瓦伦汀商店组织形式的选择

马里奥·瓦伦汀拥有一家经营得十分成功的汽车经销商店——瓦伦汀商店。25 年来，瓦伦汀一直坚持独资经营，身兼所有者和管理者两职。他 70 岁时，打算从管理岗位上退下来，但是他希望汽车经销商店仍能掌握在家族手中，他的长远目标是将这份产业留给自己的儿孙。

瓦伦汀在考虑是否应该将他的商店转为公司制经营。如果他将商店改组为股份公司，那么他就可以给自己的每一位儿孙留下数目合适的股份。

另外，他可以将整个商店留给儿孙们，让他们进行合伙经营。为了能够选择正确的组织形式，瓦伦汀制定了下列相关方面的目标。

1. 所有权。瓦伦汀希望他的两个儿子各拥有 25%的股份。五个孙子各拥有 10%的股份。

2. 存续能力。瓦伦汀希望即使发生儿孙死亡或放弃所有权的情况也不会影响经营的存续性。

3. 管理。当瓦伦汀退休后，他希望将产业交给一位长期服务于商店的雇员乔·汉兹来管理。虽然瓦伦汀希望家族持有产业的所有权，但他并不相信他的家族成员有足够的时间和经验来完成日常的管理工作。事实上，瓦伦汀认为其中两个孙子根本不具有经济头脑，所以他并不希望他们参与管理工作。

4. 所得税。瓦伦汀希望采取的组织形式可以尽可能减少他的儿孙们应缴纳的所得税。他希望每年的经营所得都可以尽可能多地分配给商店的所有人。

5. 所有者的债务。瓦伦汀知道经营汽车商店会出现诸如对顾客汽车修理不当而发生车祸之类的意外事故，这要求商店有大量的资金。虽然商店已投了保，但瓦伦汀还是希望能够确保在商店发生损失时，他的儿孙们的个人财产不受任何影响。

❋ 任务描述

1. 根据你掌握的知识，结合本案例，你认为该商店应采用公司制还是合伙制？
2. 请探讨公司制、合伙制对企业的财务管理分别会产生哪些影响。

❋ 知识要点

一、企业目标及其对财务管理的要求

财务管理是企业管理的一部分，是有关资金的获得和有效使用的管理工作。财务管理的目标取决于企业的总目标，并且受财务管理自身特点的制约。不同的企业目标对财务管理有不同的要求。

1. 生存目标及其对财务管理的要求

企业生存的压力主要来自两个方面：一是企业长期亏损；二是不能偿还到期债务。亏损企业为维持运营被迫进行偿债性筹资，即借新债还旧债，若企业长期不能扭亏为盈，迟早会因资金链断裂而倒闭破产。因此，企业必须具备以收抵支和偿还到期债务的能力，不断减少破产风险，以保持企业能够长期、稳定生存，这是企业目标对财务管理的第一个要求。

2. 发展目标及其对财务管理的要求

企业为了发展必须不断扩大收入，扩大收入的根本途径是提高产品质量和扩大销售数量，这就要求企业不断更新设备、提高技术、改善工艺，不断增加人力资源的投入，不断投入更多的企业发展资金。因此，筹集企业发展所需资金是企业目标对财务管理的第二个要求。

3. 盈利目标及其对财务管理的要求

从财务角度看，盈利就是使资产获得超过其投资的回报。在市场经济中，没有免费使用的资金，每项资金的来源都有成本，每项资产都是投资，都应获得相应的报酬。因此，获取更多的利润，这是企业目标对财务管理的第三个要求。

二、财务管理的目标

财务管理的目标是指企业进行财务管理活动所要达到的根本目的，又称理财目标，它决定着企业财务管理的基本方向。财务管理的目标主要有以下4种。

动画：财务管理的
目标

1．利润最大化

利润最大化一般指税后利润总额的最大化。

（1）利润最大化目标的优点。

① 利润额是企业在一定期间经营收入和经营费用的差额，是按照收入费用配比原则加以计算的，它在一定程度上反映了企业经济效益的高低。

② 利润是投资者投资收益、职工劳动报酬的来源，也是企业补充资本积累、扩大经营规模的源泉。

③ 提倡企业最大限度地谋求利润，对改变人们对利润的偏见、扬弃"产值最大化"的财务管理目标具有积极意义。

（2）利润最大化目标的缺点。

① 这里的利润是指企业一定时期实现的利润总额，没有考虑资金时间价值。

② 没有反映创造的利润与投入的资本之间的关系，因而不利于不同资本规模的企业或同一企业不同期间之间的比较。

③ 在市场风险逐渐增加的情况下，盲目追求利润最大化导致资本规模的无度扩大，这会给企业带来财务风险。

④ 片面追求利润最大化，可能导致企业短期行为，如忽视产品开发、人才开发、生产安全、技术装备水平提升、生活福利设施改善和履行社会责任等。

2．资本利润率最大化或每股利润最大化

资本利润率是利润额与资本额的比率。每股利润是利润额与普通股股数的比值。这里的利润额指税后净利润。

（1）资本利润率最大化或每股利润最大化目标的优点。把企业实现的利润额同投入的资本或股本数进行对比，能够说明企业的盈利水平，可以在不同资本规模的企业或同一企业不同期间之间进行比较，揭示其盈利水平的差异。

（2）资本利润率最大化或每股利润最大化目标的缺点。

① 没有考虑资金时间价值。

② 没有考虑风险因素。

3．股东财富最大化

现代企业的日常财务管理工作由受委托的经营者负责处理，经营者应最大限度地谋求股东或委托人的利益，而股东或委托人的利益目标则是提高资本报酬，增加股东财富，实现权益资本的保值、增值。人们往往用股票市场价格来代表股东财富，股东财富最大化目标在一定条件下也就演变成股票市场价格最大化这一目标。

（1）股东财富最大化目标的优点。

① 股东财富最大化目标考虑了风险因素，因为风险的高低会对股票价格产生重要影响。

② 股东财富最大化在一定程度上能够避免企业在追求利润上的短期行为，因为不仅目前的利润会影响股票价格，未来预期的利润对企业股票价格也会产生重要影响。

③ 股东财富最大化目标比较容易量化，便于考核和奖惩。

（2）股东财富最大化目标的缺点。

① 它只适用于上市公司，不太适合非上市公司。

② 它只强调股东的利益，而对企业其他关系人的利益不够重视。

③ 股票价格受多种因素影响，并不都是公司所能控制的，把不可控因素引入财务管理目标是不合理的。

尽管股东财富最大化存在上述缺点，但如果一个国家的证券市场高度发达，市场效率极高，上市公司可以把股东财富最大化作为财务管理的目标。

4．企业价值最大化

现代企业是多边契约关系的集合，不能只考虑股东的利益，而应以企业价值最大化作为财务管理目标。企业价值不是账面资产的总价值，而是企业全部财产的市场价值，它反映了企业潜在或预期盈利能力。投资者在评价企业价值时，是以投资者预期投资时间为起点的，并将未来收入按预期投资时间的同一口径进行折现，未来收入的多少按可能实现的概率进行计算。可见，这种计算办法考虑了资金时间价值和风险问题。企业所得的收益越多，实现收益的时间越近，应得的报酬越能够确定，企业的价值或股东财富也就越大。

（1）企业价值最大化目标的优点。

① 该目标考虑了资金时间价值和投资的风险价值，有利于统筹安排长、短期规划，合理选择投资方案，有效筹措资金，合理制定股利政策等。

② 该目标反映了对企业资产保值、增值的要求。企业市场价值的增大，会促使企业资产保值、增值。

③ 该目标有利于避免管理上的片面性和短期行为。

④ 该目标有利于社会资源的合理配置。社会资源通常流向企业价值最大化的企业或行业，这有利于实现社会效益最大化。

（2）企业价值最大化目标的缺点。

① 对于上市企业，虽然可以通过股价的变动揭示企业价值，但是股价是受多种因素影响的结果，特别在即期市场上的股价不一定能够直接揭示企业的盈利能力，只有长期的趋势才能做到。

② 为了控股或稳定购销关系，现代企业往往采用环形持股的方式，相互持股。法人股东对股票市价的敏感程度远不及个人股东，对股价最大化目标没有足够的兴趣。

③ 对于非上市企业，只有对企业进行专门的评估才能真正确定其价值。而在评估企业的资产时，由于受评估标准和评估方式的影响，这种估价不易做到客观和准确，这也导致企业价值确定的困难。

> 📖**课堂活动**
>
> 所有者与经营者、债权人的主要矛盾有哪些？有哪些协调方法？

三、财务管理目标的协调

大多数观点认为，企业财务管理目标是企业价值的最大化，在这一目标上，财务活动所涉及的利益主体如何进行协调是财务管理必须解决的问题。具体内容有以下两个方面。

1．所有者与经营者的矛盾与协调

企业价值的最大化直接反映了企业所有者的利益，而作为企业的经营者只得到薪金（工资），与企业的长远收益没有直接的关系。经营者与所有者的主要矛盾就是经营者希望在增加企业价值和股东财富的同时，能更多地增加享受成本，而所有者则希望以最小的享受成本支出带来最大的企业价值和股东财富。

为了解决所有者与经营者在实现财务管理目标上存在的矛盾，企业应当建立激励和制约机制。

（1）建立激励机制。通常可采用以下激励方式：①适当延长经营者任期；②实行年薪制；③实行绩效股。

（2）建立制约机制。经营者背离所有者的财务管理目标，其原因是双方掌握的信息不一致，经营者了解的信息比所有者多且了解信息的时间较早，因而容易出现"内部人控制"的现象。为了解决这一矛盾，就要加强对经营者的监督，并采取必要的制约措施：①实行经营状况公开制度；②实行对经理的约束制度；③实行严格的奖惩制度。

2．所有者与债权人的矛盾与协调

所有者与债权人的矛盾主要表现在两个方面。首先，所有者可能未经债权人同意，要求经营者投资风险比债权人预计风险更高的项目，这增大了偿债的风险，债权人的负债价值也必然会实际降低。项目成功，额外的利润会被所有者独享；项目失败，则债权人要与所有者一起承担由此而造成的损失。其次，所有者未征得现有债权人的同意，要求经营者发行新债券或举借新债，这会导致旧债券或老债券的价值降低。

为协调所有者与债权人的上述矛盾，通常采用以下两个方法。

（1）限制性借债。

（2）收回借款或不再借款。

✳ 任务实施

1．企业应采用公司制还是合伙制不能一概而论，就本案例来讲也是如此。根据现行的《合伙企业法》和《公司法》的相关规定，这两种组织形式都各有特点、各有优势。例如，《合伙企业法》规定了普通合伙人可以劳务出资、合伙企业由合伙人缴纳个人所得税、合伙企业本身不缴纳企业所得税等，可以满足瓦伦汀的多个目标，但瓦伦汀的子孙需要成为普通合伙人才更有利于保障所有权和管理权（普通合伙人才能成为执行事务合伙人，对外代表合伙企业），采用合伙制与其期望的存续能力目标和所有者的债务目标相冲突：普通合伙人需对合伙企业承担无限连带责任且合伙企业的寿命受制于合伙人的寿命。如果采用公司制，除了双重纳税外，其他四个方面的目标都没有法律方面的障碍。

2．选择公司制还是合伙制，具体而言，还需要考虑到企业目标并结合以下几个维度（见表 1-2）对企业财务管理带来的影响做出选择。

表 1-2 影响企业财务管理的维度

项目	个人独资企业	合伙企业	有限责任公司	股份公司（以上市公司为例）
责任形式	无限责任	无限连带责任	有限责任	有限责任
存续年限	限于业主寿命	限于合伙人寿命	无限存续	无限存续

续表

项目	个人独资企业	合伙企业	有限责任公司	股份公司 （以上市公司为例）
权益转让	困难	困难	比较容易	容易
代理问题	不太突出	不太突出	一般	比较突出
税收待遇	一次课税	一次课税	双重课税	双重课税
组建成本	较低	适中	较高	较高
筹集资金	难	适中	较易	易
出资形式	可劳务出资	普通合伙人可劳务出资	不可劳务出资	不可劳务出资
股东人数	1	大于等于2	大于等于2，小于50	大于等于2，小于200

任务三 分析财务管理相关环境

❄ 任务情境

某智能家居有限公司经过数年的发展，在外贸智能家居领域已站稳了脚跟，2019年，大股东陈先生提议按原持股比例对公司进行增资，新增股本主要用于租更大的办公场所、积极参与各种全球性的展会，以期获得更大的订单和更多的利润，小股东王先生有了其他的事业重心，想将该公司作为"现金牛"，稳定收割利润，不再加大投资，所以坚持要求将每年赚的利润都拿出来分红。要不要增加投资、留存利润分还是不分、怎么分成了两个股东争吵的焦点。2019年年底，受外部环境影响，经济走弱，该公司也于2020年年初解体，股东们都另谋生计了。

❄ 任务描述

1. 请探讨该公司解体的原因有哪些。
2. 请运用财务管理环境的相关知识对本案例进行简要分析。

❄ 知识要点

企业的财务管理环境又称理财环境，是指对企业财务活动产生影响的企业外部条件。财务管理环境涉及的范围很广，其中最重要的是法律环境、经济环境和金融市场环境。

教学视频：财务管理环境

一、法律环境

法律环境是指对企业财务管理活动产生影响的各种法律因素。在我国，与企业财务管理有密切关系的法律、法规有以下几类。

1．企业组织法律规范

企业组织必须依法成立。组建不同的企业，要依照不同的法律规范。按组织形式，可将企业分为独资企业、合伙企业和公司，它们分别要遵守《个人独资企业法》《合伙企业法》《公司法》等。这些法律规范既是企业的组织法，又是企业的行为法。

（1）独资企业。独资企业是指由一个自然人投资，财产为投资人个人所有，投资人以其个人财产对企业债务承担无限责任的经营实体。

（2）合伙企业。合伙企业是指由各合伙人订立合伙协议，共同出资、合伙经营、共享收益、共担风险，并对本企业债务承担无限连带责任的营利性组织。

（3）公司。公司是指依照《公司法》登记设立，以其全部法人财产，依法自主经营、自负盈亏的企业法人。企业的组织形式对企业的理财活动有着重要影响。

2．税收法律规范

任何企业都有法定的纳税义务。有关税收的法律规范分为3类，即所得税的法律规范、流转税的法律规范和其他税收法律规范。

依法纳税是每个独立法人应尽的义务，纳税构成企业的现金流出量。税收对企业资本供求和税收负担有着重要影响，税种的设置、税率的调整对企业生产经营活动具有调节作用。因此，企业理财活动应当顺应税收政策的导向，合理安排现金流量，以求企业价值最大化。税收对企业理财的影响具体表现如下。

（1）影响企业筹资决策。按照现行所得税制度，企业借款利息不高于金融机构同类、同期贷款利息的部分，可在所得税前予以扣除，债券利息也可计入财务费用，作为利润总额的扣减项目，这样就减少了企业的应纳所得税额。其他筹资方式则没有这个优势，如发行股票筹集资本，支付的股利必须在所得税后的净利润中列支。

（2）影响企业投资决策。按我国现行所得税制度规定，企业购买的国库券所得收益免交所得税，购买的其他债券、股票所得收益要交所得税。

（3）影响企业股利政策或利润分配。税收主要通过所得税对股利政策产生影响，包括企业所得税和个人所得税。企业所得税是国家参与企业利润分配的重要手段，股利政策和利润分配还涉及股东的个人所得税问题。

可见，税收对企业财务管理活动有着重要的影响，企业的筹资决策、投资决策与股利政策或利润分配都受到税收因素的影响。因此，企业必须对税收制度有所了解。

3．财务法律规范

财务法律规范主要包括企业财务通则、企业会计准则和企业会计制度。

此外，与企业财务管理有关的其他经济法律规范还有《证券法》《票据法》《支付结算办法》《企业破产法》等法律、法规。

二、经济环境

经济环境是指企业进行财务活动的宏观经济状况。它主要包括以下5个方面的内容。

（1）经济发展状况。经济发展的速度对企业理财有重大的影响。经济增长比较快，企业为跟上这种发展，并在行业中维持自身地位，至少要保持同样的增长速度，企业要相应增加厂房、设备、存货和职工等；经济增长速度放慢，企业就要避免盲目扩张、管理好现金流、做好库存以及信用管理等。

（2）通货膨胀。通货膨胀对企业财务管理的影响是多方面的。例如，利率上升、资金供应紧张，使得企业成本费用增加，给企业理财带来很大困难，也给消费者带来不利。

（3）利息率波动。利息率简称"利率"。银行贷款利率的波动，以及与此相关的股票和债券价格的波动，既是给企业的机会，也是对企业的挑战。

（4）政府的经济政策。由于我国政府具有调控宏观经济的职能，其制定的国民经济的发展规划、国家的产业政策、经济体制改革的措施、政府的行政法规等对企业的财务活动都有重大影响。

（5）竞争。竞争广泛存在于市场经济之中，任何企业都不能回避。企业之间、各产品之间、现有产品和新产品之间的竞争，涉及设备、技术、人才、推销和管理等各个方面。

三、金融市场环境

金融市场是指资金融通的场所。金融市场是企业投资和筹资的场所，其环境如何对企业财务活动影响极大。金融市场的发育程度，各种融资方式的开放和利用情况，承兑、抵押、转让和贴现等各种票据业务的开展程度，直接决定企业在需要资金时能否便利地选择适合自己的筹资方式，在资金剩余时能否灵活地选择投资方式，为其资金寻找出路。

✹ 任务实施

1. 从内部看，股东目标不统一是公司无法持续经营的很重要的原因：大股东的目标是股东价值最大化——长期经营，创造最大的股东价值；而小股东的目标是利润最大化——只看重眼前分红，不考虑公司的整体增值。从外部来看，公司解体主要是受宏观环境不景气的影响。

2. 财务管理环境主要包括法律环境、经济环境和金融市场环境，从本案例来看，公司解体主要是受经济环境的影响。

具体来说，经济环境不好，外贸行业是受创最大的几个行业之一，该公司如果不是因为股东意见不统一解体，增加投资后大概率也是很难持续经营下去的。一方面是下游外贸企业倒闭潮带来的资金回笼问题和跨境维权难问题；另一方面是场地租金、人工成本高，又无收入来源，经营恐怕难以为继。这也印证了经济环境对市场主体的影响是非常大的。

任务四　资金时间价值及应用

✹ 任务情境

拿破仑赠送玫瑰花的诺言

拿破仑 1797 年 3 月在卢森堡第一国立小学演讲时说："为了答谢贵校对我，尤其是对我夫人约瑟芬的盛情款待，我不仅今天呈上一束玫瑰花，并且在未来的日子里，只要我们法兰西存在一天，每年的今天我将派人送给贵校一束价值相等的玫瑰花，作为法兰西与卢森堡友谊的象征。"时过境迁，拿破仑穷于应付连绵的战争和此起彼伏的政治事件，最终惨败而被流放到圣赫勒拿岛，把在卢森堡许下的诺言忘得一干二净。可卢森堡这个小国对这位"欧洲巨人"与卢森堡孩子亲切、和谐相处的一刻念念不忘，并将其载入史册。

1984年底，卢森堡旧事重提，向法国提出违背"赠送玫瑰花"诺言的索赔：要么从1797年起，用3路易作为一束玫瑰花的本金，以5厘复利计息全部清偿这笔"玫瑰花债"；要么法国政府在法国各大报刊上公开承认拿破仑是个言而无信的小人。

起初，法国政府准备不惜重金维护拿破仑的声誉，却被计算机算出的数字惊呆了：原本价值3路易的承诺，本息竟高达1 375 596法郎。

同学们，如果是你，你会怎么办呢？

经过冥思苦想，法国政府的答复是："以后，无论是在精神上还是在物质上，法国将始终不渝地对卢森堡大公国的中小学教育事业予以支持与赞助，来兑现我们拿破仑将军的那一诺千金的玫瑰花诺言。"这一答复最终得到了卢森堡人民的谅解。

❋ 任务描述

1. 为何本案例中每年赠送价值3路易的玫瑰花相当于在188年后一次性支付1 375 596法郎？请思考其原因。（假定1路易=50法郎）

2. 试对法国政府的行为进行分析。（分析要点：承诺、守诺及复利等）

❋ 知识要点

一、资金时间价值的含义

资金时间价值是指货币经历一定时间的投资和再投资所增加的价值，也称为货币时间价值。一定量的货币资金在不同时点上具有不同的价值，人们将资金在使用过程中随时间的推移而发生增值的现象，称为资金具有时间价值的属性。资金时间价值的实质是资金周转使用后的增值额，是资金所有者让渡资金使用权而参与社会财富分配的一种形式。

教学视频：资金
时间价值的内涵

资金时间价值可以用绝对数表示，也可以用相对数表示，即以利息额或利息率表示。但在实际工作中通常以利息率进行计量。一般的利息率除了包括资金时间价值因素外，还包括价值风险和通货膨胀因素，而资金时间价值通常被认为是在没有风险和通货膨胀条件下的社会平均资金利润率，这是利润平均化规律作用的结果。

在资金时间价值的学习中有以下3点应予以注意。

① 时间价值产生于生产领域和流通领域，消费领域不产生时间价值。因此，企业应将更多的资金或资源投入生产领域和流通领域而非消费领域。

② 时间价值产生于资金运动中，只有运动着的资金才能产生时间价值，处于停顿状态的资金不会产生时间价值，因此企业应尽量减少资金的停顿时间和数量。

③ 时间价值的大小取决于资金周转速度的快慢，时间价值与资金周转速度成正比，因此企业应采取各种有效措施加速资金周转，提高资金使用效率。

二、终值与现值的计算

一次性收付款项是指在生产经营过程中收付款项各一次的经济活动，如定期存款。终值又称未来值，是指现在一定量的资金在未来某一时点上的价值，俗称本利；现值又称本金，是指未来某一时点上的一定量资金折合到现在的价值。一次性收付款项资金时间价值的计算可以用单利法和复利法计算。

1．单利终值与现值的计算

单利方式计算利息的原则是本金按年数计算利息，而以前年度本金产生的利息不再计算利息。因而在单利计算方式下，资金现值与终值的计算比较简单。

利息的计算公式为

$$I = P \times i \times n$$

终值的计算公式为

$$F = P + I = P + P \times i \times n = P \times (1 + i \times n)$$

现值的计算公式为

$$P = F \div (1 + i \times n)$$

式中：I 为利息；i 为利率（折现率）；P 为现值；F 为终值；n 为计算利息的期数。

【业务实例1-1】 某人存入银行 15 万元，若银行存款利率为 5%，5 年后的本利合计是多少？（若采用单利计息）

解析： $F = 15 \times (1 + 5\% \times 5) = 18.75$（万元）

【业务实例1-2】 某人存入一笔钱，希望 5 年后得到 20 万元，若银行存款利率为 5%，问现在应存入多少？（若采用单利计息）

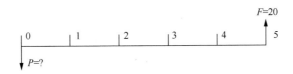

解析： $P = 20 \div (1 + 5\% \times 5) = 16$（万元）

2．复利终值与现值的计算

复利不同于单利，既涉及本金的利息，也涉及以前年度的利息继续按利率生息的问题。

（1）复利终值计算公式（已知现值 P，求终值 F）。

$$F = P \times (1 + i)^n = P \times (F/P, i, n)$$

式中：$(1 + i)^n$ 称为复利终值系数，可以用 $(F/P, i, n)$ 表示，可以通过查阅复利终值系数表（见本书附录）直接获得。

【业务实例1-3】 张云将 100 元钱存入银行，年利率为 6%，则各年年末的终值计算如下。

	0	1	2	3	4	5
利息		6.00	6.36	6.74	7.15	7.57
终值	100	106.00	112.36	119.10	126.25	133.82

解析：

1 年后的终值 $F_1 = 100 \times (1 + 6\%) = 106$（元）

2 年后的终值 $F_2 = 106 \times (1 + 6\%) = 100 \times (1 + 6\%)^2 = 112.36$（元）

3 年后的终值 $F_3 = 112.36 \times (1 + 6\%) = 100 \times (1 + 6\%)^3 = 119.10$（元）

......

n 年后的终值 $F_n = 100 \times (1 + 6\%)^n$（元）

因此，复利终值的计算公式为

$$F = P \times (1 + i)^n = P \times (F/P, i, n)$$

（2）复利现值计算公式（已知终值 F，求现值 P）。

实际上计算现值是计算终值的逆运算：

$$P = F/(1 + i)^n = F \times (P/F, i, n)$$

式中：$(1 + i)^{-n}$ 称为复利现值系数，可以用（$P/F, i, n$）表示，可以通过查阅复利现值系数表（见本书附录）直接获得。复利现值系数（$P/F, i, n$）与复利终值系数（$F/P, i, n$）互为倒数。

【业务实例 1-4】 假定李林在 2 年后需要 1 000 元，那么在年利率是 7% 的条件下，李林现在需要向银行存入多少钱？

解析：$P = 1\,000/(1 + 7\%)^2 = 1\,000 \times (P/F, 7\%, 2) = 873.4$（元）

> **思考题**
>
> 　王某拟购房，开发商提出两种方案，一种方案是现在一次性付 80 万元；另一种方案是 5 年后支付 100 万元。若目前的银行贷款利率是 7%，应选择哪一种方案？
>
> 　分析如下。
>
> 　方法一：按终值比较。
>
> 　方案一的终值：$F = 800\,000 \times (1 + 7\%)^5 = 1\,122\,080$（元）
>
> 　方案二的终值：$F = 1\,000\,000$（元）
>
> 　应选择方案二。
>
> 　方法二：按现值比较。
>
> 　方案一的现值：$P = 800\,000$（元）
>
> 　方案二的现值：$P = 1\,000\,000/(1 + 7\%)^5 = 1\,000\,000 \times (P/F, 7\%, 5) = 713\,000$（元）
>
> 　比较结果，仍是方案二更好。

三、普通年金的计算

　　年金是在一定时期内每次等额的收付款项。利息、租金、险费等额分期收款、等额分期付款以及零存整取或整存零取等一般都表现为年金的形式。年金按其收付发生的时点不同，可分为普通年金、先付年金、递延年金、永续年金等。不同种类的年金用以下不同的方法计算，年金一般用符号 A 表示。普通年金，又称后付年金，是指一定时期每期期末等额的系列收付款项。

1. 普通年金终值（已知年金 A，求年金终值 F）

　　普通年金终值是指一定时期内每期期末收付款项的复利终值之和，即零存整取的本利和。

　　普通年金终值计算方法如图 1-2 所示。

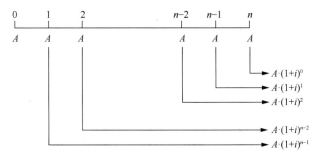

图 1-2　普通年金终值计算方法

普通年金终值的计算公式为

$$F = A \cdot (1+i)^0 + A \cdot (1+i)^1 + A \cdot (1+i)^2 + \cdots + A \cdot (1+i)^{n-2} + A \cdot (1+i)^{n-1} \tag{1-1}$$

将式（1-1）两边同时乘以（$1+i$）得：

$$F \cdot (1+i) = A \cdot (1+i)^1 + A \cdot (1+i)^2 + A \cdot (1+i)^3 + \cdots + A \cdot (1+i)^{n-1} + A \cdot (1+i)^n \tag{1-2}$$

将式（1-2）减去式（1-1）得：

$$F \cdot i = A \cdot (1+i)^n - A = A \cdot [(1+i)^n - 1]$$

$$F = A \cdot \left[\frac{(1+i)^n - 1}{i} \right] = A \cdot (F/A, \ i, \ n)$$

式中：F 为普通年金终值；A 为年金；i 为利率；n 为期数；$\dfrac{(1+i)^n - 1}{i}$ 通常称为年金终值系数，

记作（F/A, i, n），可直接查阅年金终值系数表（见本书附录）获得。

【业务实例 1-5】王红每年年末存入银行 2 000 元，年利率 7%，5 年后本利和应为多少？

解析： 5 年后本利和为

$F = 2\,000 \times (F/A, \ 7\%, \ 5) = 2\,000 \times 5.751 = 11\,502$（元）

2.普通年金现值（已知年金 A，求年金现值 P）

年金现值是指一定时期内每期期末收付款项的复利现值之和，整存零取求最初应存入的资金额就是典型的求年金现值的例子。

普通年金现值是一定时期内每期期末收付款项的复利现值之和。其计算方法如图 1-3 所示。

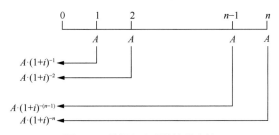

图 1-3　普通年金现值计算方法

由图 1-3 可知，普通年金现值的计算公式为

$$P = A \cdot (1+i)^{-1} + A \cdot (1+i)^{-2} + \cdots + A \cdot (1+i)^{-(n-1)} + A \cdot (1+i)^{-n} \tag{1-3}$$

将式（1-3）两边同时乘以（$1+i$）得：

$$P \cdot (1+i) = A + A \cdot (1+i)^{-1} + \cdots + A \cdot (1+i)^{-(n-2)} + A \cdot (1+i)^{-(n-1)} \tag{1-4}$$

将式（1-4）减去式（1-3）得：

$$P \cdot i = A - A \cdot (1+i)^{-n} = A \cdot [1 - (1+i)^{-n}]$$

$$P = A \cdot \left[\frac{1-(1+i)^{-n}}{i}\right] = A \cdot (P/A, i, n)$$

式中：P 为普通年金现值；A 为年金；i 为折现率；n 为期数；$\dfrac{1-(1+i)^{-n}}{i}$ 通常称为年金现值系数，记作（P/A，i，n），可直接查阅年金现值系数表（见本书附录）获得。

【业务实例1-6】 现在存入一笔钱，准备在以后5年中每年末得到100元，如果年利率为10%，现在应存入多少钱？

解析：$P = 100 \times (P/A, 10\%, 5) = 100 \times 3.791 = 379.1$（元）

3．偿债基金与年资本回收额

偿债基金是指为了在约定的未来时点清偿某笔债务或积蓄一定数量的资金而必须分次等额形成的存款准备金。由于每次提取的等额准备金类似年金，因而同样可以获得按复利计算的利息，因此偿债金额实际上等于年金终值。计算公式为

$$A = F \times 1/(F/A, i, n) = F \times i/[(1+i)^n - 1]$$

式中：$1/(F/A, i, n)$ 或 $i/[(1+i)^n - 1]$ 称作偿债基金系数。偿债基金系数是年金终值系数的倒数，可以通过查年金终值系数表求其倒数获得，所以计算公式也可以写为

$$A = F \times 1/(F/A, i, n) = F \div (F/A, i, n)$$

【业务实例1-7】 假设甲企业有一笔4年后到期的借款，到期值为1000万元。若存款年利率为10%，则为偿还这笔借款应建立的偿债基金为多少？

解析：$A = 1000 \div (F/A, 10\%, 4) = 1000 \div 4.6410 = 215.5$（万元）

资本回收额是指在给定的年限内等额回收初始投入资本或清偿所欠债务的金额，资本回收额的计算是年金现值的逆运算，其计算公式为

$$A = P \times [1/(P/A, i, n)] = P \times i/[1-(1+i)^{-n}]$$

式中：$1/(P/A, i, n)$ 或 $i/[1-(1+i)^{-n}]$ 称作资本回收系数，记作（A/P，i，n）。资本回收系数是年金现值系数的倒数，可以通过查阅年金现值系数表，求年金现值系数的倒数获得。所以计算公式也可以写为

$$A = P \times (A/P, i, n) = P/(P/A, i, n)$$

【业务实例1-8】 乙企业现在借得500万元的贷款，在10年内以利率12%偿还，则每年应付的金额为多少？

解析：$A = 500/(P/A, 12\%, 10) = 500/5.6502 = 88.5$（万元）

四、先付年金的计算

先付年金是指一定时期内每期期初等额的系列收付款项，又称预付年金或即付年金。先付年金与后付年金的差别仅在于收付款的时间不同。由于年金终值系数表和年金现值系数表是按常见的后付年金编制的，在利用后付年金系数表计算先付年金的终值和现值时，可在计算后付年金的基础上加以适当调整。

1．先付年金终值（已知年金 A，求年金终值 F）

n 期先付年金终值和 n 期后付年金终值之间的关系如图1-4所示。

n 期先付年金与 n 期后付年金比较，两者付款期数相同，但先付年金终值比后付年金终

值要多一个计息期。为求得 n 期先付年金的终值，可在求出 n 期后付年金终值后，再乘以 $(1+i)$。计算公式为

$$F = A \times (F/A, \ i, \ n) \times (1+i)$$

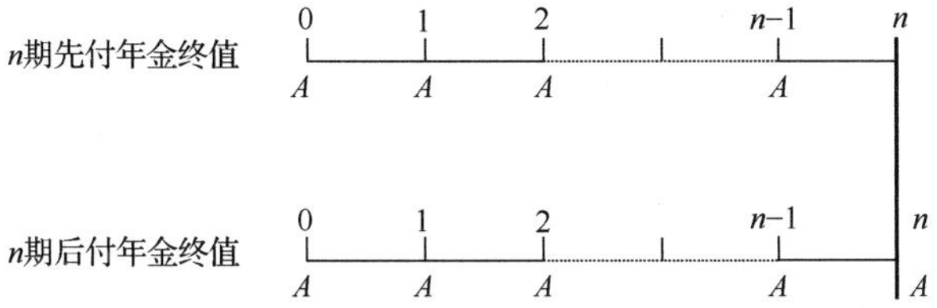

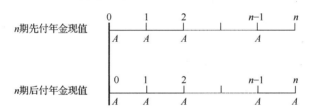

图 1-4　先付年金终值和后付年金终值之间的关系

此外，根据 n 期先付年金终值和 $n+1$ 期后付年金终值的关系还可推导出另一公式。n 期先付年金与 $n+1$ 期后付年金比较，两者计息期数相同，但 n 期先付年金比 $n+1$ 期后付年金少付一次款。因此，只要将 $n+1$ 期后付年金的终值减去一期付款额，便可求得 n 期先付年金终值。计算公式为

$$F = A \times (F/A, \ i, \ n+1) - A = A \times [(F/A, \ i, \ n+1) - 1]$$

【业务实例 1-9】 丙公司决定连续 5 年于每年年初存入 100 万元作为住房基金，银行存款利率为 10%。则该公司在第 5 年末能一次取出的本利和是多少？

解析： $F = 100 \times [(F/A, \ 10\%, \ 5+1) - 1] = 100 \times (7.7156 - 1) = 672$（万元）

2．先付年金现值（已知年金 A，求年金现值 P）

n 期先付年金现值和 n 期后付年金现值之间的关系如图 1-5 所示。

图 1-5　先付年金现值和后付年金现值之间的关系

n 期先付年金现值和 n 期后付年金现值比较，两者付款期数相同，但先付年金现值比后付年金现值少折现一期。为求得 n 期先付年金的现值，可在求出 n 期后付年金现值后，再乘以 $(1+i)$。计算公式为

$$P = A \times (P/A, \ i, \ n) \times (1+i)$$

此外，根据 n 期先付年金现值和 $n-1$ 期后付年金现值的关系也可推导出另一公式。n 期先付年金与 $n-1$ 期后付年金比较，两者计息期数相同，但 n 期先付年金比 $n-1$ 期后付年金多一期不需贴现的付款。因此，先计算出 $n-1$ 期后付年金的现值再加上一期不需贴现的付款，便可求得 n 期先付年金现值。计算公式为

$$P = A \times (P/A, \ i, \ n-1) + A = A \times [(P/A, \ i, \ n-1) + 1]$$

【业务实例 1-10】 某人拟购房，开发商提出两种方案：一种方案是现在一次性付 80 万元；另一种方案是从现在起每年初付 20 万元，连续支付 5 年。若银行贷款年利率是 7%，应选择哪一种方案？

解析：

方案 1：现值 $P = 80$（万元）

方案2：现值 $P = 20 \times (P/A，7\%，5) \times (1 + 7\%) = 87.744$（万元）

所以，应选择方案1。

五、递延年金的计算

递延年金，又叫延期年金，是指在最初若干期没有收付款项的情况下，随后若干期等额的系列收付款项。m 期以后的 n 期递延年金如图1-6所示。

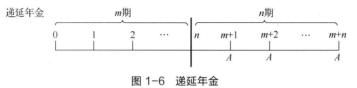

图1-6 递延年金

1. 递延年金终值

递延年金终值只与连续收支期 n 有关，与递延期 m 无关。其计算公式为

$$F = A \times (F/A，i，n)$$

2. 递延年金现值

递延年金现值的计算有两种方法。

方法一：分段法。将递延年金看成 n 期普通年金，先求出递延期末的现值，然后再将此现值折算到第一期期初，即得到 n 期递延年金的现值。其计算公式为

$$F = A \times (P/A，i，n) \times (P/F，i，m)$$

方法二：补缺法。假设递延期中也进行支付，先计算出 $m + n$ 期的普通年金的现值，然后扣除实际并未支付的递延期 m 的年金现值，即可得递延年金的现值。其计算公式为

$$P = P_{(m+n)} - P_m = A \times (P/A，i，m+n) - A \times (P/A，i，m) = A \times [(P/A，i，m+n) - (P/A，i，m)]$$

【业务实例1-11】 W项目于2020年年初动工，由于施工延期5年，于2025年年初方投产，从投产之日起每年得到收益40 000元。按年利率6%计算，则10年收益于2020年年初的现值是多少？

解析：

2020年年初的现值为：

$P = 40\,000 \times (P/A，6\%，10) \times (P/F，6\%，5)$

$\quad = 40\,000 \times 7.36 \times 0.747 = 219\,917$（元）

或者：

$P = 40\,000 \times [(P/A，6\%，15) - (P/A，6\%，5)]$

$\quad = 40\,000 \times (9.712 - 4.212) = 220\,000$（元）

六、永续年金的计算

永续年金是指无限期等额收付的年金，可视为普通年金的特殊形式，即期限趋于无穷的普通年金。存本取息可视为永续年金的例子。此外，也可将利率较高、持续期限较长的年金视同永续年金。

1. 永续年金终值

由于永续年金持续期无限，没有终止的时间，因此没有终值。

2．永续年金现值

永续年金现值的计算公式为

$$P = A \times \sum_{t=1}^{\infty} \left[1/(1+t)^t \right] = A/i$$

【业务实例 1-12】 某项永久性奖学金，每年计划颁发 100 000 元奖金。若年利率为 8%，该奖学金的本金应为多少？

解析： 永续年金现值 $P = 100\ 000 \div 8\% = 1\ 250\ 000$（元）

七、混合现金流

混合现金流是指各年收付不相等的现金流量。对混合现金流终值（或现值）的计算，可先计算出每次收付款的复利终值（或现值），然后加总。

【业务实例 1-13】 某人准备第 1 年年末存入银行 1 万元，第 2 年年末存入银行 3 万元，第 3～5 年年末存入银行 4 万元，存款年利率 10%，5 年存款的现值合计是多少？

解析：

$P = 1 \times (P/F,\ 10\%,\ 1) + 3 \times (P/F,\ 10\%,\ 2) + 4 \times [(P/A,\ 10\%,\ 5) - (P/A,\ 10\%,\ 2)]$

$\quad = 1 \times 0.909 + 3 \times 0.826 + 4 \times (3.791 - 1.736)$

$\quad = 11.607$（万元）

八、计息期短于 1 年资金时间价值的计算（年内计息的问题）

计息期就是每次计算利息的期限。在复利计算中，如按年复利计息，1 年就是一个计息期；如按季复利计息，1 季是 1 个计息期，1 年就有 4 个计息期。计息期越短，1 年中按复利计息的次数就越多，利息额就会越大。

1．计息期短于 1 年时，复利终值和现值的计算

当计息期短于 1 年，而使用的利率又是年利率时，期利率和计息期数的换算公式为

期利率：

$$r = i/m$$

计息期数：

$$t = m \times n$$

式中：r 为期利率；i 为年利率；m 为每年的计息期数；n 为年数；t 为换算后的计息期数。

计息期换算后，复利终值和现值的计算可按下列公式进行：

$$F = P \times (1 + r)^t = P \times (1 + i/m)^{m \times n} = P \times (F/P,\ i/m,\ m \times n)$$

$$P = F \times 1/(1 + r)^t = F \times 1/[(1 + i/m)^{m \times n}] = F \times (P/F,\ i/m,\ m \times n)$$

【业务实例 1-14】 北方公司向银行借款 1 000 元，年利率为 16%。按季复利计算，两年后应向银行偿付本利多少？

解析： 对此首先应换算 r 和 t，然后计算终值。

期利率 $r = 16\% \div 4 = 4\%$

计息期数 $t = 2 \times 4 = 8$

终值 $F = 1\ 000 \times (1 + 4\%)^8 = 1\ 000 \times (F/P,\ 4\%,\ 8) = 1\ 000 \times 1.369 = 1\ 369$（元）

【业务实例 1-15】 某基金会准备在第 5 年年底获得 2 000 元，年利率为 12%，每季计息一次。现在应存入多少款项？

解析： 期利率 $r = 12\% \div 4 = 3\%$

计息期数 $t = 5 \times 4 = 20$

现值 $P = 2\,000 \times 1/(1 + 3\%)^{20} = 2\,000 \times (P/F, 3\%, 20) = 2\,000 \times 0.554 = 1\,108$（元）

2．实际利率与名义利率的换算公式

如果规定的是1年计算一次的年利率，而计息期短于1年，则规定的年利率将小于分期计算的年利率。分期计算的年利率计算公式为

$$k = (1 + r)^m - 1$$

式中：k 为分期计算的年利率；r 为计息期规定的年利率；m 为1年内的计息期数。

公式推导：上式是对1年期间利息的计算过程进行推导求得的。如果1年后的终值是 v_m，则1年期间的利息是 $v_m - v_0$，分期计算的年利率可计算为

$$k = (v_m - v_0)/v_0 = [v_0(1 + r)^m - v_0]/v_0 = (1 + r)^m - 1$$

【业务实例1-16】 北方公司向银行借款 $1\,000$ 元，年利率为6%，按季复利计算，试计算其实际年利率。

解析： 期利率 $r = 6\% \div 4 = 1.5\%$

1年内的计息期数 $m = 4$

则实际年利率 $k = [(1 + 1.5\%)^4 - 1] \times 100\% = 106.14\% - 1 = 6.14\%$

九、折现率的推算

1．复利终值（或现值）折现率的推算

根据复利终值的计算公式，可得折现率的计算公式为

$$F = P \times (1 + i)^n = P \times (F/P, i, n)$$
$$i = (F/P)^{-n} - 1$$

若已知 F、P、n，不用查表便可直接计算出复利终值（或现值）的折现率。

2．永续年金折现率的推算

永续年金折现率的计算也很方便。若 P、A 已知，则根据 $P = A/i$ 可求得折现率的计算公式为

$$i = A/P$$

3．普通年金折现率的推算

普通年金折现率的推算比较复杂，无法直接套用公式，必须利用有关的系数表，有时还涉及内插法的运用，下面介绍计算原理。

实际上，可以利用两点式直线方程来解决这一问题。

两点(x_1, y_1)、(x_2, y_2)构成一条直线，则其方程为

$$(x - x_1)/(x_2 - x_1) = (y - y_1)/(y_2 - y_1)$$

这种方法称为内插法，即在两点之间插入第三个点，于是当知道 n、i、F/P 这三者中的任何两个就可以利用以上公式求出普通年金折现率。因此，普通年金折现率的推算要分两种情况分别计算，下面着重对此加以介绍。

（1）利用系数表计算。根据年金终值与现值的计算公式

$$F = A \times (F/A, i, n)；P = A \times (P/A, i, n)$$

将上面两个公式变形可以得到下面普通年金终值系数和普通年金现值系数公式为

$$(F/A, i, n) = F/A；(P/A, i, n) = P/A$$

当已知 F、A、n 或 P、A、n，则可以通过查年金终值系数表或年金现值系数表，找出系数值为 F/A 的对应的 i 值或找出系数值为 P/A 的对应的 i 值。

（2）利用内插法计算。查表法可以计算出一部分情况下的普通年金的折算率，当系数表中不能找到完全对应的 i 值时，利用年金系数公式求 i 值的基本原理和步骤是一致的。若已知 P、A、n 可按以下步骤推算 i 值。

① 计算出 P/A 的值，假设 $P/A = \alpha$。

② 查年金现值系数表。沿着已知 n 所在的行横向查找，若恰好能找到某一系数值等于 α，则该系数值所在的行相对应的利率就是所求的 i 值；若无法找到恰好等于 α 的系数值，就应在表中 n 行上找到与 α 最接近的左右临界系数值，设为 β_1、β_2（$\beta_1 > \alpha > \beta_2$ 或 $\beta_1 < \alpha < \beta_2$），找出 β_1、β_2 所对应的临界利率，然后进一步运用内插法。

③ 在内插法下，假定利率 i 同相关的系数在较小范围内线性相关，然后可根据临界系数 β_1、β_2 所对应的临界利率 i_1、i_2 计算出 i，其公式为

$$i = i_1 + (\beta_1 - \alpha)/(\beta_2 - \beta_1) \times (i_2 - i_1)$$

【业务实例 1-17】 某公司于第一年年初借款 20 000 元，每年年末还本付息额为 4 000 元，连续 9 年还清，则借款利率为多少？

解析：根据题意，已知 $P = 20\,000$，$A = 4\,000$，$n = 9$，$P/A = 20\,000 \div 4\,000 = 5$

查年金现值系数表，当 $n = 9$、$i_1 = 12\%$ 时，

$$(P/A，12\%，9) = 5.328\,2$$

当 $n = 9$、$i_2 = 14\%$ 时，

$$(P/A，14\%，9) = 4.946\,4$$

教学视频：资金时间价值的计算

根据内插法原理可得：

$i = 12\% + (5.328\,2 - 5) \div (5.328\,2 - 4.946\,4) \times (14\% - 12\%) = 13.72\%$

❋ 任务实施

1. 利用普通年金终值计算公式可以得出答案：$A = 3$，$i = 5\%$，$n = 188$，$F = A \times (F/A, i, n) = 3 \times (F/A，5\%，188) \times 50 = 1\,375\,596$（法郎）

2. 中国有个成语叫"一诺千金"，法国有一句名言：当信用消失的时候，就没有生命。法国政府在本事件中，没有推诿责任，用对卢森堡大公国的中小学教育事业予以支持与赞助来兑现玫瑰花诺言，一方面体现了法国政府的诚信，另一方面也巧妙地避免了复利计息的债务，是个聪明的举措，也是一次成功的政府公关行为。

🔵 任务五　投资风险价值衡量

❋ 任务情境

小张毕业十多年，省吃俭用积攒了 30 万元，打算拿来投资，现在有 3 个方案。

方案一：在小区附近开一家早餐店，预计生意好、一般和不好时，每月净利润分别为 1 万元、0.4 万元和 0.1 万元，生意好、一般和不好的概率分别为 0.7、0.2、0.1；

方案二：与人合伙开厂，预计生意好、一般和不好时，每月个人分红分别为 1 万元、0.3

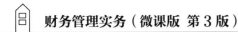

万元和-1 万元，生意好、一般和不好的概率分别为 0.5、0.3、0.2；

方案三：投资股票，股市行情好、一般和不好时，每个月的收益分别为 1 万元、0.2 万元和-0.2 万元，股市行情好、一般和不好的概率分别为 0.1、0.6、0.3。

❋ 任务描述

如果你是小张，你会怎么选择？理由是什么？运用本任务所学知识，为小张的选择做投资风险价值衡量，并给出科学的建议。

❋ 知识要点

一、风险含义及财务决策的分类

风险一般是指某一行动的结果具有变动性。从财务管理的角度讲，风险是指企业在各项财务活动过程中，由于各种难以预料或难以控制的因素的作用，使企业的实际收益与预计收益发生背离，从而蒙受经济损失的可能性。风险管理的目的是正确地估计和计量风险，在对各种可能结果进行分析的基础上，趋利防弊，求以最小的风险谋求最大的收益。

企业的经济活动大都是在有风险和不确定的情况下进行的，离开了风险因素就无法正确评价企业收益的高低。投资风险价值原理揭示了风险与收益之间的关系，它同资金时间价值原理一样，是财务决策的基本依据。

根据对未来情况的掌握程度，财务决策可分为以下 3 种类型。

1．确定性决策

确定性决策是指未来情况能够确定或已知的决策。例如，购买政府发行的国库券，由于国家实力雄厚，事先规定的债券利息率在债券到期时肯定可以实现，这就属于确定性投资，即没有风险和不确定的问题。

2．风险性决策

风险性决策是指未来情况不能完全确定，但各种情况发生的可能性即概率已知的决策。例如，购买某家用电器公司的股票，已知该公司股票在行业繁荣、一般和萧条时的收益率分别为 15%、10%和 5%；另根据有关资料分析，认为近期该行业繁荣、一般和萧条的概率分别为 30%、50%和 20%，这种投资就属于风险性投资。

3．不确定性决策

不确定性决策是指未来情况不仅不能完全确定，而且各种情况发生的可能性也不确定的决策。例如，投资煤炭开发工程，若煤矿开发顺利可获得 100%的收益，但若找不到理想的煤层则将发生亏损；至于能否找到理想的煤层，盈利与亏损的可能性各有多少，事先很难预料，这种投资的决策就属于不确定性决策。

在财务管理中对风险和不确定性并不做严格区分，往往把两者统称为风险。风险价值有两种表示方法：风险收益额和风险收益率。投资者冒着风险进行投资而获得的超过资金时间价值的额外收益，称为风险收益额；风险收益额与投资额的比率则称为风险收益率。

二、投资风险价值

1. 确定概率分布

在现实生活中，某一事件在完全相同的条件下可能发生也可能不发生，既可能出现这种结果又可能出现那种结果，我们称这类事件为随机事件。概率就是用百分数或小数来表示随机事件发生可能性及出现某种结果可能性大小的数值，用 X 表示随机事件，X_i 表示随机事件的第 i 种结果，P_i 为出现该种结果的相应概率。若 X_i 出现，则 $P_i = 1$；若不出现，则 $P_i = 0$。同时，所有可能结果出现的概率之和必定为 1。因此，概率必须符合下列两个要求。

（1）$0 \leqslant P_i \leqslant 1$。

（2）$\sum_{i=1}^{n} P_i = 1$。

【业务实例 1-18】 某投资项目有甲、乙两个方案，投资额均为 10 000 元，其收益的概率分布如表 1-3 所示。

表 1-3 某投资项目甲、乙两个方案收益的概率分布

经济情况	概率（P_i）	收益（随机变量 X_i）	
		甲方案	乙方案
繁荣	$P_1 = 0.20$	$X_1 = 600$	$X_1 = 700$
一般	$P_2 = 0.60$	$X_2 = 500$	$X_2 = 500$
萧条	$P_3 = 0.20$	$X_3 = 400$	$X_2 = 300$

2. 计算期望值

期望值是一个概率分布中的所有可能结果，以各自相应的概率为权数计算的加权平均数。其计算公式如下。

$$\bar{E} = \sum_{i=1}^{n} X_i P_i$$

式中：X_i 为概率分布中第 i 种可能结果；P_i 为分布中第 i 种可能结果的相应概率。

根据以上公式，将【业务实例 1-18】的数据代入求得：

$\bar{E}_{甲} = 600 \times 0.2 + 500 \times 0.6 + 400 \times 0.2 = 500$（万元）

$\bar{E}_{乙} = 700 \times 0.2 + 500 \times 0.6 + 300 \times 0.2 = 500$（万元）

应强调的是，上述期望值是各种未来收益的加权平均数，它并不反映风险程度的大小。

3. 计算标准离差

标准离差是反映各随机变量偏离期望值程度的指标之一，以绝对额反映风险程度的大小。其计算公式为

$$\delta = \sqrt{\sum_{i=1}^{n} (X_i - \bar{E})^2 \cdot P_i}$$

根据以上公式，将【业务实例 1-18】的数据代入求得：

$\delta_{甲} = \sqrt{(600-500)^2 \times 0.2 + (500-500)^2 \times 0.6 + (400-500)^2 \times 0.2} = 63.25$

$\delta_{乙} = \sqrt{(700-500)^2 \times 0.2 + (500-500)^2 \times 0.6 + (300-500)^2 \times 0.2} = 126.49$

从标准离差来看，乙方案风险比甲方案大。

4．计算标准离差率

标准离差率也是反映各随机变量偏离期望值程度的指标之一，以相对数反映风险程度的大小。其计算公式为

$$V = \frac{\delta}{E} \times 100\%$$

根据以上公式，将【业务实例1-18】的数据代入求得：

$V_甲 = 63.25 \div 500 \times 100\% = 12.65\%$

$V_乙 = 126.49 \div 500 \times 100\% = 25.30\%$

从标准离差率来看，乙方案风险比甲方案大。

标准离差属于绝对额指标，适用于单一方案的选择，不适用于多方案的选择；而标准离差率属于相对数指标，常用于多方案的选择。

5．计算风险收益率

标准离差率可以反映投资者所冒风险的程度，但无法反映风险与收益间的关系。由于风险程度越大，得到的收益也应越高，而风险收益率与反映风险程度的标准离差率成正比关系。于是风险收益率可按下述公式计算。

$$R = b \cdot V$$

式中：R 为风险收益率，也称风险报酬率；b 为风险价值系数，也称风险报酬系数；V 为标准离差率。

在【业务实例1-18】中，假设风险价值系数为8%，则风险收益率为

$R_甲 = 8\% \times 12.65\% = 1.012\%$

$R_乙 = 8\% \times 25.30\% = 2.024\%$

为了进行风险条件下的正确决策，针对单个方案，往往是将该方案的标准离差（或标准离差率）与企业设定的标准离差（或标准离差率）的最高限值比较，当前者小于或等于后者时，该方案可以被接受，否则予以拒绝；针对多个方案，则是将多个方案的标准离差率与企业设定的标准离差率的最高限值比较，当前者小于或等于后者时，该方案可以被接受，否则予以拒绝。只有这样，才能选择风险最低、期望收益最高的最优方案。

三、投资风险价值衡量

投资者在进行投资时，一般不把其所有资金都投资于一种证券，而是同时持有多种证券。这种同时持有多种证券的做法叫证券的投资组合，简称"证券组合"或"投资组合"。银行、共同基金、保险公司和其他金融机构一般都持有多种有价证券。即使是个人投资者，一般也持有投资组合，而不是仅持有一家公司的股票或债券。所以，必须了解投资组合的风险报酬。

1．投资组合的风险种类及其特性

投资组合的风险可分为两种性质完全不同的风险，即可分散风险和不可分散风险。

（1）可分散风险。可分散风险又叫非系统性风险或公司特有风险，是指某些因素对单个投资造成经济损失的可能性，如个别公司工人的罢工，公司在市场竞争中的失败等。这种风险，可通过证券持有的多样化来抵消，即多买几家公司的股票，若其中某些公司的股票报酬增加，而另一些股票报酬减少，则风险抵消。但应强调的是，当两种股票完全负相关（$r = -1.0$）时，组合的风险被全部抵消；当两种股票完全正相关（$r = 1.0$）时，组合的风险不减少也不增加。实际上，各种股票之间不可能完全正相关，也不可能完全负相关，所以不同股票的投

资组合可以降低风险，但又不能完全消除风险。一般而言，股票的种类越多，风险越小。当股票种类足够多时，几乎能把所有的可分散风险分散掉。

（2）不可分散风险。不可分散风险又称系统性风险或市场风险，指的是由于某些因素而给市场上所有的投资都带来经济损失的可能性，如宏观经济状况的变化、国家税法的变化、国家财政政策和货币政策变化、世界能源状况的改变都会使股票报酬发生变动。这些风险影响到所有的证券，因此，不能通过投资组合分散掉。换句话说，即使投资者持有的是经过适当分散的投资组合，他也将遭受这种风险。因此，对投资者来说，这种风险是无法消除的，故称为不可分散风险。但这种风险对不同的企业的影响不同。不可分散风险的程度，通常用 β 系数表示，用来说明某种证券（或某一投资组合）的系统性风险相当于整个证券市场系统性风险的倍数。作为整体的证券市场的 β 系数为 1，如果某种股票的风险情况与整个证券市场的风险情况一致，则这种股票的 β 系数等于 1；如果某种股票的 β 系数大于 1，说明其风险大于整个市场的风险；如果某种股票的 β 系数小于 1，说明其风险小于整个市场的风险。

2．投资组合风险与收益的关系

风险与收益总是相呼应的，风险低则收益低，风险高也意味着收益高。

（1）投资组合的风险主要是系统性风险。由于多样化投资可以把所有的非系统性风险分散掉，因而投资组合的风险主要是系统性风险。从这一点上讲，投资组合的收益只反映系统性风险（暂不考虑资金时间价值和通货膨胀因素）的影响程度，投资组合的风险收益是投资者因冒系统性风险而要求的、超过时间价值的那部分额外收益。用公式表示为

教学视频：资产组合的风险

$$R_R = \beta_p \times (K_m - R_F)$$

式中：R_R 为投资组合的风险报酬率；β_p 为投资组合的 β 系数；K_m 为所有投资的平均收益率，又称市场收益率；R_F 为无风险报酬率，一般用国家公债利率表示。

（2）投资组合风险和收益的决定因素。决定投资组合风险和收益高低的关键因素是投资组合中各证券的比重，因为个别证券的 β 系数是客观存在的，所以是无法改变的。但是，人们通过改变投资组合中的证券种类或比重即可改变投资组合的风险和收益。

由于 $\beta_p = \sum_{i=1}^{n} X_i \beta_i$，因此人们可以通过调整某一投资组合内各证券的比重来控制该投资组合的风险和收益。

（3）投资组合风险和收益的关系。投资组合风险和收益的关系可以用资本资产定价模型来表示。

$$K_i = R_F + R_R = R_F + \beta_i \times (K_m - R_F)$$

此时，K_i 的实质是在不考虑通货膨胀情况下无风险收益率与风险收益率之和。

【业务实例 1-19】　某企业持有甲、乙、丙 3 种股票构成的投资组合，其 β 系数分别是 1.2、1.6 和 0.8，它们在投资组合中所占的比重分别是 40%、35% 和 25%，此时证券市场的平均收益率为 10%，无风险收益率为 6%。

问：（1）上述投资组合的风险收益率和收益率是多少？

（2）如果该企业要求投资组合的收益率为 13%，你将采取何种措施来满足投资的要求？

解析：

（1）$\beta_p = 1.2 \times 40\% + 1.6 \times 35\% + 0.8 \times 25\% = 1.24$

　　　$R_R = 1.24 \times (10\% - 6\%) = 4.96\%$

　　　$K_i = 6\% + 4.96\% = 10.96\%$

（2）由于该组合的收益率10.96%低于企业要求的收益率13%，因此可以通过提高β系数高的甲种或乙种股票的比重并降低丙种股票的比重实现这一目的。

❋ 任务实施

如果我是小张，会选择方案一，理由如下。

（1）期望值法。

方案一的月预期收益=1×0.7+0.4×0.2+0.1×0.1=0.79（万元）

方案二的月预期收益=1×0.5+0.3×0.3+（-1）×0.2=0.39（万元）

方案三的月预期收益=1×0.1+0.2×0.6+（-0.2）×0.3=0.16（万元）

不考虑风险的情况下，方案一的月预期收益最大。

（2）标准离差率。

方案一的标准离差：

$$\delta = \sqrt{\sum_{i=1}^{n}\left(X_i - \overline{E}\right)^2 \cdot P_i}$$
$$= \sqrt{0.7 \times (1-0.79)^2 + 0.2 \times (0.4-0.79)^2 + 0.1 \times (0.1-0.79)^2}$$
$$= 0.33$$

方案一的标准离差率：

$$V = \frac{\delta}{E} \times 100\%$$
$$= 0.33 \div 0.79 \times 100\% = 41.77\%$$

方案二的标准离差：

$$\delta = \sqrt{\sum_{i=1}^{n}\left(X_i - \overline{E}\right)^2 \cdot P_i}$$
$$= \sqrt{0.5 \times (1-0.39)^2 + 0.3 \times (0.3-0.39)^2 + 0.2 \times (-1-0.39)^2}$$
$$= 0.76$$

方案二的标准离差率：

$$V = \frac{\delta}{E} \times 100\%$$
$$= 0.76 \div 0.39 \times 100\% = 194.87\%$$

方案三的标准离差：

$$\delta = \sqrt{\sum_{i=1}^{n}\left(X_i - \overline{E}\right)^2 \cdot P_i}$$
$$= \sqrt{0.1 \times (1-0.16)^2 + 0.6 \times (0.2-0.16)^2 + 0.3 \times (-0.2-0.16)^2}$$
$$= 0.33$$

方案三的标准离差率：

$$V = \frac{\delta}{E} \times 100\%$$
$$= 0.33 \div 0.16 \times 100\% = 206.25\%$$

由于在期望值不同的情况下，标准离差率越大，风险越大；反之，标准离差率越小，风险越小，因此，方案三风险最大，方案一风险最小，应优先选择方案一。

项目小结

1. 企业财务是企业在生产过程中的资金运动及其体现的财务关系。

2. 企业财务活动是指企业资金收支活动的总称，包括资金的筹集、运用、收回及分配等一系列行为，它是财务管理的对象和基本内容。

3. 企业财务关系是指企业作为财务活动的主体在组织财务活动过程中与有关各方所发生的经济利益关系。其内容包括：①企业与投资者之间的财务关系；②企业与债权人之间的财务关系；③企业与政府之间的财务关系；④企业内部各单位之间的财务关系；⑤企业与职工之间的财务关系。

4. 企业财务管理目标是指企业进行财务管理活动所要达到的根本目的。目前，财务管理目标主要有 4 种，即利润最大化、资本利润率或每股利润最大化、股东财富最大化和企业价值最大化等，企业价值最大化是财务管理的最优目标。

5. 资金时间价值是在没有风险和没有通货膨胀条件下的社会平均投资报酬率，是资金参与再生产，在使用过程中的增值，资金时间价值的大小与时间成正比。资金时间价值有单利和复利两种计算方法。单利计算就是利息的计算以本金为基础，复利计算时以上期期末的本利和为基础。

6. 单利计算的终值 $F = P \times (1 + i \times n)$，复利计算的终值 $F = P \times (1 + i)^n$。

7. 年金是指一定时期内每隔相同时间发生相同数额的系列收付款项。年金可分为普通年金、先付年金、递延年金、永续年金 4 种。

普通年金终值计算公式为

$$F = A \times \left[\frac{(1+i)^n - 1}{i} \right] = A \times (F/A, \ i, \ n)$$

普通年金现值计算公式为

$$P = A \times \left[\frac{1 - (1+i)^{-n}}{i} \right] = A \times (P/A, \ i, \ n)$$

8. 名义利率与实际利率的换算公式为

$$i = (1 + r/m)^m - 1$$

9. 风险是指某一行动的结果具有变动性。风险收益额是指投资者因冒风险进行投资而要求的超过资金时间价值的额外收益。

10. 风险的衡量。收益的离散程度越大，风险越大；收益的离散程度越小，风险越小。

当两种方案收益期望值相同时，计算标准离差（δ）衡量风险的大小。

当两种方案收益期望值不相同时，计算标准离差率（V）衡量风险的大小。

能力提升训练

项目二

筹资管理

学习目标

【知识目标】

- 了解吸收直接投资、普通股筹资、优先股筹资、留存收益筹资
- 了解银行借款筹资、发行债券筹资、商业信用筹资
- 了解融资租赁筹资
- 理解筹资方式的含义、种类、筹资程序及其优缺点
- 了解股票筹资的条件和程序
- 了解债券筹资方式的程序和有关法律规定及债券发行的定价
- 掌握商业信用放弃现金折扣成本计算
- 理解资本成本性质和构成要素
- 掌握个别资本成本和加权平均资本成本的计算方法
- 掌握经营杠杆、财务杠杆以及联合杠杆系数的计算方法
- 掌握每股利润分析法和资本成本比较法

【能力目标】

- 能运用销售百分比法预测资金需要量
- 能有效运用个别资本成本和加权平均资本成本
- 能运用经营杠杆系数、财务杠杆系数以及联合杠杆系数进行财务风险分析
- 能根据资本成本和资本结构指导筹资决策

【素养目标】

- 培养风险管控的审慎精神
- 树立良好诚信意识
- 培养"君子爱财，取之有道"的品德
- 树立法治思维
- 养成节俭的美德

知识框架图

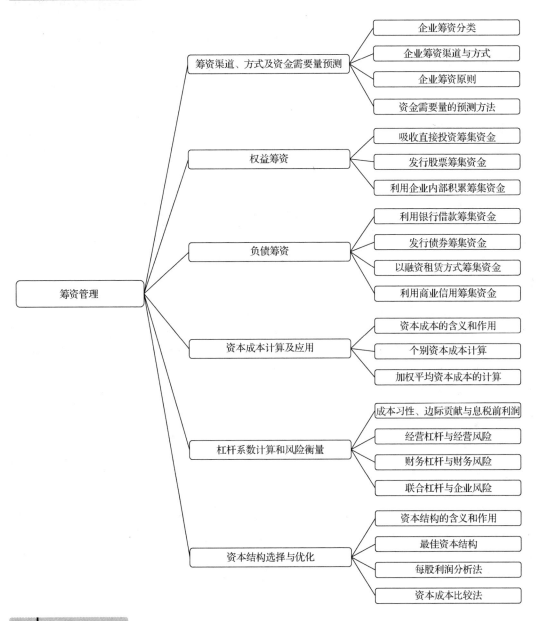

筹资管理
- 筹资渠道、方式及资金需要量预测
  - 企业筹资分类
  - 企业筹资渠道与方式
  - 企业筹资原则
  - 资金需要量的预测方法
- 权益筹资
  - 吸收直接投资筹集资金
  - 发行股票筹集资金
  - 利用企业内部积累筹集资金
- 负债筹资
  - 利用银行借款筹集资金
  - 发行债券筹集资金
  - 以融资租赁方式筹集资金
  - 利用商业信用筹集资金
- 资本成本计算及应用
  - 资本成本的含义和作用
  - 个别资本成本计算
  - 加权平均资本成本的计算
- 杠杆系数计算和风险衡量
  - 成本习性、边际贡献与息税前利润
  - 经营杠杆与经营风险
  - 财务杠杆与财务风险
  - 联合杠杆与企业风险
- 资本结构选择与优化
  - 资本结构的含义和作用
  - 最佳资本结构
  - 每股利润分析法
  - 资本成本比较法

职场箴言

凡事预则立，不预则废。——《礼记·中庸》

宜未雨而绸缪，毋临渴而掘井。——《朱子家训》

案例引入

大宇集团资本结构的神话

韩国第二大企业集团大宇集团 1999 年 11 月 1 日向新闻界正式宣布，该集团董事长金

宇中以及 14 名下属公司的总经理决定辞职，以表示"对大宇集团的债务危机负责，并为推行结构调整创造条件"。韩国媒体认为，这意味着"大宇集团解体进程已经完成""大宇集团已经消失"。

大宇集团于 1967 年开始奠基立厂，其创办人金宇中当时是一名纺织品推销员。经过 30 年的发展，通过政府的政策支持、银行的信贷支持和在海内外的大力并购，大宇集团成为直逼韩国最大企业——现代集团的庞大商业帝国：1998 年年底，总资产高达 640 亿美元，营业额占韩国 GDP（国内生产总值）的 5%；业务涉及贸易、汽车、电子、通用设备、重型机械、化纤、造船等众多行业；国内所属企业曾多达 41 家，海外公司数量创下过 600 家的记录，鼎盛时期，海外雇员多达几十万人，大宇成为国际知名品牌。大宇集团是"章鱼足式"扩张模式的积极推行者，认为企业规模越大，就越能立于不败之地，即所谓的"大马不死"。据报道，1993 年金宇中提出"世界化经营"战略时，大宇集团在海外的企业只有 15 家，而到 1998 年年底已增至 600 多家，"等于每 3 天增加一个企业"。还有更让韩国人为大宇集团着迷的是：在韩国陷入金融危机的 1997 年，大宇集团不仅没有被危机困倒，反而在国内的集团排名中由第 4 位上升到第 2 位，金宇中本人也被美国《幸福》杂志评为亚洲风云人物。

1997 年年底韩国发生金融危机后，其他企业集团都开始收缩，但大宇仍然我行我素，结果债务越背越重。尤其是 1998 年年初，韩国政府提出"五大企业集团进行自律结构调整"方针后，其他集团把结构调整的重点放在改善财务结构方面，努力减轻债务负担。大宇集团却认为，只要提高开工率，增加销售额和出口就能躲过这场危机。因此，它继续大量发行债券，进行"借贷式经营"。1998 年大宇集团发行的公司债券达 7 万亿韩元（约 58.33 亿美元）。1998 年第 4 季度，大宇集团的债务危机已初露端倪，在各方援助下才避过债务灾难。此后，在严峻的债务压力下，大梦方醒的大宇集团虽做出了种种努力，但为时已晚。1999 年 7 月中旬，大宇集团向韩国政府发出求救信号；7 月 27 日，大宇集团因"延迟重组"，被韩国 4 家债权银行接管；8 月 11 日，大宇集团在压力下屈服，割价出售两家财务出现问题的公司；8 月 16 日，大宇集团与债权人达成协议，在 1999 年年底前，将出售盈利最佳的大宇证券公司，以及大宇电器、大宇造船、大宇建筑公司等，大宇集团的汽车项目资产免遭处理。"8 月 16 日协议"的达成，表明大宇集团已处于破产清算前夕，遭遇"存"或"亡"的险境。由于在此后的几个月中，经营依然不善，资产负债率仍然居高，大宇集团最终不得不走向案例开头所述的那一幕。

大宇集团为什么会倒下？在其轰然坍塌的背后，存在的问题固然是多方面的，但不可否认有财务杠杆的消极影响。大宇集团在政府政策和银行信贷的支持下，走上了一条"举债经营"之路。其试图通过大规模举债，达到大规模扩张的目的，最后实现"市场占有率至上"的目标。1997 年亚洲金融危机爆发后，大宇集团已经显现出经营上的困难，其销售额和利润均不能达到预期目的，而与此同时，债权金融机构又开始收回短期贷款，政府也无力再给它更多支持。1998 年年初，韩国政府提出"五大企业集团进行自律结构调整"方针后，其他集团把结构调整的重点放在改善财务结构方面，努力减轻债务负担。但大宇集团却认为，只要提高开工率，增加销售额和出口就能躲过这场危机。因此，它继续大量发行债券，进行"借贷式经营"。正由于经营上的不善，加上资金周转上的困难，韩国政府于 1999 年 7 月 26 日下令债权银行接手对大宇集团进行结构调整，以加快这个负债累累的集团的解体速度。由此可见，大宇集团的举债经营所产生的财务杠杆效应是消极的，不仅难以提高企业的盈利能力，反而因巨大的偿付压力使企业陷于难于自拔的财务困境。从根本上说，大宇集团的解体，是其财务杠杆消极作用影响的结果。"财务杠杆效应是一把双刃剑"，取得财务杠杆利益要具备一定前提条件，因此，企业最优资本结构及其衡量的标准是我们要掌握的内容。我国资本市场上大批 ST、PT 上市公司以及大批靠国家政策和信贷支持发展起来而又债务累累的国有企业，应从"大宇神话"中吸取深刻教训。

 ## 任务一　筹资渠道、方式及资金需要量预测

❋ 任务情境

华美公司 2023 年的实际销售收入为 200 000 万元，企业目前仍有剩余生产能力，为充分利用企业的剩余生产能力，通过市场调查，2024 年销售收入可增加到 240 000 万元，2023 年该企业的销售净利率为 10%，2024 年销售净利率保持不变，预计收益留存率为 20%。华美公司 2023 年 12 月 31 日的资产负债表如表 2-1 所示，销售额比率表如表 2-2 所示。

表 2-1　华美公司资产负债表（2023 年 12 月 31 日）

单位：万元

资产	金额	负债与所有者权益	金额
货币资金	20 000	应付账款	40 000
应收账款	40 000	短期借款	20 000
预付款项	25 000	预收款项	10 000
应收票据	25 000	应交税费	40 000
存货	40 000	应付债券	20 000
固定资产	210 000	实收资本	200 000
无形资产	40 000	盈余公积	30 000
		未分配利润	40 000
合计	400 000	合计	400 000

表 2-2　华美公司销售额比率表

资产	占销售收入的比例/%	负债与所有者权益	占销售收入的比例/%
货币资金	10	应付账款	20
应收账款	20	短期借款	10
预付款项	12.5	预收款项	5
应收票据	12.5	应交税费	20
存货	20	应付债券	不变动
固定资产	不变动	实收资本	不变动
无形资产	不变动	盈余公积	不变动
		未分配利润	不变动
合计	75	合计	55

❋ 任务描述

请根据以上资料，按照销售百分比法预测华美公司 2024 年需要增加的资金数量。

❋ 知识要点

　　企业筹集资金是指企业向外部有关单位或个人以及从企业内部筹措集中生产经营所需资金的财务活动。筹集资金是企业资金运动的起点，是决定资金运动规模和生产经营发展程度的重要环节。通过一定的资金渠道，采取一定的筹资方式，组织资金的供应，保证企业生产经营活动的需要，是企业财务管理的一项重要内容。

一、企业筹资分类

　　企业筹集的资金可按不同方式进行不同的分类，主要的分类方式有两种。

1．按使用期限的长短，资金分为短期资金和长期资金

　　短期资金是指供一年以内使用的资金。短期资金主要为现金、应收账款、存货等，一般在短期内可收回。短期资金常采用商业信用、银行流动资金借款等方式来筹集。

　　长期资金是指供一年以上使用的资金。长期资金主要用于新产品的开发和推广、生产规模的扩大、厂房和设备的更新，一般需几年或几十年才能收回。长期资金通常采用吸收投资、发行股票、发行债券、长期借款、融资租赁、留存收益等方式来筹集。

2．按来源渠道，资金分为所有者权益资金和负债资金

　　所有者权益资金是指企业通过发行股票、吸收投资、内部积累等方式筹集的资金，它们都属于企业的所有者权益。所有者权益不用还本，因而称为企业的自有资金、主权资金或权益资金。所有者权益资金不用还本，因此筹集所有者权益资金没有财务风险，但所有者权益资金要求的回报率高，资本成本高。

　　负债资金是指企业通过发行债券、银行借款、融资租赁等方式筹集的资金，属于企业的负债，到期要归还本金和利息，因而又称为企业的借入资金。企业采用借入的方式筹集资金，一般要承担较大的财务风险，但相对而言付出的资本成本较小。

二、企业筹资渠道与方式

1．筹资渠道

　　筹资渠道是指筹集资金来源的方向与通道，体现资金来源与供应量。我国企业目前主要有以下筹资渠道。

　　（1）国家财政资金。国家对企业的直接投资是国有企业主要的资金来源渠道，特别是国有独资企业，其资本全部由国家投资形成。从产权关系上看，产权归国家所有。

　　（2）银行信贷资金。银行对企业的各种贷款是我国各类企业最为主要的资金来源。我国提供贷款的银行主要有两个——商业银行和政策性银行。商业银行以营利为目的，为企业提供各种商业贷款；政策性银行为特定企业提供政策性贷款。

　　（3）非银行金融机构资金。非银行金融机构主要指信托投资公司、保险公司、租赁公司、证券公司以及企业集团所属的财务公司。它们所提供的金融服务，既包括信贷资金的投放，也包括物资的融通，还包括为企业承销证券的金融服务。

　　（4）其他企业资金。其他企业资金是指企业生产经营过程中产生的部分闲置的资金，企业间可以互相投资，也可以通过购销业务形成信用关系获取，这也是企业资金的重要来源。

　　（5）居民个人资金。居民个人资金是指游离于银行及非银行金融机构之外的个人资金，

可用于对企业进行投资，形成民间资金来源。

（6）企业自留资金。企业自留资金指企业通过计提折旧、提取公积金和未分配利润等形式形成的资金，这些资金的重要特征是企业无须通过一定的方式去筹集，它们是企业内部自动生成或转移的资金。

2．筹资方式

筹资方式是指企业筹集资金所采用的具体方式。目前我国企业的筹资方式主要有以下几种：①吸收直接投资；②发行股票；③利用留存收益；④利用商业信用；⑤发行债券；⑥融资租赁；⑦银行借款。

动画：吸收直接投资

企业筹资管理的重要内容是针对客观存在的筹资渠道，选择合理的筹资方式进行筹资。有效的筹资组合可以降低筹资成本，提高筹资效率。

筹资渠道与筹资方式存在一定的对应关系，一定的筹资方式只适用于某一特定的筹资渠道。具体的对应关系如表 2-3 所示。

表 2-3　筹资渠道与筹资方式的对应关系

筹资渠道	吸收直接投资	发行股票	利用留存收益	银行借款	发行债券	利用商业信用	融资租赁
国家财政资金	√	√					
银行信贷资金				√			
非银行金融机构资金	√	√		√	√		√
其他企业资金	√	√			√	√	
居民个人资金	√	√			√		
企业自留资金	√		√				

三、企业筹资原则

企业筹集资金的基本要求是讲求资金筹集的综合经济效益，企业筹资必须遵循以下几项原则。

动画：企业融资的原则

1．合理确定资金需要量，努力提高筹资效果

不论通过什么渠道、采取什么方式筹集资金，都应该预先确定资金需要量，既要确定流动资金的需要量，又要确定固定资金的需要量。筹集资金要有一个合理的界限，要使资金的筹集量与需要量相适应，防止筹资不足而影响生产经营或筹资过剩而降低筹资效益。

2．周密研究投资方向，大力提高投资效果

投资是决定是否筹资和筹资多少的重要因素之一。投资收益与筹资成本相权衡，决定着要不要筹资，而投资规模则决定着筹资的数量。因此，必须确定有利的资金投向，才能做出筹资决策，避免不顾投资效果的盲目筹资。

3．适时取得所筹资金，保证资金投放需要

筹集资金要按照资金投放使用的时间来合理安排，使筹资与用资在时间上相衔接，避免因取得资金滞后而贻误投资有利时机的情况，同时也要防止取得资金过早而造成投放前资金闲置。

4．认真选择筹资来源，力求降低筹资成本

企业筹集资金可以采用的渠道和方式是多种多样的，不同筹资渠道和方式的筹资难易程度、资本成本和财务风险各不相同。因此，要综合考察各种筹资渠道和筹资方式，研究各种资金来源的构成，求得最优的筹资组合，以降低组合的筹资成本。

5．合理安排资本结构，保持适当偿债能力

企业的资本一般由权益资金和债务资金构成。企业负债所占的比率要与权益资金数量和偿债能力相适应。要合理安排资本结构，既要防止负债过多而导致的财务风险过大、偿债能力不足，又要有效地利用负债经营，借以提高权益资金的收益水平。

6．遵守国家有关法规，维护各方合法权益

企业的筹资活动影响着社会资金的流向和流量，涉及相关方面的经济权益。企业筹集资金必须接受国家的宏观调控与指导，遵守国家有关法律、法规，按照公开、公平、公正的原则，履行约定的责任，维护相关各方的合法权益。

四、资金需要量的预测方法

企业在筹资之前，应当采用一定的方法预测资金需要量，只有这样，才能使筹集来的资金既能保证满足生产经营的需要，又不会有太多的闲置。现介绍预测资金需要量的几种常用的方法。

1．定性预测法

定性预测法是指利用直观的资料，依靠个人的经验和主观分析、判断能力，预测未来资金需要量的方法。这种方法通常在企业缺乏完备、准确的历史资料时采用。其预测过程是：首先，由熟悉财务情况和生产经营情况的专家，根据过去所积累的经验，进行分析判断，提出预测的初步意见；然后，通过召开座谈会或发出各种表格等形式，对上述预测的初步意见进行修正补充。这样的程序经过一次或几次以后，得出最终的预测结果。

定性预测法是十分有用的，但它不能揭示资金需要量与相关因素之间的数量关系。例如，预测资金需要量应和企业生产经营规模相联系，生产规模扩大，销售数量增加，并引起资金需要量增加；反之，则会使资金需要量减少。

2．定量预测法

定量预测法是根据变量之间存在的数量关系（如时间关系、因果关系等）建立数学模型来进行预测的方法。对资金需要量进行定量预测通常采用比率预测法。比率预测法是指以一定财务比率为基础，预测未来资金需要量的方法。能用于预测的比率很多，如存货周转率、应收账款周转率等，但常用的是资金与销售额之间的比率。以资金与销售额的比率为基础，预测未来资金需要量的方法，就是销售百分比法。以销售百分比法预测外界资金需要量的基本步骤如下。

（1）区分变动性项目（随销售收入变动而呈同比率变动的项目）和非变动性项目。通常变动性项目有货币资金、应收账款、存货等流动性资产；非变动性项目有固定资产、对外投资等非流动性资产。

（2）计算变动性项目的销售百分比。计算公式为

$$变动性项目的销售百分比 = 基期变动性资产（或负债）/基期销售收入$$

（3）计算需追加的外部筹资额。计算公式为

外界资金需要量＝增加的资产−增加的负债−增加的留存收益

其中：增加的资产＝增量收入×基期变动性资产占基期销售额的百分比

增加的负债＝增量收入×基期变动性负债占基期销售额的百分比

增加的留存收益=预计销售收入×销售净利率×收益留存率

对于增加的留存收益，应该采用预计销售收入计算。

教学视频：运用销售
百分比法预测资金

❋ 任务实施

预测程序如下。

（1）预计销售增长额。销售增长额=240 000-200 000=40 000（元）。

（2）确定随销售额变动而变动的资产和负债项目。表 2-2 中，非变动性项目是指该项目不随销售额的变化而变化；各项目占销售收入百分比反映的是企业资本的密集度，是用表 2-1 中有关项目的金额除以销售收入求得的，如货币资金：20 000÷200 000×100%=10%。

（3）确定需要增加的资金数额。从表 2-2 中可以看出，销售收入每增加 100 元，必须增加 75 元的资金需求，但同时增加 55 元的资金来源。从 75% 的资金需求中减去 55% 自动产生的资金来源，还剩下 20% 的资金需求。因此，每增加 100 元的销售收入，该公司必须取得 20 元的资金来源。本例中，销售收入从 200 000 万元增加到 240 000 万元，按 20% 比率可预测将增加 8 000 万元的资金需求。

（4）根据有关财务指标的约束确定对外筹资数额：

$$对外筹资需求量=\frac{A}{S_1}\times\Delta S-\frac{B}{S_1}\times\Delta S-S_2\times P\times E$$

式中，A 为随销售变动的资产（变动性资产）；B 为随销售变动的负债（变动性负债）；S_1 为基期销售额；S_2 为预测期销售额；ΔS 为销售变动额；P 为销售净利率；E 为收益留存率；$\frac{A}{S_1}$ 为变动性资产占基期销售额的百分比，即单位销售额所需的资产数量；$\frac{B}{S_1}$ 为变动性负债占基期销售额的百分比，即单位销售额所产生的自然负债数量。

根据上述资料可求得华美公司 2024 年对外资金的需求量为

75%×40 000-55%×40 000-240 000×10%×20%=8 000-4 800=3 200（万元）

即 8 000 万元的资金需求减去 4 800 万元的留存收益，还有 3 200 万元必须向外部筹集。

需要说明的是，销售百分比法是建立在以下假定基础之上的：①企业的部分资产和负债与销售额同比例变化；②企业各项资产、负债与所有者权益结构已达到最优。

注意事项：在销售百分比法的假定基础与实际不吻合的情况下，预测结果可能不够准确。

❋ 任务二 权益筹资

❋ 任务情境

互联网巨头美国在线（AOL）与传媒巨头时代华纳（Time Warner）在 2000 年 1 月 10 日宣布了合并计划。合并后的新公司命名为"美国在线时代华纳公司"（AOL Time Warner，现为"时代华纳公司"），被媒体称为全球第一家面向互联网世纪的综合性大众传播及通信公司。合并方式是采取换股方式（即股票对价方式）的新设合并。根据双方董事会批准的合并条款，时代华纳的股东将按 1：1.5 的比率置换新公司的股票，美国在线的股东的换股比率为 1：1。合并后原美国在线的股东将持有新公司 55% 的股票，原时代华纳的股东将拥有新公司 45% 的股票。美国在线 2010 年市值为 1 640 亿美元，时代华纳为 970 亿美元。对美国在线而言，合并对其股票的估值实际上仅是市场价格的 75%。而时代华纳在这次合并中的价格已达到了 1 500 亿美元，远远超过其合并前的市值。美国在线和时代华纳的合并在当时成为有史以来最大的一起并购案。

✴ 任务描述

1. 什么是股票对价方式，它的优缺点有哪些？
2. 主并公司选择目标公司时应遵循哪些标准？
3. 以上企业合并给你的启示有哪些？

✴ 知识要点

自有资金是指投资者投入企业的资本金及经营中所形成的积累，它反映所有者的权益，又称权益资金。出资人是企业的所有者，拥有对企业的所有权。企业可以独立支配其所占有的财产，拥有出资者投资形成的全部法人财产权。企业自有资金的筹集方式又称股权性筹资，主要有吸收直接投资、发行股票和利用企业内部积累等方式。

一、吸收直接投资筹集资金

吸收直接投资（简称"吸收投资"）指企业按照"共同投资、共同经营、共担风险、共享利润"的原则直接吸收国家、法人、个人投入资金的一种筹资方式。吸收直接投资无须公开发行债券。吸收直接投资中的出资者都是企业的所有者，他们对企业具有经营管理权。企业经营状况好、盈利多，各方可按出资额的比例分享利润，但如果企业经营状况差，连年亏损，甚至被迫破产清算，则各方要在其出资的限额内按出资比例承担损失。

1. 吸收直接投资的种类

吸收直接投资主要有以下 3 类。

（1）吸收国家投资。吸收国家投资指有权代表国家投资的部门或机构以国有资产投入企业，形成国有资本。吸收国家投资一般具有以下特点：①产权归属国家；②资金的运用和处置受国家约束较大；③在国有企业中采用比较广泛。

（2）吸收法人投资。吸收法人投资指法人单位以其依法可以支配的资产投入企业形成法人资本。吸收法人投资一般具有以下特点：①发生在法人单位之间；②以参与企业利润分配为目的；③出资方式灵活多样。

（3）吸收个人投资。吸收个人投资指社会个人或企业内部职工以个人合法财产投入企业形成个人资本。吸收个人投资一般具有以下特点：①参加投资的人员较多；②每人投资的数额较少；③以参与企业利润分配为目的。

2. 吸收直接投资中的出资方式

吸收直接投资中的投资者主要采用以下形式向企业投资。

（1）现金投资。以现金出资是吸收直接投资中一种重要的出资方式。有了现金，便可获取其他物质资源。因此，企业应尽量动员投资者采用现金方式出资。

（2）实物投资。以实物出资就是投资者以厂房、建筑物、设备等固定资产和原材料、商品等流动资产所进行的投资。一般来说，企业吸收的实物应符合以下条件：①确为企业科研、生产和经营所需；②技术性能比较好；③作价公平合理。

（3）工业产权投资。以工业产权出资是指投资者以专有技术、商标权和专利权等无形资产所进行的投资。一般来说，企业吸收的工业产权应符合以下条件：①能帮助研究和开发出新的高科技产品；②能帮助生产出适销对路的高科技产品；③能帮助改进产品质量，提高生产效率；④能帮助大幅度降低各种消耗；⑤作价比较合理。

（4）土地使用权投资。土地使用权是按有关法规和合同的规定使用土地的权利。企业吸收土地使用权投资应符合以下条件：①是企业科研、生产和销售活动所需要的；②交通、地理条件比较适宜；③作价公平合理。

除现金出资之外，以其他方式出资的要对资产进行作价。双方可以按公平合理原则协商作价，也可以请资产评估机构进行资产评估，以评估后的价格确认出资。

3．吸收直接投资的程序

（1）确定筹资数量。吸收投资一般是在企业开办时所使用的一种筹资方式。企业在经营过程中，如果发现自有资金不足，也可采用吸收投资的方式筹集资金，但在吸收投资之前，必须确定所需资金的数量，以利于正确筹集所需资金。

（2）寻找投资单位。企业在吸收投资之前，需要做一些必要的宣传工作，以便出资单位了解企业的经营状况和财务情况，有目的地进行投资。这将有利于企业在比较多的投资者中寻找最合适的合作伙伴。

（3）协商投资事项。寻找到出资单位后，双方便可进行具体的协商，以便合理确定投资的数量和出资方式。在协商过程中，企业应尽量说服投资者以现金方式出资。如果投资者的确拥有较先进的适用于企业的固定资产和无形资产等，也可用实物、工业产权和土地使用权进行投资。

（4）签署投资协议。双方经初步协商后，如没有太大异议，便可进一步协商。这里的关键问题是以实物投资、工业产权投资和土地使用权投资的作价问题。一般而言，双方应按公平合理的原则协商定价。如果争议比较大，可聘请有关资产评估机构来评定。当出资数额、资产作价确定后，便可签署投资协议，以明确双方的权利和责任。

（5）共享投资利润。企业在吸收投资之后，应按合同中的有关条款，从实现利润中对吸收的投资支付报酬。投资报酬是企业利润的一个分配去向，也是投资者利益的体现。企业要妥善处理这个问题，以便与投资者保持良好的关系。

4．吸收直接投资的优缺点

（1）吸收直接投资的优点。

① 有利于增强企业信誉。吸收直接投资所筹集的资金属于自有资金，能增强企业的信誉和借款能力，对扩大企业经营规模、壮大企业实力具有重要作用。

② 有利于尽快形成生产能力。吸收直接投资可以直接获取投资者的先进设备和技术，有利于尽快形成生产能力，尽快开拓市场。

③ 有利于降低财务风险。吸收直接投资可以根据企业的经营情况向投资者支付报酬，比较灵活，所以财务风险较小。

（2）吸收直接投资的缺点。

① 资本成本较高。因为向投资者支付的报酬是根据其出资的数额和企业实现利润的多寡来计算的，所以其资本成本较高。

② 企业控制权容易分散。投资者在投资的同时，一般都要求获得与投资数量相适应的经营管理的权利，容易造成企业控制权分散。

二、发行股票筹集资金

股票是股份公司为筹集自有资金而发行的有价证券，是投资人投资入股以及取得股利的凭证，它代表了股东对股份公司的所有权。

1. 股票的种类

（1）按股东权利和义务的不同，股票分为普通股和优先股。

普通股是公司发行的具有管理权而股利不固定的股票，是公司资本结构中基本的部分。普通股在权利、义务方面的特点如下。

① 普通股股东对公司有经营管理权，在股东大会上有表决权，可以选举成立董事会，从而实现对公司的经营管理。

② 普通股股利分配在优先股分红之后进行，股利多少取决于公司的经营情况。

③ 公司解散、破产时，普通股股东的剩余财产求偿权位于公司各种债权人和优先股股东之后。

④ 在公司增发新股时有认股优先权，普通股股东可以优先购买新发行的股票。

优先股是较普通股有某些优先权利同时也有一定限制的股票。其优先权利表现在以下方面。

① 优先获得股利。优先股股利的分发通常在普通股之前，其股利率是固定的。

② 优先分配剩余财产。当公司解散、破产时，优先股股东的剩余财产求偿权虽位于债权人之后，但位于普通股股东之前。优先股股东在股东大会上无表决权，在参与公司经营管理上受到一定限制，仅对涉及优先股权利的问题有表决权。

（2）按票面有无记名，股票分为记名股票和无记名股票。

记名股票在票面上载有股东姓名并将股东姓名记入公司股东名册。对记名股票要附发股权手册，股东只有同时具备股票和股权手册时才能领取股利。记名股票的转让、继承要办理过户手续。

无记名股票在票面上不记载股东姓名，公司也要设置股东名册，记载股票的数量、编号和发行日期，持有无记名股票的人就成为公司的股东。无记名股票的转让、继承无须办理过户手续，只需买卖双方办理交割手续。

《公司法》规定，公司向发起人、国家授权投资的机构、法人发行的股票应当为记名股票。对社会公众发行的股票可以为记名股票，也可以为无记名股票。

（3）按票面是否标明金额，股票分为面值股票和无面值股票。

面值股票是指在股票的票面上记载每股金额的股票。面值股票的主要功能是确定每股股票在公司所占有的份额，另外，它还表明在有限公司中股东对每股股票所负有限责任的最高限额。

无面值股票是指股票票面不记载每股金额的股票。无面值股票仅表示每一股在公司全部股票中所占有的比例。也就是说，这种股票只在票面上注明每股占公司全部净资产的比例，其价值随公司财产价值的增减而增减。

（4）按投资主体的不同，股票分为国家股、法人股、个人股和外资股。

国家股为有权代表国家投资的部门或机构以国有资产向公司投资形成的股票。国家股由国务院授权的部门或机构以及根据国务院的决定由地方人民政府授权的部门或机构持有，并委派股权代表。

法人股是企业法人以其依法可支配的资产向公司投资形成的股票，或具有法人资格的事业单位和社会团体以国家允许用于经营的资产向公司投资形成的股票。

个人股为社会个人或本公司职工以个人合法财产投入公司形成的股票。

外资股为外国投资者或我国香港、澳门、台湾地区投资者以购买人民币特种股票形式向公司投资形成的股票。

（5）按发行对象和上市地点，股票分为 A 股、B 股、H 股和 N 股。

在我国，A 股是以人民币标明票面金额并以人民币认购和交易的股票。B 股是以人民币标明票面金额，以外币认购和交易的股票。另外，还有 H 股和 N 股，H 股为在香港上市的股票，N 股是在纽约上市的股票。

2. 股票的发行

（1）股票发行的目的。

① 设立发行。设立发行即在股份公司设立或公司经改组、变更而成立股份公司时，为募集资本而进行的股票发行。

② 增资发行新股。增资发行新股是股份公司成立以后，在其存续期间为增加资本而发行股票。

③ 发放股票股利。

动画：发行股票

（2）股票发行的条件。

新设立的股份有限公司申请公开发行股票，应当符合下列条件。

① 生产经营符合国家产业政策。

② 发行普通股限于一种，同股同权。

③ 发起人认购的股本数额不少于公司拟发行股本总额的 35%。

④ 在公司拟发行的股本总额中，发起人认购的部分不少于人民币 3 000 万元，但国家另有规定的除外。

⑤ 向公众发行的部分不少于公司拟发行股本总额的 25%，其中公司职工认购的股本数额不得超过拟向社会公众发行股本总额的 10%。公司拟发行股本总额超过人民币 4 亿元的，证监会按照规定可以酌情降低向社会公众发行部分的比例，但是应不小于公司拟发行股本总额的 10%。

⑥ 发起人在近 3 年内没有重大违法行为。

⑦ 国务院证券监督管理机构规定的其他条件。

（3）股票发行的程序。

① 公司做出新股发行决议，对发行新股的种类、数量、目的、价格等做出决定。一般情况下，对设立发行股票的公司，发起人应足额认购应认购的股份。如果是募集设立，发起人至少需认购公司应发行股份的法定比例 35%。

② 公司做好发行新股的准备工作，如向证监会提交募股申请、公司章程、招股说明书等，并委托会计师事务所审计近 3 年的财务报表，进行资产评估。

③ 有关机构审核。

④ 与投资银行签署承销协议。

⑤ 公告招股说明书。

⑥ 招认股份，缴纳股款。

⑦ 召开创立大会，选举董事会、监事会。

⑧ 办理公司设立登记，交割股票。

（4）股票发行方式。

股票发行方式是指公司通过何种途径发行股票。股票的发行方式可分为以下两类。

① 公开间接发行。公开间接发行指通过中介机构，公开向社会公众发行股票。我国股份有限公司采用募集设立方式向社会公开发行新股时，须由证券经营机构承销的做法，就属于股票的公开间接发行。这种发行方式范围广、发行对象多，易于足额募集资本；股票的变现性、流通性强；股票的公开间接发行还有助于提高发行公司的知名度和扩大其影响力。但这种发行方式也有不足，主要是手续繁杂，发行成本高。

② 不公开直接发行。不公开直接发行指不公开对外发行股票，只向少数特定的对象直接发行，因而不需经中介机构承销。我国股份有限公司采用发起设立方式和以不向社会公开募集的方式发行新股的做法，即属于股票的不公开直接发行。这种发行方式弹性较大，发行成本低，但发行范围小，股票变现性差。

（5）股票销售方式。

股票销售方式，指的是股份有限公司向社会公开发行股票时所采取的股票销售方法。股票销售方式有两类，即自销和承销。

① 自销方式。股票发行的自销方式，指发行公司自己直接将股票销售给认购者。这种销售方式可由发行公司直接控制发行过程，实现发行意图，并可以节省发行费用，但往往筹资时间长，发行公司要承担全部发行风险，并需要有较高的知名度、信誉和较强的实力。

② 承销方式。股票发行的承销方式，指发行公司将股票销售业务委托给证券经营机构代理。这种销售方式是发行股票所普遍采用的。《公司法》规定股份有限公司向社会公开发行股票，必须与依法设立的证券经营机构签订承销协议，由证券经营机构承销。股票承销又分为包销和代销两种具体办法。所谓包销，是根据承销协议商定的价格，证券经营机构一次性全部购进发行公司公开募集的全部股份，然后以较高的价格出售给社会上的认购者。对发行公司来说，包销的办法可及时筹足资本，免于承担发行风险（股款未募足的风险由证券承销机构承担），但股票以较低的价格出售给证券承销机构，发行公司会损失部分溢价。所谓代销，是证券经营机构代替发行公司出售股票，并由此获取一定的佣金，但不承担股款未募足的风险。

（6）股票发行价格。

股票发行价格是股票发行时所使用的价格，也就是投资者认购股票时所支付的价格。股票发行价格通常由发行公司根据股票面额、股市行情和其他有关因素决定。公司以募集设立方式发行新股的股票价格，由发起人决定；公司增资发行新股的股票价格，由股东大会做出决议。

股票发行价格可以和股票的面额一致，但多数情况下不一致。股票发行价格一般有以下3种。

① 等价。等价是以股票的票面额为发行价格，也称为平价发行。这种发行价格，一般在股票的初次发行或在股东内部分摊增资的情况下采用。等价发行股票容易推销，但无从取

得股票溢价收入。

② 时价。时价是以股票在流通市场上买卖的实际价格为基准确定的股票发行价格。其原因是股票在第二次发行时已经增值，收益率已经变化。选用时价发行股票，考虑了股票的现行市场价值，对投资者有较大的吸引力。

③ 中间价。中间价是以时价和等价的中间值确定的股票发行价格。

按时价或中间价发行股票，股票发行价格会高于或低于其面额。前者称为溢价发行，后者称为折价发行。如属溢价发行，发行公司所获的溢价款计入资本公积。

股票发行价格可以等于票面金额（等价），也可以超过票面金额（溢价），但不得低于票面金额（折价）。

3．股票上市

股票上市是指股份有限公司公开发行的股票经批准在证券交易所进行挂牌交易。经批准在证券交易所上市交易的股票称为上市股票。股票获准上市交易的股份有限公司简称"上市公司"。《公司法》规定，股东转让其股份，即股票流通必须在依法设立的证券交易场所进行。

（1）股票上市的目的。

股份公司申请股票上市，一般出于以下几个目的。

① 资本大众化，分散风险。股票上市后，会有更多的投资者认购公司股份，公司则可将部分股份转售给这些投资者，再将得到的资金用于其他方面，这就分散了公司的风险。

② 提高股票的变现力。股票上市后便于投资者购买，自然提高了股票的流动性和变现力。

③ 便于筹措新资金。股票上市必须经过有关机构的审查批准并接受相应的管理，执行各种信息披露和股票上市的规定，这就大大增强了社会公众对公司的信赖，使之乐于购买公司的股票。同时，由于一般人认为上市公司实力雄厚，也便于公司采用其他方式（如负债）筹措资金。

④ 提高公司知名度，吸引更多投资者。股票上市公司为社会所知，并被认为经营优良，这会带来良好声誉，吸引更多的投资者认购公司股份。

⑤ 便于确定公司的价值。股票上市后，公司股价有市价可循，便于确定公司价值，有利于促进公司财富最大化。

然而，股票上市也有对公司不利的一面。这主要指公司将负担较高的信息披露成本；各种信息公开的要求可能会暴露公司的商业秘密；股价有时会歪曲公司的实际状况，丑化公司声誉；可能会分散公司的控制权，造成管理上的困难。

（2）股票上市的条件。

公司公开发行的股票进入证券交易所交易必须受严格的条件限制。《公司法》规定，股份有限公司申请股票上市必须符合以下条件。

① 股票经国务院证券管理部门批准已向社会公开发行，不允许公司设立时直接申请上市。

② 公司股本总额不少于人民币 5 000 万元。

③ 公司开业时间在 3 年以上，最近 3 年连续实现盈利；属于国有企业依法改建而设立的股份有限公司，或者在《公司法》实施后新组建成立、其主要发起人为国有大中型企业的股份有限公司，可连续计算。

④ 持有股票面值 1 000 元以上的股东不少于 1 000 人，向社会公开发行的股份达股份

总额的 25%以上；公司股本总额超过人民币 4 亿元的，其向社会公开发行股份的比例为 15%以上。

⑤ 公司在最近 3 年内无重大违法事件，财务会计报告无虚假记载。

⑥ 国务院规定的其他条件。

（3）股票上市的暂停与终止。

股票上市公司有下列情形之一的，由国务院证券管理部门决定暂停其股票上市。

① 公司股本总额、股权分布等发生变化，不再具备上市条件（限期内未能消除的，终止其股票上市）。

② 公司不按规定公开其财务状况，或者对财务会计报告做虚假记载（后果严重的，终止其股票上市）。

③ 公司有重大违法行为（后果严重的，终止其股票上市）。

④ 公司最近 3 年连续亏损（限期内未能消除的，终止其股票上市）。

另外，公司决定解散、被行政主管部门依法责令关闭或者宣告破产的，由国务院证券管理部门决定终止其股票上市。

4．发行股票筹资的优缺点

（1）发行股票筹资的优点如下。

① 能提高公司的信誉。发行股票筹集的是主权资金，普通股本和留存收益构成公司借入一切债务的基础。有了较多的主权资金，就可为债权人提供较大的损失保障。因而，发行股票筹资既可以提高公司的信用程度，又可为使用更多的债务资金提供有力的支持。

动画：股票筹资

② 没有固定的到期日，不用偿还。发行股票筹集的资金是永久性资金，在公司持续经营期间可长期使用，能充分保证公司生产经营的资金需求。

③ 没有固定的利息负担。公司有盈余并且认为适合分配股利，就可以分给股东；公司盈余少，或虽有盈余但资金短缺，或者有有利的投资机会，就可以少支付或不支付股利。

④ 筹资风险小。普通股没有固定的到期日，不用支付固定的利息，不存在不能还本付息的风险。

（2）发行股票筹资的缺点如下。

① 资本成本较高。一般来说，股票筹资的成本要大于债务资金，股票投资者要求有较高的报酬。而且股利要从税后利润中支付，而债务资金的利息可在税前扣除。另外，普通股的发行费用也较高。

② 容易分散控制权。企业发行新股时，出售新股票、引进新股东会导致公司控制权的分散。

另外，新股东分享公司未发行新股前积累的盈余会降低普通股的净收益，从而可能引起股价的下跌。

三、利用企业内部积累筹集资金

企业内部积累主要是指企业税后利润进行分配所形成的公积金。企业的税后利润并不全部分配给投资者，而应按规定的比例提取法定盈余公积金，有条件的还可提取任意盈余公积金。此项公积金可用于购建固定资产、进行固定资产更新改造、增加流动资产储备、采取新的生产技术措施和试制新产品、进行科学研究和产品开发等。因此，税后利润的合理分配也关系到企业筹资问题。

企业利润的分配一般是在年终或会计期末进行的，因此，在利润被分配以前，可作为公司资金的一项补充来源。企业年末未分配的利润也具有此种功能。企业平时和年末未分配的利润使用期最长不超过半年，使用时应加以注意。此外，企业因计提折旧从销售收入中转化来的新增货币资金并不增加企业的资金总量，但却能增加企业可以周转使用的营运资金，因而也可视为一种资金来源和筹资方式。应当指出，企业内部积累是补充企业生产经营资金的一项重要来源，利用这种筹资方式不必向外部单位办理各种手续，简便易行，而且不必支付筹资、用资的费用，经济合理。

课堂活动

分组讨论吸收直接投资、发行股票、利用企业内部积累筹集资金各有什么优缺点。

任务实施

1．股票对价方式的含义及优缺点

（1）股票对价方式指主并公司通过增发新股换取目标公司的股权的价格支付方式。

（2）优缺点如下。

优点：①可以避免大量流出现金；②购并后能够保持良好的现金支付能力，减少财务风险。

缺点：①可能会稀释主并公司原有的股权控制股份与每股收益水平；②倘若主并公司原有资本结构比较脆弱，极易导致被购并；③若无法掌握控制权，就无法取得购并整合后的综合效应；④不适合非上市公司应用。

2．主并公司选择目标公司时应遵循的标准

（1）收购目标公司成本较低。

（2）目标公司环境优越。

（3）目标公司与主并公司经营范围相似，购并后有利于增强主并公司的核心竞争力。

（4）目标公司具有较大的发展潜力。

3．启示

（1）购并目标公司应以增强主并公司的核心竞争力为前提。

（2）主并公司应选择恰当的时机进行低成本收购。

（3）采用股票对价方式进行收购可以避免大量现金流出，是一种高效的方式。

任务三 负债筹资

任务情境

华美公司为了促进规模扩大，经董事会决议发行面额为 1 000 000 元，票面利率为 10%，期限 10 年的债券，每年末付息一次。发行债券时，如果市场利率发生变化，就要调整债券的发行价格。该公司发行债券确定票面利率为 10%，面对不同的市场情况，债券的发行价格也不相同。

❋ 任务描述

1. 当市场利率为 10%，与票面利率一致时，请确定债券发行价格。
2. 当市场利率为 8%，低于票面利率时，请确定债券发行价格。
3. 当市场利率为 12%，高于票面利率时，请确定债券发行价格。
4. 如果该公司发行不计复利、到期一次还本付息债券，如何确定债券发行价格？

❋ 知识要点

一、利用银行借款筹集资金

银行借款是指企业根据借款合同向银行（以及其他金融机构，下同）借入的需要还本付息的款项。利用银行的长期和短期借款是企业筹集资金的一种重要方式。

动画：银行借款

1．银行借款的种类

银行借款的种类很多，按不同的标准可进行不同的分类。

（1）按借款的期限分类，银行借款分为短期借款、中期借款和长期借款。短期借款期限在1年内，中期借款期限在1～5年，长期借款期限在5年以上。

（2）按借款的条件分类，银行借款分为信用借款、担保借款和票据贴现。信用借款是以借款人的信用为依据而获得的借款，企业取得这种借款不用以财产抵押。担保借款指以一定的财产做抵押或以一定的保证人做担保为条件而取得的借款，它分为保证借款、抵押借款和质押借款3类。票据贴现是指企业以持有的未到期的商业票据向银行贴付一定的利息而取得的借款。

（3）按借款的用途分类，银行借款分为基本建设借款、专项借款和流动资金借款。

（4）按提供贷款的机构分类，银行借款分为政策性银行贷款和商业银行贷款。政策性银行贷款是指执行国家政策性贷款业务的银行向企业发放的贷款。如国家开发银行为满足企业承建国家重点建设项目的资金需要而提供的贷款；进出口信贷银行为大型设备的进出口提供买方或卖方信贷。商业银行贷款是各商业银行向工商企业提供的贷款，这类贷款主要满足企业生产经营的资金需要。此外，企业还可从信托投资公司取得实物或货币形式的信托投资贷款，从财务公司获得各种贷款等。

2．银行借款的程序

（1）企业提出贷款申请。

（2）银行审查借款申请。

（3）双方签订借款合同。

（4）企业取得借款。

3．银行借款的信用条件

按照国际惯例，银行发放贷款时往往要附加一些信用条件，主要有以下几个方面。

（1）信贷额度（贷款限额）。信贷额度指企业（借款人）与银行签订协议，协议中规定借入款项的最高限额。例如，企业超过限额继续借款，银行将停止办理。此外，如果企业信誉恶化，银行也有权停止借款。对信贷额度，银行不承担法律责任，没有强制义务。

（2）周转信贷协定。周转信贷协定指银行因具有法律义务而承诺提供不超过某一限额的贷款协定。在协定的有效期内，银行必须满足企业在任何时候提出的借款要求。企业享用周转信贷协定必须对贷款限额的未使用部分向银行付一笔承诺费。银行对周转信贷协定负有法律义务。

【业务实例 2-1】 某企业取得银行为期一年的周转信贷 100 万元，借款企业年度内使用了 60 万元，平均使用期只有 6 个月，借款年利率为 12%，年承诺费率为 0.5%。要求计算年终借款企业需要支付的利息和承诺费。

解析： 需支付的利息=60×12%×6÷12 = 3.6（万元）

需支付的承诺费=(100－60×6÷12)×0.5% = 0.35（万元）

总计支付额=3.6+0.35=3.95（万元）

（3）补偿性余额。补偿性余额指银行要求企业按照在银行中保留借款限额或实际借用额的一定百分比计算的最低存款余额。企业在使用资金的过程中，通过资金在存款账户的进出，在银行存款账户中始终保持一定的补偿性余额。这实际上增加了借款企业的利息，提高了借款的实际利率，加重了企业的财务负担。

【业务实例 2-2】 某企业按年利率 8%向银行借款 100 万元，银行要求保留 20%的补偿性余额，那么企业可以动用的借款只有 80 万元，该项借款的实际利率为多少？

解析： 补偿性余额实际贷款利率 = 利息/实际可使用借款额×100%= (100×8%)/80 × 100%= 10%

或补偿性余额实际贷款利率 = 名义利率/(1-补偿性余额比率) =8%/(1-20%) = 10%

（4）借款抵押。除信用借款以外，银行向财务风险大、信誉不好的企业发放贷款时，往往采用抵押贷款的方式，即企业以抵押品作为贷款的担保，以减少银行蒙受损失的风险。借款的抵押品通常是借款企业的应收账款、存货、股票、债券、房屋等。银行接受抵押品后，将根据抵押品的账面价值决定贷款金额，一般为抵押品的账面价值的 30%～50%。企业接受抵押贷款后，其抵押品的使用及将来的借款能力会受到限制。抵押贷款的利率要高于非抵押贷款的利率，原因在于借款企业的信誉不是很好，银行将抵押贷款视为风险贷款，所以需要收取较高的利息；而银行一般愿意为信誉较好的企业提供贷款，且利率相对会较低。

4．借款利息的支付方式

（1）利随本清法。利随本清法又称收款法，即在银行借款到期时向银行一次性支付利息和本金。采用这种方法，借款的名义利率等于实际利率。

（2）贴现法。贴现法是银行向企业发放贷款时，先从本金中扣除利息部分，而借款到期时企业再偿还全部本金的方法。采用这种方法，借款的实际利率高于名义利率。

实际利率=（本金×名义利率）/实际借款额×100%=（本金×名义利率）/（本金-利息）×100%=名义利率/（1-名义利率）

【业务实例 2-3】 某企业从银行取得借款 200 万元，期限 1 年，名义利率 10%，利息 20 万元。按照贴现法支付利息，企业实际可动用的借款为 180 万元(200－20)，该项借款的实际利率为多少？

解析： 实际利率=利息/（贷款金额-利息）×100%= 20÷(200－20)×100%= 11.11%

或：10%÷(1-10%) = 11.11%

5．利用银行借款筹资的优缺点

（1）利用银行借款筹资的优点。

① 筹资速度快。银行借款与发行债券相比，一般所需时间较短，可以迅速获得资金。

② 筹资成本低。就我国目前的情况看，利用银行借款所支付的利息比发行债券所支付的利息低，也无须支付大量的发行费用。

③ 借款弹性好。企业与银行可以直接接触，商谈确定借款的时间、数量和利息。借款期间如企业经营情况发生了变化，也可与银行协商，修改借款的数量和条件。借款到期后如有正当理由，还可延期归还。

（2）利用银行借款筹资的缺点。

① 财务风险大。企业向银行借款，必须定期付息，在经营不利的情况下，企业有不能偿付的风险，甚至会导致破产。

② 限制条款多。企业与银行签订的借款合同中一般都有一些限制条款，如定期报送有关部门报表、不能改变借款用途等。

③ 筹资数量有限。银行一般不愿借出巨额的款项，因此，利用银行借款筹资的数量有限。

二、发行债券筹集资金

公司债券是指公司按照法定程序发行的，约定在一定期限还本付息的有价证券。发行公司债券是公司筹集负债资金的重要方式之一。

1．债券的种类

（1）按主体分类，债券分为政府债券、金融债券和公司债券。政府债券由各国中央政府或地方政府发行。政府债券风险小，流动性强，是最受投资者欢迎的债券之一。金融债券是银行或其他金融机构发行的。金融债券风险不大，流动性较强，报酬也比较高。公司债券又称企业债券，由股份公司等各类企业发行，与政府债券相比，公司债券的风险较大，利率也比较高。

（2）按有无抵押担保分类，债券分为信用债券、抵押债券和担保债券。信用债券是无抵押担保的债券，是仅凭发行者的信誉发行的。政府债券属于信用债券，一个信用良好的企业也可以发行信用债券，但有一定的条件限制。抵押债券是以一定抵押品作为抵押才能发行的债券，这种债券在西方国家比较常见。抵押债券按抵押品的不同又可分为不动产抵押债券、设备抵押债券和证券抵押债券。担保债券是由一定的保证人作为担保而发行的债券。当企业没有足够的资金偿还债券时，债权人有权要求担保人偿还。

（3）按是否记名分类，债券分为记名债券和无记名债券。记名债券指在券面上注明债权人姓名或名称，同时在发行公司的债权人名册上进行登记的债券。这种债券的优点是比较安全，缺点是转让时手续比较复杂。无记名债券指在券面上不注明债权人姓名或名称，同时也不在发行公司的债权人名册上进行登记的债券。无记名债券转让时即生效，无须背书，因而比较方便。

2．债券的基本要素

（1）债券的面值。债券的面值包括两个基本内容：一是币种，二是票面金额。面值的币种可用本国货币，也可用外币，这取决于发行者的需要和债券的种类。债券的票面金额是债券到期时偿还债务的金额，面值印在债券上，固定不变，到期必须足额偿还。

（2）债券的期限。债券有明确的到期日。债券从发行日起至到期日之间的时间称为债券的期限。债券的期限有日益缩短的趋势，在债券的期限内，公司必须定期支付利息，债券到期时，必须偿还本金。

（3）利率和利息。债券上通常载明利率，一般为固定利率，也有少数是浮动利率。债券的利率为年利率，面值与利率相乘可得出年利息。

（4）债券价格。理论上债券的面值就是它的价格。但在实际操作中，由于发行者的考虑或资金市场上供求关系、利率的变化，债券的市场价格常常脱离它的面值，但差额并不大。发行者计算利息、偿付本金都以债券的面值为根据，而不以价格为根据。

3．债券的发行

（1）发行债券的资格和条件。《公司法》规定，股份有限公司、国有独资公司和两个以上的国有企业或者其他两个以上的国有投资主体投资设立的有限责任公司，有资格发行公司债券。发行公司债券必须具备以下条件。

① 股份有限公司的净资产额不低于3 000万元，有限责任公司的净资产额不低于6 000万元。

② 累积债券总额不超过公司净资产的40%。

③ 最近3年平均可分配利润足以支付公司债券1年的利息。

④ 所筹集资金的投向符合国家产业政策。

⑤ 债券的利率不得超过国务院限定的利率水平。

⑥ 国务院规定的其他条件。

（2）发行债券的程序。公司发行债券要经过一定的程序，办理规定的手续。其程序如下。

① 发行债券的决议或决定。股份有限公司和有限责任公司发行公司债券，由董事会制定方案，股东（大）会做出决议；国有独资公司发行公司债券，由国家授权投资的机构或者国家授权的机构做出决定。可见，发行公司债券的决议和决定，是由公司最高机构做出的。

② 发行债券的申请与批准。凡欲发行债券的公司，先要向国务院证券管理部门提出申请并提交公司登记证明、公司章程、公司债券募集办法、资产评估报告和验资报告等文件。国务院证券管理部门根据有关规定，对公司的申请予以核准。

③ 募集借款。公司发出公司债券募集公告后，开始在公告所限定的期限内募集借款。一般来讲，公司债券的发行方式有公司直接向社会发行（私募发行）和由证券经营机构承销发行（公募发行）2种。在我国，根据有关法规，公司发行债券须与证券经营机构签订承销合同，由其承销。在承销机构发售债券时，投资人直接向其付款购买，承销机构代理收取债券款并交付债券。然后，承销机构向发行公司办理债券款的结算。

（3）债券的发行价格。债券的发行价格有3种，即等价发行、折价发行和溢价发行。等价发行又叫面值发行，是指按债券的面值出售；折价发行是指以低于债券面值的价格出售；溢价发行是指按高于债券面值的价格出售。

动画：债券发行价格

债券之所以会存在溢价发行和折价发行，是因为资金市场上的利息率是经常变化的，而企业债券一经发行，就不能调整其票面利率。债券从开印到正式发行，往往需要经过一段时间，在这段时间内如果资金市场上的利率发生变化，就要靠调整发行价格的方法来使债券顺利发行。即当票面利率高于市场利率时，溢价发行债券；当票面利率低于市场利率时，折价发行债券；当票面利率等于市场利率时，等价发行债券。

债券发行价格的确定过程其实就是一个求现值的过程，债券发行价格等于各期利息的现值和到期本金的现值之和，折现率以市场利率为标准。

分期付息债券价格的计算公式如下。

债券发行价格 = 未来各期利息的现值 + 到期本金的现值

　　　　　　=票面金额×票面利率×$(P/A, i, n)$+票面金额×$(P/F, i, n)$

【业务实例 2-4】 华北电脑公司发行面值为 1 000 元、利息率为 10%、期限为 10 年、每年年末付息的债券。公司决定发行债券时，认为 10% 的利率是合理的。如果到债券发行时，市场上的利率发生变化，就要调整债券的发行价格。试分析市场利率分别为 10%、15%、5% 时债券发行价格变化情况。

解析：

（1）资金市场利率保持不变，即票面利率与市场利率相等，可等价发行。债券发行价格计算如下。

债券发行价格 =1 000×10%×$(P/A, 10\%, 10)$ +1 000×$(P/F, 10\%, 10)$

　　　　　　　=100×6.144 6+1 000×0.385 5

　　　　　　　=999.96（元）≈1 000（元）

（2）资金市场利率上升，达到 15%，高于票面利率，则采用折价发行。债券发行价格计算如下。

债券发行价格 = 1 000×10%×$(P/A, 15\%, 10)$+1 000×$(P/F, 15\%, 10)$

　　　　　　　=100×5.018 8+1 000×0.247 2

　　　　　　　=749.08（元）

只有按低于或等于 749.08 元的价格出售，投资者才会购买并获得 15% 的报酬。

（3）资金市场利率下降为 5%，低于债券的票面利率，则可采用溢价发行。债券发行价格计算如下。

债券发行价格=1 000×10%×$(P/A, 5\%, 10)$ +1 000×$(P/F, 5\%, 10)$

　　　　　　　=100×7.721 7+1 000×0.613 9

　　　　　　　=1 386.07（元）

也就是说，投资者把 1 386.07 元的资金投资于华北电脑公司面值为 1 000 元的债券，可以获得 5% 的报酬。

4. 发行债券筹资的优缺点

（1）发行债券筹资的优点。

① 资本成本低。债券的发行费用低，并且利息在税前支付，比发行股票筹资成本低。

② 能够保证控制权。债券持有人无权干涉企业的经营管理事务。

③ 可以发挥财务杠杆作用。债券只支付固定的利息，当企业盈利多时，可以将更多的收益分配给股东或用于企业扩大经营。

（2）发行债券筹资的缺点。

① 筹资风险高。债券有固定的到期日，无论企业经营如何，都要定期支付利息。

② 限制条件多。债券发行契约书上的限制条款比优先股和短期债务严格得多，可能会影响企业以后的发展或筹资能力。

③ 筹资额有限。发行债券筹资在数额上有一定限度，当企业的负债超过一定程度后，债券筹资的成本会上升，有时甚至难以发行出去。

三、以融资租赁方式筹集资金

1．租赁的种类

租赁指出租人在承租人给予一定报酬的条件下，授予承租人在约定的时间内占有和使用财产权利的一种契约性行为。租赁的种类很多，目前我国主要有经营租赁和融资租赁两类。

（1）经营租赁。经营租赁是由租赁公司在短期内向承租单位提供设备并提供维修、保养、人员培训等服务的一种服务性业务，又称服务性租赁。承租单位支付的租赁费除租金外还包括维修、保养等费用，经营租赁所付的租赁费可在成本中列支。经营租赁的主要目的是解决企业短期、临时的资产需求问题，但从企业不必先付款购买设备即可享有设备使用权来看，也有短期筹资的作用。经营租赁的主要特点如下。

① 租赁期较短，一般短于资产有效使用期的一半。

② 设备的维修、保养由租赁公司负责。

③ 租赁期满或合同终止后，出租资产由租赁公司收回。经营租赁比较适用于租用技术过时较快的生产设备。

（2）融资租赁。融资租赁是由租赁公司按承租单位要求出资购买设备，在较长的契约或合同期内提供给承租单位使用的信用业务。一般借贷的对象是资金，而融资租赁的对象是实物，融资租赁是融资与融物相结合、带有商品销售性质的借贷活动，是企业筹集资金的一种方式。融资租赁的主要特点如下。

① 租赁期较长，一般长于资产有效使用期的一半，在租赁期间双方无权撤销合同。

② 由承租企业负责设备的维修、保养和保险，承租企业无权拆卸改装。

③ 租赁期满，按事先约定的方法处理设备，包括退还租赁公司、继续租赁、企业留购。

2．融资租赁的程序

（1）选择租赁公司。

（2）办理租赁委托。

（3）签订购货协议。

（4）签订租赁合同。

（5）办理验货与投保。

（6）支付租金。

（7）租赁期满的设备处理。

3．融资租赁租金的计算

（1）融资租赁租金的构成。融资租赁租金包括设备价款和租息两部分，其中租息又可分为租赁公司的融资租赁成本、租赁手续费等。具体来讲，融资租赁的租金内容如下。

① 设备价款是租金的主要内容，包括设备的买价、运杂费和途中保险费。

② 融资租赁成本指设备租赁期间为购买设备所筹集资金的利息。

③ 租赁手续费指租赁公司承办租赁设备的营业费用和一定的利润。

（2）租金的支付方式。租金的支付方式按期限的长短分为年付、半年付、季付和月付等；按支付期先后，分为先付和后付两种；按每期支付金额，分为等额付和不等额付。

（3）租金的计算方法。租金的计算方法很多，我国融资租赁实务中大多采用平均分摊法和等额年金法。

① 平均分摊法。平均分摊法是先以商定的利息率和手续费率计算出租赁期间的利息和

手续费，然后连同设备成本按支付次数平均计算。这种方法没有充分考虑资金时间价值因素。每次应付租金的计算公式如下。

$$R=[(C-S)+I+F]/N$$

式中：R 为每次支付的租金；C 为租赁设备购置成本；S 为租赁设备预计残值；I 为租赁期间利息；F 为租赁手续费；N 为租期。

【业务实例 2-5】 某企业于 2024 年 1 月 1 日从租赁公司租入一套设备，价值 100 000 元，租期为 5 年，预计租赁期满时的残值为 6 000 元，到期后归租赁公司，年利率为 9%，租赁手续费率为设备价值的 2%。租金每年年末支付一次。要求：计算租赁该套设备每次支付的租金。

解析：租赁该套设备每次支付的租金为

$R=\{(100\,000-6\,000)+[100\,000\times(1+9\%)^5-100\,000]+100\,000\times2\%\}\div5=29\,972$（元）

② 等额年金法。等额年金法是运用年金现值的计算原理计算每期应付租金的方法。在这种方法下，通常要根据利率和手续费率确定一个租费率作为折现率。等额年金法可采用后付租金和先付租金两种方式计算。

后付租金的计算。后付租金即普通年金，根据普通年金现值的计算公式，可推导出后付租金方式下每年年末支付租金数额的计算公式如下：

$$A=P/(P/A，i，n)$$

【业务实例 2-6】 某企业采用融资租赁方式于 2024 年 1 月 1 日租入一设备，价款为 40 000 元，租期为 8 年，到期后归企业所有。为了保证租赁公司完全弥补融资成本和相关的手续费，并有一定的盈利，双方协定采用 18% 的折现率，试计算企业每年年末应付的等额租金。

解析：将设备现在的购买款作为现值，即 40 000 元。租赁公司购买该设备用于出租，收取租金，租金相当于年金。年金在未来 8 年每年年末等额支付，这些年金的现值之和应等于购买设备款。采用较高的折现率（18%）是为了保证出租方的利益。

$A=40\,000/(P/A，18\%，8)=40\,000/4.077\,6=9\,808.69$（元）

先付租金的计算。根据先付年金的现值公式，可得到先付年金的计算公式为

$$A=P/[(P/A，i，n-1)+1]$$

【业务实例 2-7】 假如【业务实例 2-6】采用先付租金的方式，则每年年初支付的租金额如何计算？

解析：利用先付租金的公式计算得

$A=40\,000/[(P/A，18\%，8-1)+1]=40\,000/(3.811\,5+1)=8\,313.42$（元）

4．以融资租赁方式筹资的优缺点

（1）以融资租赁方式筹资的优点。

① 筹资速度快。租赁往往比借款购置设备更迅速、更灵活，因为租赁是筹资与设备购置同时进行，可以缩短设备的购进、安装时间，使企业尽快形成生产能力，有利于企业尽快占领市场，打开销路。

② 限制条款少。如前所述，发行债券和银行借款都规定有相当多的限制条款，虽然类似的限制在融资租赁中也有，但一般比较少。

③ 设备淘汰风险小。当今，科学技术在迅速发展，固定资产更新周期日趋缩短。企业设备陈旧过时的风险很大，利用融资租赁可减少这一风险。这是因为融资租赁的期限一般为资产使用年限的 75%，不会像自己购买设备那样整个期间都承担风险，且多数租赁协议都规定

由出租人承担设备陈旧过时的风险。

④ 财务风险小。租金在整个租期内分摊，不用到期归还大量本金。许多借款都在到期日一次偿还本金，这会给财务基础较弱的企业造成相当大的困难，有时还会造成不能偿付的风险。而融资租赁则把这种风险在整个租期内分摊，可适当减少不能偿付的风险。

⑤ 税收负担轻。租金可在税前扣除，具有抵免所得税的效用。

（2）以融资租赁方式筹资的缺点。

融资租赁筹资的主要缺点就是资本成本较高。一般来说，其租金要比举借银行借款或发行债券所负担的利息高得多。在企业财务困难时，固定的租金也会构成一项较沉重的负担。

四、利用商业信用筹集资金

商业信用是企业在进行商品交易时由于延期付款或延期交货所形成的借贷关系。企业乐意使用商业信用，是因为提供商业信用的企业实际上提供了两项服务，即销售商品、提供短期借款。

教学视频：商业信用

1．商业信用的形式

商业信用有以下几种形式。

（1）赊购商品，是由于延期付款形成的。

（2）预收货款，是由于延期交货形成的。购买单位对紧俏商品乐意采用这种形式，飞机、轮船等生产周期长、售价高的商品也采用这种形式先订货，以缓解资金占用过多的问题。

（3）商业汇票。商业汇票是一种期票，是反映应付账款和应收账款的书面证明。它分为商业承兑汇票和银行承兑汇票两种。对商品买卖关系中的买方（延迟付款方）来说，它是一种短期筹资方式。

2．商业信用条件

所谓商业信用条件是指销货人对付款时间、现金折扣和折扣期限做出的具体规定，其主要形式如下。

（1）预收货款。

（2）延期付款但不提供现金折扣。如"$n/30$"表示商品的买方应在 30 天之内按发票金额付清货款，没有现金折扣。

（3）延期付款但早付款有现金折扣。如"3/10，2/30，$n/60$"。

3．现金折扣成本的计算

在销售方提供现金折扣的情况下，如果购买单位在规定折扣期内付款，便可享受免费信用，这种情况下购买单位没有因为享受信用而付出代价。如果购买单位放弃现金折扣，便要承受因放弃而造成的隐含利息成本。一般而言，放弃现金折扣成本的计算公式为

$$放弃现金折扣成本 = 折扣百分比/(1-折扣百分比) \times 360/(信用期-折扣期) \times 100\%$$

【业务实例 2-8】 某企业拟以"2/10，$n/30$"信用条件购买一批原料。这一信用条件意味着企业如在 10 天内付款，可享受 2%的现金折扣。若不享受现金折扣，货款应在 30 天内付清。试分析其具体情况，计算判断企业是否应享受现金折扣。

解析：如果销货单位提供现金折扣，购买单位应尽量获得此折扣，如果不享受现金折扣，则换得 98%应付款多使用 20 天，付出的代价是应付款的 2%（现金折扣），因此，放弃现金折扣的机会成本很高。

放弃现金折扣成本=2%/(1-2%)×360/(30-10)×100% = 36.73%

这表明，只要企业筹资成本不超过 36.73%，就应当在 10 天内付款。

4．利用商业信用筹资的优缺点

（1）利用商业信用筹资的优点。

① 筹资便利。利用商业信用筹措资金非常方便，因为商业信用与商品买卖同时进行，属于一种自然性筹资方式。

② 筹资成本低。如果没有现金折扣，或企业不放弃现金折扣，则利用商业信用筹资没有实际成本。

③ 限制条件少。如果企业利用银行借款筹资，银行往往会对贷款的使用规定一些限制条件，而商业信用筹资的限制条件较少。

（2）利用商业信用筹资的缺点。

商业信用的期限一般较短，如果企业取得现金折扣，则时间会更短；如果放弃现金折扣，则要付出较高的资本成本。

❋ 任务实施

华美公司发行面额为 1 000 000 元，票面利率为 10%，期限 10 年的债券，每年末付息一次。发行债券时，如果市场利率发生变化，就要调整债券发行价格。

债券发行价格=1 000 000$(P/F, i, n)$+100 000$(P/A, i, n)$

（1）当市场利率为 10%，与票面利率一致时，可等价发行，其发行价格为：

债券发行价格=1 000 000×10%×$(P/A, 10\%, 10)$+1 000 000×$(P/F, 10\%, 10)$

　　　　　　=1 000 000×10%×6.145+1 000 000×0.385 5=1 000 000（元）

当市场利率等于票面利率时，等价发行债券，投资者可获得与市场利率相等的报酬率。

（2）当市场利率为 8%，低于票面利率时，可溢价发行，其发行价格为：

债券发行价格=1 000 000×10%×$(P/A, 8\%, 10)$+1 000 000×$(P/F, 8\%, 10)$

　　　　　　=1 000 000×10%×6.710 1+1 000 000×0.463 2=1 134 210（元）

当市场利率低于票面利率时，溢价发行债券，投资者可获得与市场利率相等的报酬率。

（3）当市场利率为 12%，高于票面利率时，可折价发行，其发行价格为：

债券发行价格=1 000 000×10%×$(P/A, 12\%, 10)$+1 000 000×$(P/F, 12\%, 10)$

　　　　　　=1 000 000×10%×5.650 2+1 000 000×0.322=887 020（元）

当市场利率高于票面利率时，折价发行债券，投资者可获得与市场利率相等的报酬率。

（4）如果企业发行不计复利、到期一次还本付息的债券，则其发行价格的计算公式为

债券发行价格=票面金额×(1+票面利率×n)×复利现值系数

🔵 任务四　资本成本计算及应用

❋ 任务情境

华美公司 2023 年长期资金 160 万元，其中长期借款 20 万元，长期债券 60 万元，普通股 80 万元。经分析，公司当前的资本结构是最佳的，并认为筹集新资金后仍应保持这一结构。公司考虑筹集新资金，扩大经营，各个别资本成本随筹资额增加而变动的情况如表 2-4 所示。

表 2-4　华美公司 2023 年各个别资本成本随筹资额增加而变动的情况

资金来源	新筹资的数量范围	资本成本
长期借款	50 000 元以内	5%
	50 000 元以上	6%
长期债券	75 000 元以内	7%
	75 000 元以上	8%
普通股	150 000 元以内	10%
	150 000 元以上	12%

✳ 任务描述

结合该公司资金占用及结构情况，在确保公司资本结构最佳的情况下，确定新筹资总额的分界点，并编制边际资本成本规划表。

✳ 知识要点

一、资本成本的含义和作用

1．资本成本的含义

资本成本是指企业筹集和使用资金必须支付的各种费用。在市场经济条件下，企业不能无偿使用资金，必须向资金提供者支付一定数量的费用作为补偿。企业使用资金就要付出代价，所以企业必须节约使用资金。资本成本包括用资费用和筹资费用两部分内容。

（1）用资费用。用资费用是指企业在使用资金时所支付的费用，如股利、利息等，其金额与使用资金的数额多少及时间长短成正比，它是资本成本的主要内容。

（2）筹资费用。筹资费用是指企业在筹集资金中所支付的费用，如借款手续费、证券发行费等，其金额与资金筹措有关而与使用资金的数额多少及时间长短无关。

由于存在筹资费用，企业计划筹资额与实际筹资额是不相等的，实际筹资额等于计划筹资额减筹资费用，因此企业使用资金的实际代价高于名义代价。如果不考虑所得税因素，资本成本应按下列公式计算。

$$资本成本 = 每年的用资费用 / （筹资数额 - 筹资费用）$$

2．资本成本的作用

（1）资本成本在企业筹资决策中的作用。资本成本是企业选择资金来源、拟订筹资方案的依据。这种影响主要表现在资本成本是影响企业筹资总额的重要因素，是企业选择资金来源的基本依据，是企业选用筹资方式的参考标准，是确定最优资本结构的主要参数。

（2）资本成本在企业投资决策中的作用。当采用净现值指标决策时，常以资本成本作为折现率，此时净现值为正则投资项目可行，否则不可行；当以内部收益率指标决策时，资本成本是决定项目取舍的一个重要标准：只有当项目的内部收益率高于资本成本时，项目才可能被接受，否则就必须放弃。

二、个别资本成本计算

个别资本成本是指各种筹资方式的资本成本，包括：债券成本、银行借款成本、优先股成本、普通股成本和留存收益成本。其中前两者可统称为负债资本成本，后三者统称为权益资本成本。

1. 债券成本

债券成本中的利息在税前支付，具有抵税效应。债券的筹资费用一般较高，主要包括申请发行债券的手续费、债券注册费、印刷费、上市费以及推销费等。债券成本的计算公式为

$$K_b = [I \times (1 - T)]/[B \times (1 - f)]$$

式中：K_b 为债券成本；I 为每年支付的债券利息；T 为所得税税率；i 为债券票面利息率；B 为债券筹资额，按发行价格确定；f 为债券筹资费率。

【业务实例2-9】 某企业发行一笔期限为10年的债券，债券面值为1 000万元，票面利率12%，每年付一次利息，发行费率3%，所得税税率25%，则该笔债券的成本是多少？如果债券溢价50%发行，则发行债券筹资的资本成本是多少？

解析：

（1）债券按面值等价发行。则该笔债券的成本为

$K_b = [I \times (1 - T)]/[B \times (1 - f)] \times 100\% = 1\ 000 \times 12\% \times (1 - 25\%)/[1\ 000 \times (1 - 3\%)] \times 100\% = 9.28\%$

（2）如果债券溢价50%发行，发行债券筹资的资本成本为

$K_b = [I \times (1 - T)]/[B \times (1 - f)] \times 100\% = 1\ 000 \times 12\% \times (1 - 25\%)/[1\ 000 \times 1.5 \times (1 - 3\%)] \times 100\% = 6.19\%$

2. 银行借款成本

银行借款成本的计算与债券成本基本一致，其计算公式为

$$K_l = [I \times (1 - T)]/[L \times (1 - f)] = [L \times i \times (1 - T)]/[L \times (1 - f)]$$

式中：K_l 为银行借款成本；I 为银行借款年利息；T 为所得税税率；L 为银行借款筹资总额；i 为银行借款利息率；f 为银行借款筹资费率。

3. 优先股成本

优先股成本由筹资费用和股利构成，其股利在税后支付。优先股成本的计算公式为

$$K_p = D/[P \times (1 - f)]$$

式中：K_p 为优先股成本；D 为优先股每年的股利；P 为发行优先股总额；f 为优先股筹资费率。

优先股成本通常要高于债券成本，其原因为：①优先股筹集的是自有资金，股东所承受的风险较大，要求较高的回报率；②优先股的股利在税后支付，而债券利息在税前支付。

4. 普通股成本

普通股成本的计算存在多种不同方法，其主要方法为估价法。这种方法是利用普通股现值的估价公式来计算普通股成本的一种方法。普通股现值的计算公式为

$$V_0 = \sum_{i=1}^{n} \left[D_i / (1 + K_s)^t + V_n / (1 + Ky)^n \right]$$

由于股票没有到期值，则当 $n \to \infty$ 时，股票现值的公式为

$$V_0 = \sum_{i=1}^{n} \left[D_i / (1 + K_s)^t \right]$$

以上两式中：V_0为普通股现值；D_i为第i期支付的股利；V_n为普通股终值；K_s为普通股成本。

如果公司每年股利固定不变，则可视为永续年金，则普通股成本的计算公式可简化为

$$K_s = D/[V_0 \times (1 - f)]$$

如果公司股利不断增加，假设年增长率为g，则普通股成本的计算公式可简化为

$$K_s = D_1/[V_0 \times (1 - f)] + g$$

式中：D_1为第1年的股利；f为普通股筹资费率。

【业务实例 2-10】 东方公司普通股每股发行价格为 100 元，筹资费率 5%，第一年股利 12 元，以后每年增长 4%，则普通股成本是多少？

解析：根据以上公式可得

$$K_s = D_1/[V_0 \times (1 - f)] + g$$
$$= 12/[100 \times (1 - 5\%)] + 4\% = 16.63\%$$

普通股的资本成本在各种筹资方式的资本成本中最高。原因是普通股的投资风险最大，股东要求的回报率也最高。考虑到筹资费用大、股利税后支付等因素，可以认为普通股的资本成本最高。

5．留存收益成本

留存收益是企业资金的一项重要来源，对企业股东来说这也是对企业追加投资，股东要求有一定的报酬。留存收益成本计算与普通股成本基本相同，但不考虑筹资费用，其计算公式为

$$K_e = D_1/V_0$$

对于股利不断增加的企业，其公式为

$$K_e = D_1/V_0 + g$$

式中，K_e为留存收益成本。

普通股与留存收益都属于所有者权益，股利的支付不固定。企业破产后，股东的求偿权位于最后，与其他投资者相比，普通股股东所承担的风险最大，因此，普通股的报酬也最高。在各种资金来源中，普通股成本最高。

三、加权平均资本成本的计算

企业的筹资方式往往不是单一的，因此企业总的资本成本应是各类资本成本的加权平均，即综合资本成本。加权平均资本成本是指分别以各种资本成本为基础，以各种资本成本占全部资本成本的比重为权数，对各种资本成本进行加权平均计算出来的综合资本成本。其计算公式为

教学视频：加权平均资本成本的计算

$$K_w = \sum_{j=1}^{n} K_j \times W_j$$

式中：K_w为加权平均资本成本；K_j为第j类个别资本成本；W_j为第j类个别资本成本占全部资本成本的比重。

【业务实例 2-11】 某公司资金总量为 1 000 万元，其中长期借款 200 万元，年息 20 万元，手续费忽略不计；公司发行总面额为 100 万元的 3 年期债券，票面利率为 12%，由于票面利率高于市场利率，故该批债券溢价 10% 出售，发行费率为 5%；此外公司发行普通股 500 万元，预计第 1 年的股利率为 15%，以后每年增长 1%，筹资费率为 2%；发行优先股 150 万

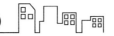

元，股利率固定为20%，筹资费率2%；公司未分配利润总额为58.5万元，该公司适用所得税税率为25%。求该公司加权平均资本成本。

解析：

长期借款成本为

$K_1 = [I \times (1 - T)]/[L \times (1 - f)] = [20 \times (1 - 25\%)]/200 \times 100\% = 7.5\%$

长期债券成本为

$K_b = [I \times (1 - T)]/[B \times (1 - f)] = [100 \times 12\% \times (1 - 25\%)]/[100 \times (1 + 10\%)(1 - 5\%)] \times 100\% = 9.41\%$

普通股成本为

$K_s = D_1/[V_0 \times (1 - f)] + g = (500 \times 15\%)/[500 \times (1 - 2\%)] + 1\% = 16.31\%$

优先股成本为

$K_p = D/[P \times (1 - f)] = (150 \times 20\%)/[150 \times (1 - 2\%)] \times 100\% = 20.41\%$

留存收益成本为

$K_e = D_1/V_0 + g = (58.5 \times 15\%)/58.5 + 1\% = 16\%$

加权平均资本成本为

$$K_w = \sum_{j=1}^{n} K_j \times W_j$$

$= 7.5\% \times 200/1\,000 + 9.41\% \times 104.5/1\,000 + 16.31\% \times 490/1\,000 + 20.41\% \times 147/1\,000 + 16\% \times 58.5/1\,000$

$= 1.5\% + 0.98\% + 7.99\% + 3\% + 0.94\%$

$= 14.41\%$

✳ 任务实施

长期借款资金比重 = 20÷160×100% = 12.5%

长期债券资金比重 = 60÷160×100% = 37.5%

普通股资金比重 = 80÷160×100% = 50%

长期借款筹资分界点 = 5÷12.5% = 40（万元）

长期债券筹资分界点 = 7.5÷37.5% = 20（万元）

普通股筹资分界点 = 15÷50% = 30（万元）

各筹资范围边际资本成本计算如表2-5所示。

表2-5　各筹资范围边际资本成本计算

序号	筹资总额范围	资金种类	资本结构	资本成本	边际资本成本
1	0～200 000 元	长期借款	12.5%	5%	0.625%
		长期债券	37.5%	7%	2.625%
		普通股	50%	10%	5%

第一个筹资范围的边际资本成本（8.25%）

序号	筹资总额范围	资金种类	资本结构	资本成本	边际资本成本
2	200 000～300 000 元	长期借款	12.5%	5%	0.625%
		长期债券	37.5%	8%	3%
		普通股	50%	10%	5%

第二个筹资范围的边际资本成本（8.625%）

续表

序号	筹资总额范围	资金种类	资本结构	资本成本	边际资本成本
3	300 000~400 000 元	长期借款	12.5%	5%	0.625%
		长期债券	37.5%	8%	3%
		普通股	50%	12%	6%

第三个筹资范围的边际资本成本（9.625%）

序号	筹资总额范围	资金种类	资本结构	资本成本	边际资本成本
4	400 000 元以上	长期借款	12.5%	6%	0.75%
		长期债券	37.5%	8%	3%
		普通股	50%	12%	6%

第四个筹资范围的边际资本成本（9.75%）

任务五　杠杆系数计算和风险衡量

❋ 任务情境

华美公司 2023 年产销 A 产品 10 万件，单价 100 元，单位变动成本 80 元，固定成本总额 100 万元、公司负债总额 1 000 万元，年利率 5%，所得税税率为 40%。公司风险的大小，可用于指导其生产经营和筹资活动。

❋ 任务描述

计算华美公司边际贡献、息税前利润、经营杠杆系数、财务杠杆系数和联合杠杆系数。

❋ 知识要点

自然界中的杠杆效应，是指人们利用杠杆，可以用较小的力量移动较重物体的现象。财务管理中也存在着类似的杠杆效应，表现为：由于特定费用（如固定生产经营成本或固定的财务费用）的存在而导致的，当某一财务变量以较小幅度变动时，另一相关变量会以较大幅度变动。了解这些杠杆的原理，有助于企业合理地规避风险，提高财务管理水平。财务管理中的杠杆效应有 3 种形式，即经营杠杆、财务杠杆和联合杠杆。要说明这些杠杆的原理，需要了解成本习性、边际贡献和息税前利润等概念。

一、成本习性、边际贡献与息税前利润

1．成本习性

成本习性是指成本总额与业务量在数量上的依存关系。根据成本习性的不同，可以把企业的成本分成以下 3 类。

（1）固定成本。固定成本是指总额在一定时期和一定业务量（或产销量等）范围内不随业务量发生任何变动的那部分成本。属于固定成本的主要有按直线法计提的折旧费、保

险费、管理人员工资和办公费等，这些费用每年支出水平基本相同，即使业务量在一定范围内变动，它们仍保持固定不变。对固定成本来说，成本总额是不变的，但单位固定成本随业务量的增加而逐渐下降。例如，折旧费固定为一年 10 万元，如果企业一年只生产一件产品，单件产品所承担的折旧是 10 万元；如果生产 10 万件产品，单件产品所承担的折旧就是 1 元。

（2）变动成本。变动成本是指在一定时期和一定业务量范围内随着业务量变动而成正比例变动的那部分成本，直接材料和直接人工都属于变动成本。

无论是固定成本还是变动成本都强调一个相关业务量范围，一旦超过这个范围，单位变动成本可能改变，固定成本总额也可能改变。

（3）混合成本。混合成本虽然随着业务量变动而变动，但不成同比例变动。按与业务量的关系，混合成本分为半变动成本和半固定成本。

半变动成本，通常有一个初始量，类似于固定成本，在这个初始量的基础上随业务量的增长而增长，又类似于变动成本。如电话费，某月假定一次电话都没打，这个月也要交基本电话费（20 元），这 20 元就是基本部分，每打一分钟电话就交一分钟的钱。

半固定成本，这类成本随业务量的变动而呈阶梯形变动。业务量在一定限度内，半固定成本不变，但增长到一定限度后，就会发生变化。如化验员、质检员的工资一般都属于这种成本。在一定业务量范围之内，如果检查产品数量在 1 000 件以内工资是 1 000 元，一旦突破这个范围，在第二个范围之内，工资就上涨 100 元。

混合成本是一种过渡性的分类，混合成本最终分解成固定成本和变动成本两部分，所以企业所有的成本都可以分成两部分，即固定成本和变动成本。

2．边际贡献

边际贡献是指销售收入减去变动成本后的差额。边际贡献也是一种利润。

$$M = px - bx = (p - b)x = mx$$

式中：M 为边际贡献；p 为单位产品售价；b 为单位变动成本；x 为业务量；m 为单位边际贡献。

3．息税前利润

息税前利润是指企业支付利息和缴纳所得税之前的利润。

$$EBIT = px - bx - a$$

式中：EBIT 为息税前利润；a 为固定成本。

二、经营杠杆与经营风险

1．经营杠杆的含义

经营杠杆是指由于固定成本的存在而导致息税前利润的变动率大于业务量的变动率的杠杆效应。在其他条件不变的情况下，业务量的增加虽然不会改变固定成本总额，但会降低单位固定成本，从而提高单位利润，使息税前利润的增长率大于业务量的增长率；反之，业务量的减少会提高单位固定成本，降低单位利润，使息税前利润下降率也大于业务量下降率。如果不存在固定成本，所有成本都是变动的，那么边际贡献就是息税前利润，这时息税前利润变动率就同业务量变动率完全一致。这种由于固定成本的存在而导致息税前利润变动大于业务量变动的杠杆效应，称为经营杠杆。

2．经营杠杆的计量

只要企业存在固定成本，就存在经营杠杆效应的作用，但不同企业或同一企业不同业务量基础上的经营杠杆效应的大小是不完全一致的，为此，需要对经营杠杆进行计量。对经营杠杆进行计量最常用的指标是经营杠杆系数或经营杠杆度。所谓经营杠杆系数，是指息税前利润变动率相当于业务量变动率的倍数。其计算公式为

DOL = 息税前利润变动率/业务量变动率 = $(\Delta EBIT/EBIT_0)/(\Delta x/x_0)$

或：

$$DOL = \frac{EBIT_1 - EBIT_0}{EBIT_0} \times \frac{x_0}{x_1 - x_0} = \frac{px_1 - bx_1 - a - (px_0 - bx_0 - a)}{EBIT_0} \times \frac{x_0}{x_1 - x_0}$$

$$= \frac{(p-b)(x_1-x_0)x_0}{EBIT_0(x_1-x_0)} = \frac{(p-b)x_0}{EBIT_0}$$

式中：DOL 为经营杠杆系数；$EBIT_0$ 为变动前的息税前利润；$\Delta EBIT$ 为息税前利润的变动额；x_0 为变动前的业务量；Δx 为业务量的变动数。

3．经营杠杆与经营风险的关系

（1）经营杠杆利益分析。经营杠杆利益是指在企业扩大营业总额的条件下，单位营业额的固定成本下降而给企业增加的息税前利润（注意：本节的营业利润是指支付利息和所得税之前的利润，即息税前利润）。在企业一定的营业规模内，变动成本随着营业总额的增加而增加，固定成本则不因营业总额的增加而增加，而是保持固定不变。随着营业额的增加，单位营业额所负担的固定成本会相对减少，从而给企业带来额外的利润。

（2）经营风险分析。经营风险是指生产经营方面的原因给企业盈利带来的不确定性。引起企业经营风险的主要原因是市场需求和成本等因素的不确定性，经营杠杆本身并不是利润不稳定的根源。但是，当业务量增加或减少时，息税前利润将以倍数的幅度增加或减少。因此，经营杠杆系数越大，利润变动越激烈，企业的经营风险就越大。

（3）降低经营风险的途径。企业一般可以通过增加销售额、降低产品单位变动成本和减小固定成本比重等措施使经营杠杆系数降低，降低经营风险，但这往往会受到条件的限制。

三、财务杠杆与财务风险

1．财务杠杆的含义

财务杠杆是指由于固定财务费用的存在而导致普通股股东权益变动大于息税前利润变动的杠杆效应。不论企业营业利润有多少，固定财务费用（债务的利息和优先股的股利）通常都是固定不变的。当息税前利润增加时，每1元盈余所负担的固定财务费用就会相对减少，这能给普通股股东带来更多的盈余；反之，当息税前利润减少时，每1元盈余所负担的固定财务费用就会相对增加，这就会大幅度减少普通股股东的盈余。

2．财务杠杆的计量

只要在企业的筹资方式中有固定财务支出的债务和优先股，就会存在财务杠杆效应。但在不同企业财务杠杆的作用程度是不完全一致的，为此，需要对财务杠杆进行计量。对财务杠杆进行计量的最常用指标是财务杠杆系数。财务杠杆系数是普通股每股利润的变动率相当于息税前利润变动率的倍数，其计算公式为

$$DFL = \frac{普通股每股利润变动率}{息税前利润变动率} = \frac{\Delta EPS / EPS_0}{\Delta EBIT / EBIT_0} = \frac{EBIT_0}{EBIT_0 - I - \dfrac{E}{1-t}}$$

$$= \frac{EPS_1 - EPS_0}{EPS_0} \div \frac{EBIT_1 - EBIT_0}{EBIT_0}$$

$$= \left[\frac{(EBIT_1 - I) \times (1-t) - E}{n} - \frac{(EBIT_0 - I) \times (1-t) - E}{n} \right] \div$$

$$\frac{(EBIT_0 - I) \times (1-t) - E}{n} \div \frac{EBIT_1 - EBIT_0}{EBIT_0}$$

$$= \frac{(EBIT_1 - EBIT_0)(1-t)}{(EBIT_0 - I) \times (1-t) - E} \times \frac{EBIT_0}{EBIT_1 - EBIT_0} = \frac{EBIT_0(1-t)}{(EBIT_0 - I) \times (1-t) - E}$$

$$= \frac{EBIT_0}{EBIT_0 - I - \dfrac{E}{1-t}}$$

$E = 0$ 时 $DFL = EBIT_0 / (EBIT_0 - I) = $ 基期息税前利润/基期税前利润

式中：DFL 为财务杠杆系数；EPS_0 为基期普通股每股利润；ΔEPS 为普通股每股利润的变动额；$EBIT_0$ 为基期息税前利润；$\Delta EBIT$ 为息税前利润变动额。E 为留存收益；I 为债务利息；t 为所得税税率。

3．财务杠杆与财务风险的关系

（1）财务杠杆利益分析。财务杠杆利益也称融资杠杆利益，是指企业利用负债筹资这个财务杠杆而给权益资本带来的额外收益。在企业资本规模和资本结构一定的条件下，企业从息税前利润中支付的债务利息是相对固定的，当息税前利润增加时，每1元息税前利润所负担的债务利息会相应降低，扣除企业所得税后可分配给企业权益资本所有者的利润就会增加，从而给企业所有者带来额外的收益。

（2）财务风险分析。财务风险是指企业为了取得财务杠杆的利益而利用负债资金时，增加了破产机会或普通股利润大幅度变化的机会所带来的风险。财务杠杆具有两个方面的作用，它既可以较大幅度地提高每股收益，也可以较大幅度地降低每股收益。企业为了取得财务杠杆利益，就要增加负债，一旦企业息税前利润下降，不足以补偿固定利息支出，企业的每股利润就会下降得更快。也就是说，企业利用财务杠杆，可能会产生好的效果，也可能会产生坏的效果。

四、联合杠杆与企业风险

1．联合杠杆的含义

联合杠杆，也称总杠杆、复合杠杆或综合杠杆，是指经营杠杆和财务杠杆的综合。经营杠杆是利用企业经营成本中固定成本的作用而影响息税前利润，财务杠杆是利用企业资本成本中固定财务费用作用而影响税后利润或普通股每股税后利润。经营杠杆和财务杠杆两者最终都会影响到企业税后利润或普通股每股税后利润。因此，联合杠杆综合了经营杠杆和财务杠杆的共同影响作用，一个企业同时利用经营杠杆和财务杠杆，这种影响作用会更大。

2．联合杠杆的计量

对于经营杠杆和财务杠杆的综合程度的大小，可以用联合杠杆系数来反映。联合杠杆系数，也称总杠杆系数，是指普通股每股税后利润变动率相当于营业总额（营业总量）变动率的倍数，它是经营杠杆系数与财务杠杆系数的乘积，用公式表示如下。

$$DTL = \frac{\Delta EPS / EPS_0}{\Delta x / x_0} = \frac{\Delta EBIT / EBIT_0}{\Delta x / x_0} \times \frac{\Delta EPS / EPS_0}{\Delta EBIT / EBIT_0}$$

$$= DOL \times DFL = \frac{Tcm_0}{EBIT_0 - I - \dfrac{D}{1-t}}$$

【业务实例2-12】 ABC公司的经营杠杆系数为2，同时财务杠杆系数为1.5，该公司的联合杠杆系数为多少？

解析： 联合杠杆系数=DTL = 2×1.5 = 3

在此例中，联合杠杆系数为3表示：当公司营业总额或营业总量增长1倍时，普通股每股税后利润将增长3倍，具体反映公司的联合杠杆利益；反之，当公司营业总额下降1/2时，普通股每股税后利润将下降3/4，具体反映公司的联合杠杆风险。

3．联合杠杆与企业风险的关系

就企业生产经营过程而言，通常固定成本与固定性财务费用同时存在，相应地，经营杠杆和财务杠杆也同时存在。因此，企业同时具有经营风险和财务风险。由这两种杠杆效应联合作用即联合杠杆作用所产生的风险构成企业的风险。从上面的分析可以看出，在联合杠杆的作用下，当企业的销售前景乐观时，每股收益额会大幅度上升；当企业的销售前景不好时，每股收益额又会大幅度下降。企业的联合杠杆程度越高，每股收益额波动的幅度就越大，企业的风险就越大；反之亦然。

实际上，企业经营杠杆程度体现了企业资产结构；而财务杠杆程度则体现了企业资本结构；企业联合杠杆程度体现了企业资产结构与资本结构的协调。企业理财本质上就是企业现金流量的安排，它也是企业资产结构与资本结构内部各自协调以及资产结构与资本结构两大结构之间的协调。企业联合杠杆程度就是企业资产结构与资本结构协调的数量表现。

教学视频：杠杆效应及风险

❋ 任务实施

（1）边际贡献=（100-80）×10=200（万元）

（2）息税前利润=200-100=100（万元）

（3）经营杠杆系数=200÷100=2

（4）财务杠杆系数=100÷（100-1 000×5%）=2

（5）联合杠杆系数=2×2=4

任务六　资本结构选择与优化

❋ 任务情境

飞利浦·瑟菲斯公司（以下简称"飞利浦公司"），由最初的中西部床垫公司，通过先后兼并飞利浦·赫卢公司、新概念床业公司、大西洋床垫公司而成长壮大，同时公司也面临着一系列兼并后的新问题：由于公司兼并了许多"各自为政"的企业，在短时间内无法形成统

一的经营管理体系，难以实现资金的有效分配，等等。公司董事长兼总经理罗纳德·艾德沃滋先生，开始为下一年度的筹资活动进行资本成本的相关考虑。

1987 年的中西部床垫公司在完成几次成功的并购之后，具有强大的发展潜力。而对于出现严重内部分歧的大西洋床垫公司，其深远的名牌效应以及广阔的销售市场吸引着中西部床垫公司，这场并购的发生可以说是适应潮流的。改名后的飞利浦公司也更需要在各方面寻求改进和整合。通过不同渠道和方式所筹措的资本，将会形成不同的资本结构，由此产生不同的财务风险和资本成本。所以，资本成本也就成了确定最佳资本结构的主要因素之一。

飞利浦公司的长期资本分为长期负债资本和权益资本两大类。长期负债资本和权益资本各占多大比例是筹资决策的核心问题。其在 1986—1987 年的许多数据都能直观说明一些存在的问题以及其资本结构上的缺陷。表 2-6 为飞利浦公司 1986—1987 年主要财务指标。

表 2-6　飞利浦公司 1986—1987 年主要财务指标

项目	1986 年	1987 年	增加额
销售净收入/百万美元	297 405	598 149	300 744
产品销售成本/百万美元	202 836	381 013	178 177
毛利/百万美元	94 569	217 136	122 567
销售及管理费用/百万美元	69 383	152 076	82 693
利息/百万美元	1 860	15 426	13 566
净利润/百万美元	11 628	23 371	11 743
应收账款（净值）/百万美元	45 115	91 687	46 572
长期应付款/百万美元	15 009	185 605	170 596
普通股与实收资本/百万美元	75 920	176 899	100 979
权益/全部负债	260.0%	83.0%	−177.0%
长期负债/资本	11.0	43.8	32.8
市盈率	19.2	15.5	−3.7
长期负债	15.0	185.6	170.6

✳ 任务描述

1. 资本成本在确定最优资本结构活动中的意义是什么？
2. 如何优化飞利浦公司的资本结构？
3. 飞利浦公司在筹资上的改进措施有哪些？
4. 飞利浦公司的资本结构及优化对你有何启示？

✳ 知识要点

一、资本结构的含义和作用

1．资本结构的含义

资本结构是指在企业资本总额中各种资本来源的构成比例，最基本的资本结构是借入资本和自有资本的比例，以债务股权比率或资产负债率表示。在实务中，资本结构有广义和狭义之分，狭义的资本结构是指长期资本结构，广义的资本结构是指全部资金（包括长期资金和短期资金）的结构。总的来说，资本结构问题是债务资本的比例问题，即负债在企业全部资金中所占的比重。

2．资本结构中负债的意义

企业资本结构的优化主要是资本的属性结构问题，即债务资本的比例安排问题。在企业的资本结构决策中，合理安排债务资本比例对企业具有以下重要意义。

（1）可以降低企业的加权平均资本成本。由于债务利息率通常低于股票股利率，而且债务利息在税前利润中扣除，企业可减少所得税，从而债务资本成本率明显低于权益资本成本率。因此，在一定的限度内合理地提高债务资本的比例可以降低企业的加权平均资本成本率。

（2）可以获得财务杠杆利益。由于债务利息通常是固定不变的，当息税前利润增加时，每1元利润所负担的固定利息会相应降低，从而可分配给权益所有者的税后利润会相应增加。因此，在一定的限度内合理地利用债务资本，可以发挥财务杠杆的作用，给企业所有者带来财务杠杆利益。

（3）可以增加公司的价值。一般而言，一个公司的价值应该等于其债务资本的市场价值与权益资本的市场价值之和，用公式表示为

$$V = B + S$$

式中：V 为公司总价值，即公司总资本的市场价值；B 为公司债务资本的市场价值；S 为公司权益资本的市场价值。

上列公式清楚地表达了按资本的市场价值计量反映的资本属性结构与公司总价值的内在关系。公司的价值与公司的资本结构是紧密联系的，资本结构对公司的债务资本市场价值和权益资本市场价值影响深远，进而对公司总资本的市场价值即公司总价值具有重要的影响。因此，合理安排资本结构有利于增加公司的市场价值。

二、最佳资本结构

适当利用负债可以降低企业资本成本，但企业负债比率过高时，利用债务资本会带来很大的财务风险。为此，企业必须权衡财务风险和资本成本的关系，确定最佳资本结构。最佳资本结构是指在一定条件下使企业加权平均成本最低，企业价值最大的资本结构。从理论上讲，最佳资本结构是存在的，但由于企业内部和外部环境和条件的变化，寻找最佳资本结构是很困难的。

筹资决策的目标就是要确定最佳资本结构以求得股权权益最大化（即普通股每股收益最多或自有资金利润率最高）或资本成本最小化。资本结构决策的方法有许多种，常见的有每股利润分析法和资本成本比较法。

三、每股利润分析法

企业的盈利能力是用息税前利润（EBIT）表示的，股东财富用每股利润（EPS）来表示。将以上两个方面联系起来，分析资本结构和每股利润之间的关系，进而确定合理的资本结构的方法，称为息税前利润—每股利润分析法，简写为 EBIT—EPS 分析法。这种方法要确定每股利润无差异点，每股利润无差异点是指两种筹资方式下普通股每股利润相等时的息税前利润点，即息税前利润平衡点，又称筹资无差别点。根据每股利润无差异点

动画：每股利润分析法

可以分析判断在什么情况下运用债务资本来安排和调整资本结构。

【**业务实例2-13**】A公司目前有资金75万元，现因生产发展需要准备再筹集25万元资金，这些资金可以利用发行股票来筹集。表2-7所示为A公司原资本结构和筹资后资本结构情况。

表2-7　A公司原资本结构和筹资后资本结构情况

筹资方式	原资本结构	筹资后资本结构	
		增发普通股A	增发公司债B
公司债（年利率8%）/元	100 000	100 000	350 000
普通股（面值10元）/元	200 000	300 000	200 000
资本公积/元	250 000	400 000	250 000
留存收益/元	200 000	200 000	200 000
资金总额合计/元	750 000	1 000 000	1 000 000
普通股股数/股	20 000	30 000	20 000

注：发行新股时，每股发行价格25元，筹资250 000元需发行10 000股，普通股股本增加100 000元，资本公积增加150 000元。

试分析资本结构对普通股每股利润的影响。

解析：根据资本结构的变化情况，可采用每股利润分析法分析资本结构对普通股每股利润的影响。具体分析如表2-8所示。

表2-8　A公司不同资本结构下的每股利润

项目	增发股票	增发债券
预计息税前利润（EBIT）/元	200 000	200 000
减：利息/元	8 000	28 000
税前利润/元	192 000	172 000
减：所得税（25%）/元	48 000	43 000
净利润/元	144 000	129 000
普通股股数/股	30 000	20 000
每股利润/元	4.8	6.45

从每股利润的增加情况看，增发公司债更符合理财目标。根据息税前利润选择增资形式，还需要计算每股利润无差异点处的息税前利润。其计算公式为

$$[(EBIT - I_1)(1 - T) - D_1]/N_1 = [(EBIT - I_2)(1 - T) - D_2]/N_2$$

式中：EBIT为每股利润无差异点处的息税前利润；I_1、I_2为两种筹资方式下的年利息；D_1、D_2为两种筹资方式下的优先股股利；N_1、N_2为两种筹资方式下流通在外的普通股股数。

把A公司的资料代入公式：

可求得：EBIT = 68 000（元），在此点：$EPS_1 = EPS_2 = 1$（元）。

这就是说，当EBIT > 68 000元时，利用负债筹资有利；当EBIT < 68 000元时，利用发行普通股筹资有利。当EBIT = 68 000元时，采用两种方式无差别。A公司预计EBIT = 200 000元，则采用负债筹资方式比较有利。

这种方法只考虑了资本结构对每股利润的影响，并假定每股利润最大，股票价格也就最高，但每股利润分析法未考虑资本结构对风险的影响，是不全面的。因为随着负债的增加，投资者的风险加大，股票价格和企业价值也会有下降的趋势。所以，单纯地用每股利润分析法有时会做出错误的决策，但在市场不完善的时候，投资者主要根据每股利润的多少来做出决策，每股利润的增加也的确有利于股票价格的上升。

四、资本成本比较法

资本成本比较法是指在企业的若干个备选筹资方案中，分别计算各方案的加权平均资本成本，从中选出加权平均资本成本最低的方案，据此进行资本结构决策的方法。

企业的资本结构决策可分为初始资本结构决策和追加资本结构决策两种情况。

1．初始资本结构决策

企业对拟定的筹资总额可以采用多种筹资方式来筹集，同时每种筹资方式的筹资数额也可有不同安排，由此形成的若干个资本结构（或筹资方案）可供选择。

【业务实例 2-14】 大有公司初创时有以下 3 个筹资方案可供选择，有关资料经测算如表 2-9 所示。

表 2-9　3 个初始筹资方案的有关资料

筹资方式	A 筹资方案		B 筹资方案		C 筹资方案	
	筹资额/万元	资本成本/%	筹资额/万元	资本成本/%	筹资额/万元	资本成本/%
长期借款	40	6	50	6.5	80	7
债券	100	7	150	8	120	7.5
优先股	60	12	100	12	50	12
普通股	300	15	200	15	250	15
合计	500		500		500	

要求：选择最佳筹资方案。

解析：下面分别测算 3 个筹资方案的加权平均资本成本并比较其高低，从而选择最佳筹资方案，即最佳资本结构。

（1）A 方案。

① 各种筹资占筹资总额的比重。

长期借款=40÷500×100%= 8%

债券=100÷500×100%= 20%

优先股=60÷500×100%= 12%

普通股=300÷500×100%= 60%

② 加权平均资本成本。

$K_A = 6\% \times 8\% + 7\% \times 20\% + 12\% \times 12\% + 15\% \times 60\%$

$\quad = 12.32\%$

（2）B 方案。

① 各种筹资占筹资总额的比重。

长期借款=50÷500×100%= 10%

债券=150÷500×100%= 30%

优先股=100÷500×100%= 20%

普通股=200÷500×100%= 40%

② 加权平均资本成本。

$K_B = 6.5\% \times 10\% + 8\% \times 30\% + 12\% \times 20\% + 15\% \times 40\%$

$\quad = 11.45\%$

（3）C方案。

① 各种筹资占筹资总额的比重。

长期借款=80÷500×100%= 16%

债券=120÷500×100%= 24%

优先股=50÷500×100%= 10%

普通股=250÷500×100%= 50%

② 加权平均资本成本。

$K_C = 7\% × 16\% + 7.5\% × 24\% + 12\% × 10\% + 15\% × 50\%$

$= 11.62\%$

以上3个筹资方案相比较，B方案的加权平均资本成本最低，在其他有关因素大体相同的条件下，B方案是最好的筹资方案，由其形成的资本结构可确定为大有公司的最佳资本结构。大有公司可按此方案筹集资金，以实现资本结构的最优化。

2. 追加资本结构决策

企业在持续的生产经营过程中，由于扩大业务或对外投资的需要，有时需要追加筹资。因追加筹资以及筹资环境的变化，企业原有的资本结构就会发生变化，从而原定的最佳资本结构就未必仍是最优的。因此，企业应在资本结构不断变化中寻求最佳结构，保持资本结构的最优化。

一般而言，按照最佳资本结构的要求选择追加筹资方案有两种方法：一种方法是直接测算比较各备选追加筹资方案的边际资本成本，从中选择最优筹资方案；另一种方法是将备选追加筹资方案与原有最优资本结构汇总，测算各追加筹资条件下汇总资本结构的加权平均资本成本，比较选择最优追加筹资方案。

【业务实例2-15】 红光公司原来的资本结构如表2-10所示。普通股每股面值1元，发行价格10元，目前价格也是10元，2024年期望股利1元/股，预计以后每年增加股利5%。企业所得税税率30%，假设发行的各种证券都无筹资费用。

表2-10 资本结构

单位：万元

筹资方式	金额
债券（年利率10%）	800
普通股（每股面值1元，发行价10元/股，共80万股）	800
合计	1 600

红光公司拟增资400万元，以扩大生产经营规模，现有3种方案可选择。

甲方案：发行债券400万元，由于负债增加，投资人的风险加大，所以债券年利率达12%才能发行。预计普通股股利不会变，但由于风险加大，普通股市价降至8元/股。

乙方案：发行债券200万元，年利率10%，发行股票20万股，每股发行价10元，预计普通股股利不变。

丙方案：发行股票36.36万股，普通股市价增至11元/股。

为了选择最优方案，计算各个方案的加权平均资本成本。试分析应采纳哪种方案。

解析：

（1）计算计划年初加权平均资本成本。各种资金的比重和资本成本（假定各筹资方式没有筹资费用）分别为

$W_b = 800 ÷ 1\ 600 × 100\% = 50\%$

$W_s = 800 \div 1\,600 \times 100\% = 50\%$

$K_b = 10\% \times (1 - 30\%) = 7\%$

$K_s = 1/10 + 5\% = 15\%$

计划年初加权平均资本成本为 $K_0 = 50\% \times 7\% + 50\% \times 15\% = 11\%$

（2）计算甲方案的加权平均资本成本。增加筹资 400 万元后，企业资金总额为 2 000 万元。则各种资金所占的比重为

利率为 10% 的债券：$W_{b1} = 800 \div 2\,000 \times 100\% = 40\%$

利率为 12% 的债券：$W_{b2} = 400 \div 2\,000 \times 100\% = 20\%$

普通股：$W_s = 800 \div 2\,000 \times 100\% = 40\%$

增加筹资后各种资金的资本成本分别为

$K_{b1} = 10\% \times (1 - 30\%) = 7\%$

$K_{b2} = 12\% \times (1 - 30\%) = 8.4\%$

$K_s = 1/8 + 5\% = 17.5\%$

甲方案的加权平均资本成本为 $K_甲 = 40\% \times 7\% + 20\% \times 8.4\% + 40\% \times 17.5\% = 11.48\%$

（3）计算乙方案的加权平均资本成本。乙方案为发行债券和普通股各 200 万元，债券和普通股的资本成本与增加筹资前相同。

$W_b = (200 + 800) \div 2\,000 \times 100\% = 50\%$

$W_s = (200 + 800) \div 2\,000 \times 100\% = 50\%$

$K_b = 10\% \times (1 - 30\%) = 7\%$

$K_s = 1/10 + 5\% = 15\%$

乙方案的加权平均资本成本为 $K_乙 = 50\% \times 7\% + 50\% \times 15\% = 11\%$

（4）计算丙方案的加权平均资本成本。

$W_b = 800 \div 2\,000 \times 100\% = 40\%$

$W_s = (400 + 800) \div 2\,000 \times 100\% = 60\%$

$K_b = 10\% \times (1 - 30\%) = 7\%$

$K_s = 1/11 + 5\% = 14.1\%$

丙方案的加权平均资本成本为 $K_丙 = 40\% \times 7\% + 60\% \times 14.1\% = 11.26\%$

从上面的计算可以看出，乙方案的加权平均资本成本最低，所以应选择乙方案并保持原有的资本结构，50% 债务资本，50% 权益资本。

这种方法通俗易懂，但因拟订方案的数量有限，因此，存在把最优方案漏掉的可能。

✷ 任务实施

1. 资本成本在确定最优资本结构活动中的意义

资本成本在财务管理中处于至关重要的地位，该指标在确定最优资本结构的活动中的意义主要体现在——资本成本是企业进行资本结构决策的依据。（1）资本成本表示企业为取得资本必须支付的价格，是进行资本结构决策、选择追加筹资方案的基本依据。一般来说，企业应力争以最少的资金耗费最大限度地取得所需要的资金。（2）资本成本是评价企业经营成果的依据。如果实际收益率低于预计的资本成本率，则说明企业经营成果不佳，则在资本结构决策中，合理地安排债务资本和权益资本的比例。（3）企业价值最大化要求所投入的全部资本包括资本成本，必须最少。加权平均资本成本最低时的资本结构，才是最优的资本结构，

这时企业价值最大。

资本结构优化既是企业筹资活动的基本目标，也是评价企业筹资效率的重要依据。由于资本成本是进行资本结构决策的基础，因此，讨论资本结构优化问题应首先考察资本成本。

2．优化飞利浦公司的资本结构

（1）根据1986年至1987年飞利普公司数据计算可得：其1986年资产负债率为27.41%，而1987年为54.68%，说明飞利浦公司的资本结构中的负债比率过高，负债筹资的资本成本虽然低于其他筹资方式，但负债过多会使公司存在一定的风险。所以飞利浦公司应多考虑提高股东权益的比例。

（2）飞利浦公司1986年的财务杠杆系数为1.08，1987年为1.31，说明财务风险随着负债比率的提高而增大。财务杠杆系数、财务杠杆效应、财务风险三者有着必然的联系，财务杠杆系数越大，财务杠杆效应就越大，财务风险也越大；反之，财务杠杆系数越小，财务杠杆效应就越小，财务风险也越小。公司在获取财务杠杆效应的同时，还必须注意防范风险。

（3）飞利浦公司1986年的加权平均资本成本为7.12%，而1987年为7.95%，说明该公司负债比率的增长造成加权平均资本成本的增长。根据资本成本比较法，应选择较小的加权平均资本成本为决策标准。只有当公司综合资本成本最低时的负债水平才是较为合理的。因此，资本结构在客观上存在最优组合，公司在筹资决策中，要通过不断优化资本结构使其趋于合理，直至达到公司加权平均资本成本最低的资本结构，方能实现公司价值最大化目标。

3．飞利浦公司在筹资上的改进措施

（1）在负债筹资方面，可以相对减少比例，不要形成过大的财务风险。

（2）负债筹资多样化：可以选择短期借款，提高公司信誉，增加信用额度；也可以进行长期借款，保证一定的稳定性；发行优等债券。该公司大部分资本来自可转换次等信用债权，信用级别高的债权投资者要求的风险补偿少，筹资成本低；反之，则要求的风险补偿多，筹资成本高。所以该公司可以通过修正公司的某些不好的因素，改善公司的财务指标，争取发行优级债券。还可以适当利用商业信用，但是必须牢记，虽然运用商业信用进行筹资能够带来较快的资金填充，可如果使用超过一定限度反而会得不偿失，选择适当的比例尤为重要。

（3）在权益筹资方面，可以增发新股，实行一些可行的配股或送股方案，激发股民的求股意愿，调整资本结构，增加权益资本，降低财务风险。

（4）可以发行优先股，维持公司举债能力，增加普通股股东权益，防止股权分化，同时也可以灵活运用可转换债券。

（5）除了降低筹资成本，还要增加投资回报率。通过区分不同时间、利用不同计算基础确定投资方案。

4．启示

（1）资金是财务管理中的核心问题，企业在做出投资决策、筹资决策、日常经营决策时，都应考虑资本成本。

（2）不同的负债，其资本成本是不一样的，在利用负债筹资时，应在考虑资本成本的同时，考虑资本结构。

（3）在考虑最优资本结构时，应考虑加权平均资本成本和财务风险，考虑筹资方式和筹资渠道。

（4）形成企业的最优资本结构需要多方面的努力，在发展过程中，飞利浦公司可以因时制宜、因地制宜，完善资本结构。

项目小结

1. 企业筹集资金是资金运动的起点，筹资工作的好坏，直接影响企业效益的好坏，进而影响企业收益分配。

2. 筹资的数量应当合理，不管采取什么方式筹资，都必须预先合理确定资金需要量，根据需要筹资。企业可用销售百分比法预测资金需要量。

3. 企业的资金由权益资金和负债资金两个部分组成。

4. 企业权益资金可通过吸收直接投资、发行股票、利用企业内部积累等方式筹集。

5. 股票按股东权利和义务的不同，可分为普通股和优先股。股票的发行有平价、溢价和折价发行 3 种类型。我国目前不允许折价发行。

6. 企业负债资金可通过向银行借款、发行债券、融资租赁和利用商业信用等方式筹集。

7. 债券的发行有平价、溢价、折价发行 3 种类型。我国目前不允许折价发行。

8. 融资租赁租金的计算有平均分摊法和等额年金法等。

9. 资本成本是企业为筹集和使用资金而付出的代价，是企业选择资金来源、拟订筹资方案、评价投资项目及衡量经营成果的重要标准。资本成本的计算包括个别资本成本、加权平均资本成本的计算。

10. 经营杠杆效应是指由于固定成本的存在而导致息税前利润变动率大于业务量变动率的现象，固定成本的存在是产生经营杠杆效应的根本原因。衡量经营杠杆效应大小的指标是经营杠杆系数（DOL）。

11. 财务杠杆效应是指由于固定财务费用的存在而导致普通股每股税后利润变动率大于息税前利润变动率的现象，固定财务费用的存在是产生财务杠杆效应的根本原因。衡量财务杠杆效应大小的指标是财务杠杆系数（DFL）。

12. 联合杠杆效应是指由于固定成本和固定财务费用的共同存在而导致的普通股每股税后利润变动率大于业务量变动率的现象，固定成本和固定财务费用的共同存在是产生联合杠杆效应的根本原因。衡量联合杠杆效应大小的指标是联合杠杆系数（DTL）。

13. 资本结构是指企业各种资本的构成比例，确定企业最佳资本结构在实际工作中是一件较为困难的事情。可以通过定量分析法（如资本成本比较法、每股利润分析法）结合定性分析法来确定企业合理的资本结构。

能力提升训练

赛学融合

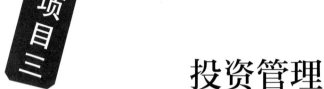

项目三

投资管理

🛒 学习目标

【知识目标】

- 掌握项目投资的有关含义
- 掌握项目投资现金流量的含义、分类和计算
- 掌握各种项目投资决策评价指标的计算及其评价标准
- 掌握各种项目投资决策方法
- 掌握各种股票估价模型
- 掌握各种债券估价模型
- 掌握债券投资收益率的计算方法
- 了解基金投资
- 掌握证券投资组合的风险与收益率

【能力目标】

- 能够运用各种项目投资决策评价指标对投资项目进行评估决策
- 能够运用各种项目投资决策方法进行项目投资决策
- 能够对股票的估价、投资收益进行分析评价
- 能够对债券的投资收益、风险进行分析评价
- 能够计算基金价值和收益率
- 能够进行债券、股票、基金投资管理,进行证券投资组合

【素养目标】

- 理性投资,理性消费
- 培养创新创业思想
- 培养团队积极合作的集体意识
- 培养工匠精神、看齐意识
- 明白高风险、高收益的道理

知识框架图

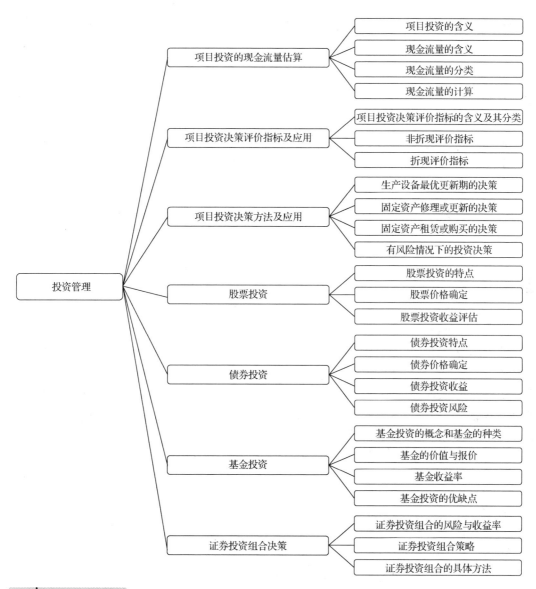

项目投资的现金流量估算
- 项目投资的含义
- 现金流量的含义
- 现金流量的分类
- 现金流量的计算

项目投资决策评价指标及应用
- 项目投资决策评价指标的含义及其分类
- 非折现评价指标
- 折现评价指标

项目投资决策方法及应用
- 生产设备最优更新期的决策
- 固定资产修理或更新的决策
- 固定资产租赁或购买的决策
- 有风险情况下的投资决策

股票投资
- 股票投资的特点
- 股票价格确定
- 股票投资收益评估

债券投资
- 债券投资特点
- 债券价格确定
- 债券投资收益
- 债券投资风险

基金投资
- 基金投资的概念和基金的种类
- 基金的价值与报价
- 基金收益率
- 基金投资的优缺点

证券投资组合决策
- 证券投资组合的风险与收益率
- 证券投资组合策略
- 证券投资组合的具体方法

投资管理

职场箴言

- 量入以为出。——《礼记·王制》
- 一个人一生能积累多少钱，不是取决于他能够赚多少钱，而是取决于他如何投资理财，人找钱不如钱找钱，要知道让钱为你工作，而不是你为钱工作。——沃伦·巴菲特

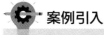案例引入

巴菲特经典投资案例

华盛顿邮报（The Washington Post）：1973 年，巴菲特投资了华盛顿邮报公司，当时这

家公司正陷入困境，但巴菲特相信这家公司的品牌价值和潜在的复苏能力。后来，这家公司的业绩得到了恢复，成了巴菲特重要的投资收益来源之一。

可口可乐（Coca-Cola）公司：1988 年，巴菲特通过其持有的伯克希尔哈撒韦（Berkshire Hathaway）公司以近 15 亿美元的价格收购了可口可乐公司 10% 的股份，成了该公司最大的股东之一。到了 1995 年，巴菲特持有的可口可乐公司股份的市值已经增长到了约 60 亿美元。

银行股：巴菲特是一个重视金融股的投资者，例如在 20 世纪 90 年代初期，他购买了美国银行（Bank of America）的大量股票，此外他还持有美国银行、富国银行（Wells Fargo Bank）等银行股的大量股份。

IBM：2011 年，巴菲特宣布购买 IBM 的股票，此举意味着他将其投资组合中的科技股份升级。尽管 IBM 在随后的几年中表现不佳，但巴菲特仍坚定持有，直到 2018 年将其减持。

美国运通（American Express）公司：1964 年，巴菲特投资了美国运通公司，而当时这家公司正处于信用卡业务的初期。随着信用卡的普及和公司业绩的稳步增长，该公司成了巴菲特的长期投资收益来源之一。

这些案例中，巴菲特通过对公司基本面的深入分析和对价值的判断，选择了具有成长潜力的公司，并且持有它们的股票，最终获得了可观的投资回报。这也展示了价值投资的核心理念，即选择优质的公司，耐心持有它们的股票，等待市场最终认识它们的价值。

当巴菲特进行价值投资时，他通常会遵循以下投资原则和方法。

投资优质公司：巴菲特认为优秀的公司应该具备长期的盈利能力、强大的品牌、优秀的管理团队和稳定的现金流。他会选择这样的公司进行投资，因为这些公司通常会有更好的长期表现，也更容易抵御市场波动。

着眼于长期：巴菲特对股票投资的时间跨度非常长，他通常持有股票多年甚至几十年。他认为这样可以为自己留出足够的时间来等待公司业绩的逐步提升，让市场更好地认识这些公司的价值。

关注估值：巴菲特很注重股票的估值，他会使用多种指标来评估股票的价格是否合理，以确定是否值得购买。例如，他会使用市盈率（PE Ratio）来判断公司股票的价格是否低于其预期的未来盈利能力。

避免投机行为：巴菲特认为，投资应该基于对公司价值的分析，而不是追求短期的股价波动。他反对通过赌博般的投机行为来获取快速的利润，而倡导以长期的眼光来投资。

理性看待市场波动：巴菲特认为市场上的短期波动是不可避免的，他会保持冷静，并视这些波动为长期投资的机会。他会在股价下跌时购买更多的股票，这样可以为自己的投资组合增加更多的价值。

总之，巴菲特的投资方法和原则包括投资优质公司、着眼于长期、关注估值、避免投机行为和理性看待市场波动。通过这些方法，他创造了多个成功投资案例，成为一位备受尊敬的价值投资者和企业家。

任务一　项目投资的现金流量估算

✳ 任务情境

大华公司计划增添一条生产线，现有甲、乙两个方案可供选择。

甲方案需要投资 50 万元，预计使用寿命为 5 年，折旧采用直线法，预计残值为 2 万元，预计年销售收入为 100 万元，第 1 年付现成本为 66 万元，以后在此基础上每年增加维修费 1 万元。

乙方案需要投资 75 万元，预计使用寿命为 5 年，折旧采用直线法，预计残值为 3 万元，预计年销售收入为 140 万元，年付现成本为 105 万元。

项目投入运营时，需垫支营运资金，其中甲方案需垫支 20 万元，乙方案需垫支 25 万元。公司适用所得税税率为 25%。

✱ 任务描述

1. 请根据以上资料，计算甲方案的现金流量。
2. 请根据以上资料，计算乙方案的现金流量。

✱ 知识要点

一、项目投资的含义

项目投资是一种以特定项目为对象，直接与新建项目或更新改造项目有关的长期投资行为。项目投资的特点是投资金额大、影响时间长、变现能力弱以及投资风险大。因此，项目投资决策必须严格遵守相应的投资程序。

项目计算期是指投资项目从投资建设开始到最终清理结束整个过程的全部时间，包括建设期和生产经营期。其中建设期的第一年年初称为建设起点，建设期的最后一年年末称为投产日，项目计算期的最后一年年末称为终结点，从投产日到终结点之间的时间间隔称为生产经营期。

二、现金流量的含义

现金流量，在投资决策中是指由一个项目引起的现金流入、现金流出及其总量情况的总称。其中这里的"现金"是指广义的现金，它不仅包括各种货币资金，而且还包括项目中需要投入的企业现有的非货币资源的变现价值。例如，一个项目需要使用原有的厂房、设备和材料等，那么整个项目的现金流量就包括它们的变现价值，而不是它们的账面成本。

教学视频：现金流量的内涵

财务管理中以现金流量作为项目投资的重要价值信息，主要出于以下考虑。

（1）现金流量信息所揭示的未来期间现实货币资金收支运动，可以序时动态地反映项目投资的流向与回收之间的投入产出关系，使决策者处于投资主体的立场上，便于其更完整、更准确、更全面地评价具体投资项目的经济效益。

（2）利用现金流量指标代替利润指标作为反映项目效益的信息可以摆脱在贯彻执行财务会计的权责发生制时必然面临的困境，即因为不同的投资项目可能采取不同的固定资产折旧方法、存货估价方法或费用摊配方法，所以不同方案的利润信息相关性差、透明度不高和可比性差。

（3）利用现金流量信息排除了非现金收付内部周转的资本运动形式，从而简化了有关投资决策评价指标的计算过程。

（4）现金流量信息与项目计算期的各个时点密切结合，有助于在计算投资决策评价指标时，应用资金时间价值的形式进行动态投资效果的综合评价。

三、现金流量的分类

1．按流向分类

现金流量按流向可以分为现金流出量、现金流入量和净现金流量3类。

动画：现金流量的内容

（1）现金流出量。一个投资项目的现金流出量是指该投资项目引起的企业现金支出的增加额。例如，企业购置一条生产线，通常会引起以下的现金流出量。

① 购置生产线的价款，它可能一次性支出，也可能分几次支出。

② 生产线的维护、修理等费用，在该生产线的整个使用期限内，会发生保持其生产能力的各种费用。它们都是由购置该生产线引起的，应该作为购置生产线的现金流出量。

③ 垫支流动资金，由于该生产线提高了企业的生产能力，引起对流动资产需求的增加。企业需要追加的流动资金，也是购置该生产线引起的，应该作为购置生产线的现金流出量。

只有在投资项目寿命期终了或出售或报废该生产线时才能收回这些资金，并用于别的目的。

（2）现金流入量。一个投资项目的现金流入量是指该投资项目引起的企业现金收入的增加额。例如，企业购置一条生产线，通常会引起下列现金流入量。

① 营业现金流入。购置生产线提高了企业的生产能力，使企业销售收入增加，扣除有关的付现成本增量后的余额，就是购置该生产线引起的现金流入量。

② 该生产线寿命期终了、出售或报废时的残值收入。资产出售或报废时的残值收入是由当初购置该生产线引起的，应当作为项目投资的现金流入量。

③ 收回的流动资金。该生产线寿命期终了、出售或报废时，企业可以相应减少流动资金垫支，收回的资金可以用于别处。因此，应将其作为该投资项目的现金流入量。

（3）净现金流量。净现金流量是指一定期间现金流入量与现金流出量的差额。这里的"一定期间"要根据投资项目的决策需要而定，有时是指一年间，有时是指投资项目持续的整个有效年限内。一定期间的现金流入量大于现金流出量时，净现金流量为正值；反之，净现金流量为负值。有时，为了简化起见，现金流量指的就是净现金流量。

2．按期间分类

由于一个项目从准备投资到项目结束，经历了项目准备及建设期、生产经营期、项目终止期3个阶段，因此投资项目净现金流量包括投资现金流量、营业现金流量和项目终止现金流量。但是由于所得税也是企业的一项现金流出，因此在计算有关现金流量时还应该将缴纳所得税的影响考虑进去。

（1）投资现金流量（初始现金流量）。投资现金流量包括投资在固定资产上的资金和投资在流动资产上的资金两个部分。

投资在流动资产上的资金一般假设当项目结束时将全部收回，这部分现金流量由于在会计上一般不涉及企业的利润，因此不受所得税的影响。

投资在固定资产上的资金有时是以企业原有的旧设备进行投资的，在计算投资现金流量时，一般以设备的变现价值作为其现金流出量（但是该设备的变现价值通常并不与其折余价值相等）。另外还必须注意将这个投资项目作为一个独立的方案进行考虑，即假设企业将该设备出售可能得到的收入（设备的变现价值）以及企业由此而可能支付或减免的所得税，投

资现金流量的计算公式为

$$投资现金流量＝投资在流动资产上的资金＋投资设备的变现价值－（投资设备的$$
$$变现价值－投资设备的折余价值）×所得税税率$$

（2）营业现金流量。购置生产线提高了企业的生产能力，使企业销售收入增加，扣除有关的付现成本增量后的余额，是购置该生产线引起的现金流入量。从净现金流量的角度考虑，所得税是企业的一项现金流出，因此这里的利润指的是税后净利润，即税前利润减所得税的余额。折旧作为一项成本，在计算税后净利润时是包括在成本当中的，但是它不需要支付现金，因此需要把它当作一项现金流入。

综上所述，企业的营业现金流量用公式表示如下。

$$营业现金流量 ＝ 税后利润 ＋ 折旧 ＝（收入－总成本）×（1-所得税税率）+折旧$$
$$＝（收入-付现成本-折旧）×（1-所得税税率）+折旧$$
$$＝收入×（1-所得税税率）-付现成本×（1-所得税税率）-折旧×$$
$$（1-所得税税率）+折旧$$
$$＝收入×（1-所得税税率）-付现成本×（1-所得税税率）+折旧×所得税税率$$

（3）项目终止现金流量（终结现金流量）。项目终止现金流量包括固定资产的残值收入和收回原投入的流动资金。在投资决策中，一般假设当项目终止时，将项目初期投入在流动资产上的资金全部收回。这部分收回的资金由于不涉及利润的增减，因此也不受所得税的影响。固定资产的残值收入如果与预定的固定资产残值相同，那么在会计上也同样不涉及利润的增减，所以也不受所得税的影响。但是在实际工作中，最终的残值收入往往并不同于预定的固定资产残值，它们之间的差额会引起企业的利润增加或减少，因此在计算现金流量时，要注意不能忽视这部分的影响。

$$项目终止现金流量＝实际固定资产残值收入＋原投入流动资金的收回-$$
$$（实际残值收入－预定残值）×所得税税率$$

四、现金流量的计算

在确定投资方案的相关现金流量时，应遵循的基本原则是：只有增量现金流量才是与项目相关的现金流量。所谓增量现金流量，是指接受或拒绝某个投资方案后，企业总现金流量因此发生的变动。只有那些由于采纳某个项目引起的现金流入增加额，才是该项目的现金流入；只有那些由于采纳某个项目引起的现金支出增加额，才是该项目的现金流出。

教学视频：现金流量的计算

为了正确计算投资方案的增量现金流量，应注意以下问题。

1. 营业收入的估算

一般来说，营业收入是指收到现金的收入（即经营现金流入），因此必须注意以下两个问题。

一是在存在折扣和折让的情况下，会计上对营业收入是采用总价法还是采用净价法进行账务处理的问题。如采用总价法核算营业收入，由于营业收入包括折扣和折让，而折扣和折让不能形成现金流入，因此应按扣除折扣和折让后的营业收入净额计算经营现金流入量；如采用净价法核算营业收入，由于营业收入已将折扣和折让扣除，因此应按营业收入总额计算经营现金流入量。

二是不同期间的应收账款问题。一般情况下，假设正常经营年度内每期发生的应收账款与回收的应收账款大体相等，那么本期的营业收入均为收到现金的营业收入；如果明确指明前后期间营业收入不等，并且当期营业收入中有一部分在本期收到现金，另一部分将在以后某期间收到现金（即形成应收账款），则经营现金流入量应根据所给资料计算。

例如，大华公司 2023 年年初有应收账款 50 000 元，2024 年实现收入 800 000 元，根据以往经验，当年收入中有 80% 在当年收到现金，而其余的 20% 在下年收到现金。则该公司 2024 年的营业收入（即经营现金流入量）为 690 000 元（800 000 × 80% + 50 000）。

2．固定资产投资与固定资产原值的估算

固定资产投资是指在固定资产上的原始投资额，表示由固定资产投资而产生的现金流出。固定资产原值则是固定资产投资及资本化利息之和，是计算固定资产折旧的重要影响因素。

3．经营成本的估算

一般来说，经营成本是指经营期内所发生的，需要付出现金的成本和费用（即经营现金流出），其数额等于某一年度的总成本减去当年计提的固定资产折旧、无形资产摊销、长期待摊费用后的余额。因此，形成经营现金流出的经营成本是付现的经营成本，而不包括沉没的经营成本，如过去支付过现金而在现在和未来摊入成本或费用的支出，固定资产折旧、无形资产摊销、长期待摊费用等。

【业务实例 3-1】 大华公司拟投资 A 项目，经可行性分析，有关资料如下。

（1）A 项目共需固定资产投资 450 000 元，其中第一年年初和第二年年初分别投资 250 000 元和 200 000 元，第一年年末 A 项目部分竣工并投入试生产，第二年年末全部竣工交付使用。

（2）A 项目投产时需垫支相应流动资金 320 000 元，用于购买材料、支付工资等。其中第一年年末垫支 200 000 元，第二年年末垫支 120 000 元。

（3）A 项目经营期预计为 5 年，固定资产按直线法计提折旧。A 项目正常终结处理时预计清理费用 3 000 元，残余价值 123 000 元。

（4）根据市场预测，A 项目投产后第一年营业收入为 320 000 元，以后 4 年每年营业收入均为 450 000 元。第一年的付现成本为 150 000 元，以后 4 年每年的付现成本均为 210 000 元。

（5）该企业适用所得税税率为 25%。

试计算 A 项目预计 5 年的现金流量。

解析：

（1）首先，计算 A 项目的每年折旧额。

每年折旧额=(450 000-123 000+3 000)÷5=66 000（元）

（2）其次，计算经营期净现金流量，如表 3-1 所示。

表 3-1　经营期净现金流量　　　　　　　　　　　　　　　　　单位：元

项目	第 1 年	第 2 年	第 3 年	第 4 年	第 5 年
营业收入	320 000	450 000	450 000	450 000	450 000
-付现成本	150 000	210 000	210 000	210 000	210 000
折旧	66 000	66 000	66 000	66 000	66 000
税前净利	104 000	174 000	174 000	174 000	174 000
-所得税	26 000	43 500	43 500	43 500	43 500
税后净利	78 000	130 500	130 500	130 500	130 500
+折旧	66 000	66 000	66 000	66 000	66 000
经营期净现金流量	144 000	196 500	196 500	196 500	196 500

（3）最后，在 A 项目经营期净现金流量计算出来后，便可通过加入项目建设期的投资现金流量和报废时的项目终止现金流量，一并计算该项目的全部现金流量。计算过程如表3-2所示。

表3-2　现金流量　　　　　　　　　　　　　　　　　　　　　　　单位：元

t	0	1	2	3	4	5	6
固定资产投资	−250 000	−200 000					
流动资金投资		−200 000	−120 000				
经营期净现金流量			144 000	196 500	196 500	196 500	196 500
固定资产残值							120 000
流动资金回收							320 000
现金流量合计	−250 000	−400 000	24 000	196 500	196 500	196 500	636 500

注：t=0 代表第 1 年年初；t=1 代表第 1 年年末；t=2 代表第 2 年年末；……t=6 代表第 6 年年末。

✱ 任务实施

1. 甲方案的现金流量有关计算如表3-3、表3-4所示。

表3-3　甲方案营业现金流量计算　　　　　　　　　　　　　单位：万元

项目	第1年	第2年	第3年	第4年	第5年
销售收入（1）	100	100	100	100	100
付现成本（2）	66	67	68	69	70
折旧（3）	9.60	9.60	9.60	9.60	9.60
营业利润（4）＝（1）−（2）−（3）	24.40	23.40	22.40	21.40	20.40
所得税（5）＝（4）×25%	6.10	5.85	5.60	5.35	5.10
税后营业利润（6）＝（4）−（5）	18.30	17.55	16.80	16.05	15.30
营业现金流量（7）＝（6）+（3）	27.90	27.15	26.40	25.65	24.90

表3-4　甲方案投资项目现金流量计算　　　　　　　　　　　单位：万元

项目	第0年	第1年	第2年	第3年	第4年	第5年
固定资产投资	−50					
营运资金垫支	−20					
营业现金流量		27.90	27.15	26.40	25.65	24.90
固定资产残值						2
营运资金回收						20
现金流量合计	−70	27.90	27.15	26.40	25.65	46.90

2. 乙方案的现金流量计算如表3-5所示。

根据资料，乙方案营业期间的现金流量比较有规律，其现金流量的测算可以用公式直接计算。

乙方案非付现成本=乙方案年折旧额=(75−3)÷5=14.4（万元）

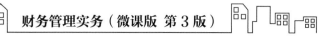
乙方案营业现金流量=税后营业利润+非付现成本

$$=(140-105-14.4)\times(1-25\%)+14.4$$

$$=29.85（万元）$$

表3-5　乙方案投资项目现金流量计算　　　　　　　　　　单位：万元

项目	第0年	第1年	第2年	第3年	第4年	第5年
固定资产投资	-75					
营运资金垫支	-25					
营业现金流量		29.85	29.85	29.85	29.85	29.85
固定资产残值						3
营运资金回收						25
现金流量合计	-100	29.85	29.85	29.85	29.85	57.85

任务二　项目投资决策评价指标及应用

❋ 任务情境

　　大华公司计划增添一条生产线，现有甲、乙两个方案可供选择。

　　甲方案需要投资50万元，预计使用寿命为5年，折旧采用直线法，预计残值为2万元，预计年销售收入为100万元，第1年付现成本为66万元，以后在此基础上每年增加维修费1万元。

　　乙方案需要投资75万元，预计使用寿命为5年，折旧采用直线法，预计残值为3万元，预计年销售收入为140万元，年付现成本为105万元。

　　项目投入运营时，需垫支营运资金，其中甲方案需垫支20万元，乙方案需垫支25万元。公司适用所得税税率为25%。假设折现率为10%。

❋ 任务描述

　　任务要求如下，计算下列投资决策评价指标值。

1. 甲方案和乙方案的净现值。
2. 甲方案和乙方案的净现值率。
3. 甲方案和乙方案的现值指数。

❋ 知识要点

一、项目投资决策评价指标的含义及其分类

　　项目投资决策评价指标是用来衡量投资方案优劣的标准，主要有投资回收期、投资利润率、净现值、现值指数和内含报酬率等指标。项目投资决策评价指标可以按不同的标准进行分类。

　　（1）按是否考虑资金时间价值因素，项目投资决策评价指标分为折现评价指标和非折现评价指标。非折现评价指标是指在指标计算过程中不考虑资金时间价值因素的指标（主要有

投资回收期和投资利润率），一般用于对众多投资方案进行初选。折现评价指标是指在指标计算过程中充分考虑和利用资金时间价值因素的指标（主要有净现值、现值指数和内含报酬率），一般用于对投资方案进行最终选择。

（2）按指标性质不同，项目投资决策评价指标分为正指标和反指标。正指标是指在一定范围内数值越大越好的指标，如投资利润率、净现值、现值指数和内含报酬率等；反指标是指在一定范围内数值越小越好的指标，如投资回收期。

【业务实例 3-2】 假设大华公司目前存在 3 个投资机会，公司要求的最低期望报酬率为 10%。有关资料如表 3-6 所示。试评价 3 种投资方案。

表 3-6　大华公司现金流量状况　　　　　　　　　　　单位：万元

期间	方案 A		方案 B		方案 C	
	净收益	现金流量	净收益	现金流量	净收益	现金流量
0		−20 000		−9 000		−12 000
1	1 800	11 800	−1 800	1 200	600	4 600
2	3 240	13 240	3 000	6 000	600	4 600
3			3 000	6 000	600	4 600
合计	5 040	5 040	4 200	4 200	1 800	1 800

接下来结合以下知识点，分别用不同的项目投资决策评价指标来分析。

二、非折现评价指标

非折现评价指标不考虑资金时间价值因素，把不同时间的货币收支看成是等效的。这种指标在选择方案时起辅助作用，主要有投资回收期和投资利润率。

1. 投资回收期（PP）

投资回收期是指投资项目引起的现金流入量累计到与投资额相等时所需要的时间。它代表收回投资项目的投资额所需要的年限。回收年限越短，方案越有利。

（1）计算原理。投资回收期的具体计算与投资项目现金流量特点有关。

如果投资项目的投资额是一次支出，且每期现金流入量相等，即属于年金型的情况，则：

$$投资回收期 = 投资额 / 每期现金流入量$$

如果投资项目的现金流入量各期不相等或投资额不是一次投入的，即属于混合型的情况，则：

$$投资回收期 = 累计净现金流量开始出现正值的年份 - 1 +$$
$$上年累计净现金流量绝对值 / 当年净现金流量$$

采用投资回收期对【业务实例 3-2】评价。

方案 C 每期现金流量相等，则：PP = 12 000 ÷ 4 600 = 2.61（年）

方案 A 和方案 B 每期现金流量不相等，可列表计算（见表 3-7 和表 3-8）。

表 3-7　方案 A 现金流量

	期间	净现金流量/万元	回收额/万元	未收回额/万元	回收时间/年
方案 A	0	−20 000		20 000	
	1	11 800	11 800	8 200	1
	2	13 240	8 200	0	0.62

方案 A 投资回收期 = 1 +（8 200 ÷ 13 240）= 1.62（年）

表3-8 方案B现金流量

	期间	净现金流量/万元	回收额/万元	未收回额/万元	回收时间/年
方案B	0	-9 000		9 000	
	1	1 200	1 200	7 800	1
	2	6 000	6 000	1 800	1
	3	6 000	1 800	0	0.30
	方案B 投资回收期 = 2 + (1 800 ÷ 6 000) = 2.30（年）				

（2）决策准则。投资回收是一个无量纲的指标，单独的投资回收期指标无法对投资项目做出优劣的评价，它需要一个参照系，这个参照系就是基准投资回收期。

对于独立投资项目，只要投资项目的投资回收期小于基准投资回收期，投资项目就可以接受；反之，若投资项目的投资回收期大于基准投资回收期，则项目不可接受。假设【业务实例3-2】中，基准投资回收期为2年，那么只有方案A可以被接受。对于互斥投资项目，需要从可行方案中选择投资回收期最短的方案。

（3）评价。投资回收期计算简单，并且易于决策者正确地理解，操作也简单，但是投资回收期指标没有考虑资金时间价值，只考虑了投资回收期，没有考虑投资回收期以后的现金流量和投资项目的整体效益。事实上，具有战略意义的投资项目通常早期收益较低，后期收益较高。投资回收期指标优先考虑急功近利的项目，可能会导致企业放弃长期成功的项目。

2．投资利润率

投资利润率是投资项目年平均利润额与原始或平均投资额的比值。

（1）计算原理。投资利润率的计算公式如下。

投资利润率 = 年平均利润额/原始投资额 × 100%

上述公式的分母也可以使用平均投资额，尽管其计算结果不同，但是它不改变方案的优先次序。

采用投资利润率对【业务实例3-2】评价。

方案A 投资利润率=[(1 800+3 240)÷2] ÷20 000×100%=12.6%

方案B 投资利润率=[(-1 800+3 000+3 000)÷3] ÷9 000×100%=15.6%

方案C 投资利润率=600÷1 2000×100%=5%

（2）决策准则。投资利润率也是一个无量纲指标，本身无法判断投资项目的优劣，需要一个参照系进行判断。这个参照系就是企业对投资项目要求达到的最低期望报酬率。

对于独立投资项目，投资项目的投资利润率大于最低期望报酬率，投资项目可以接受；反之，投资项目的投资利润率小于最低期望报酬率，投资项目则不可接受。【业务实例3-2】中，公司要求达到的最低期望报酬率为10%，因此，方案A和方案B可以接受，方案C不可接受。对于互斥投资项目，从可行方案中选择投资利润率最高的方案。【业务实例3-2】中，企业应选择方案B。

（3）评价。投资利润率计算简便，易于理解和掌握，资料也易于收集，因为它应用的是财务会计报表上的数据，但是，该指标没有考虑资金时间价值，而且以利润为基础，所以不能正确反映投资项目的真实收益。

三、折现评价指标

1．净现值（NPV）

净现值是指特定投资项目未来现金流入量现值与未来现金流出量现值

教学视频：净现值（NPV）

之间的差额。即所有未来现金流入量和现金流出量都要按预定的折现率折算为现值，然后再计算它们的差额。

（1）计算原理。净现值的计算公式如下。

$$\text{NPV} = \sum_{t=0}^{n} I_t / (1+i)^t - \sum_{t=0}^{n} O_t / (1+i)^t = \sum_{t=0}^{n} \text{NCF}_t / (1+i)^t$$

式中：n 为投资涉及的年限；I_t 为第 t 年的现金流入量；O_t 为第 t 年的现金流出量；i 为预定的折现率；NCF_t 为第 t 年的净现金流量。

采用净现值对【业务实例 3-2】评价。

$$\text{NPV}_A = \sum_{t=0}^{n} \text{NCF}_t / (1+i)^t = 11\,800 / (1+10\%) + 13\,240 / (1+10\%)^2 - 20\,000$$

$$= 11\,800 \times 0.909\,1 + 13\,240 \times 0.826\,4 - 20\,000$$

$$= 21\,669 - 20\,000 = 1\,669 （元）$$

$$\text{NPV}_B = \sum_{t=0}^{n} \text{NCF}_t / (1+i)^t = 1\,200 / (1+10\%) + 6\,000 / (1+10\%)^2 + 6\,000 / (1+10\%)^3 - 9\,000$$

$$= 1\,200 \times 0.909\,1 + 6\,000 \times 0.826\,4 + 6\,000 \times 0.751\,3 - 9\,000$$

$$= 10\,557 - 9\,000 = 1\,557 （元）$$

$$\text{NPV}_C = \sum_{t=0}^{n} \text{NCF}_t / (1+i)^t$$

$$= 4\,600 \times (P/A, 10\%, 3) - 12\,000$$

$$= 4\,600 \times 2.486\,9 - 12\,000$$

$$= -560 （元）$$

（2）决策准则。对于独立投资项目，净现值大于零，说明投资项目的报酬率大于预定的报酬率，投资项目可以被接受；净现值小于零，说明投资项目的报酬率小于预定的报酬率，投资项目不可被接受。【业务实例 3-2】中，方案 A 和方案 B 净现值大于零，可以被接受，方案 C 净现值小于零，则不可被接受。对于互斥投资项目，选择净现值大于零（所有可行方案）且净现值最大的方案。【业务实例 3-2】中，应该选择方案 A。

（3）评价。净现值指标考虑了资金时间价值，因此，该指标具有广泛的适用性，在理论上也比其他指标更加完善。它与企业价值最大化目标一致。但是，采用净现值指标，折现率的确定是一个复杂的问题，折现率会影响投资项目的可行性。净现值指标只能说明投资项目的报酬率高于或低于预定的报酬率，而不能确定投资项目本身的收益率，而且净现值本身是一个绝对数，不利于不同投资规模的方案的比较。

2．现值指数（PI）

现值指数是未来现金流入量现值与现金流出量现值的比率，它说明投资未来可以获得的现金流入量现值。

（1）计算原理。现值指数的计算公式为

$$\text{PI} = \sum_{t=0}^{n} I_t / (1+i)^t \div \sum_{t=0}^{n} O_t / (1+i)^t$$

教学视频：净现值法和净现值率法

采用现值指数对【业务实例 3-2】评价。

PI$_A$=21 669÷20 000=1.08

PI$_B$=10 557÷9 000=1.17

PI$_C$=11 440÷12 000=0.95

（2）决策准则。对于独立投资项目，如果投资项目的现值指数大于 1，说明项目的报酬率大于预定的报酬率，投资项目可以被接受；反之，投资项目不可被接受。【业务实例 3-2】中，方案 A 和方案 B 的现值指数大于 1，可以被接受，方案 C 的现值指数小于 1，不可被接受。对于互斥投资项目，选择现值指数大于 1 且最大的方案。【业务实例 3-2】中，应该选择方案 B。

（3）评价。现值指数指标在一定意义上弥补了净现值指标的缺陷，可以进行独立方案的盈利能力比较。现值指数是一个相对数指标，反映的是投资的效率；而净现值指标是绝对数指标，反映的是投资的效益。但是，现值指数依然不能显示投资项目本身的收益率。

3．内含报酬率（IRR）

内含报酬率又叫内部收益率，是指能够使投资项目未来现金流入量的现值等于现金流出量的现值的折现率，或使投资项目的净现值等于零的折现率。

教学视频：内含报酬率（IRR）

（1）计算原理。内含报酬率的计算就是求解一元 n 次方程的过程，即当 IRR 为多少时，净现值为零。内含报酬率的计算公式为

$$NPV = \sum_{t=0}^{n} I_t / (1+IRR)^t - \sum_{t=0}^{n} O_t / (1+IRR)^t = \sum_{t=0}^{n} NCF_t / (1+IRR)^t = 0$$

如果投资项目的现金流量模式是年金型现金流量模式，可以先计算年金现值系数（$P/A, i, n$），然后，依据正负相邻的两个折现率 i 求内含报酬。如果投资项目的现金流量模式是混合型现金流量模式，这时要通过逐次测试法计算内含报酬率。首先估计使净现值正负相邻的两个折现率 i：如果 $NPV > 0$，则 $i < IRR$；反之，如果 $NPV < 0$，则 $i > IRR$。然后依据使净现值正负相邻的折现率 i，用内插法计算内含报酬率。其计算公式为

$$IRR = i_1 + (i_2 - i_1) \times [|NPV_1| \div (|NPV_1| + |NPV_2|)]$$

采用内含报酬率对【业务实例 3-2】评价。

方案 A：前面已经计算当 $i=10\%$ 时，NPV=1 669 元，说明方案本身的报酬率高于 10%，因此应提高贴现率进一步测试，测试过程如表 3-9 所示。

表 3-9　方案 A 内含报酬率测试

年份	现金净流量/元	折现率 i = 16%		折现率 i = 18%	
		折现系数	现值/元	折现系数	现值/元
0	-20 000	1	-20 000	1	-20 000
1	11 800	0.862	10 172	0.847	9 995
2	13 240	0.743	9 837	0.718	9 506
净现值			9		-499

方案 A 内含报酬率：

IRR$_A$=16%+（18%-16%）×[9÷（9+499）]=16.04%

方案 B：测试过程如表 3-10 所示。

表 3-10　B 方案内含报酬率测试

年份	现金净流量/元	折现率 i = 16%		折现率 i = 18%	
		折现系数	现值/元	折现系数	现值/元
0	-9 000	1	-9 000	1	-9 000
1	1 200	0.862	1 034	0.847	1 016
2	6 000	0.743	4 458	0.718	4 308
3	6 000	0.641	3 846	0.609	3 654
净现值			338		-22

方案 B 内含报酬率：

IRR_B=16%+(18%-16%)×[338÷(338+22)]=17.88%

方案 C：各期现金流入量相等，符合年金形式，可利用年金现值系数表来确定。

$NPV_C = 4\,600 × (P/A, i, 3) - 12\,000 = 0$

$(P/A, i, 3) = 12\,000÷4\,600 = 2.609$

查阅年金现值系数表，在 $n = 3$ 这一栏中寻找到最接近$(P/A, i, 3) = 2.609$ 的 i 为

$i = 7\%$, $(P/A, 7\%, 3) = 2.624$

$i = 8\%$, $(P/A, 8\%, 3) = 2.577$

这说明内含报酬率处于 7%和 8%之间，具体为

IRR_C=7%+(8%-7%)×[(2.624-2.609)÷(2.624-2.577)]=7.32%

（2）决策准则。对于独立投资项目，内含报酬率同样是一个无量纲指标，它本身不能判断投资项目的优劣。在应用内含报酬率时，必须寻找一个参照指标，这个指标就是最低期望报酬率。如果投资项目的内含报酬率大于最低期望报酬率，投资项目可以被接受；反之，如果投资项目的内含报酬率小于最低期望报酬率，项目则不可被接受。【业务实例 3-2】中，方案 A 和方案 B 的内含报酬率都大于最低期望报酬率（10%），可以被接受，方案 C 的内含报酬率低于最低期望报酬率，则不可被接受。对于互斥投资项目，应该从可接受方案中，选择内含报酬率最高的方案。【业务实例 3-2】中，应该选择方案 B。

（3）评价。内含报酬率是根据投资项目的现金流量计算出来的，它可以显示投资项目本身的收益率。内含报酬率与现值指数一样虽然都是相对数，但是，内含报酬率指标不必事先选择折现率，它根据内含报酬率就能确定投资项目的优先次序，只是最后需要一个最低期望报酬率来判断投资项目是否可行。

内含报酬率指标存在以下几个缺陷。

① 对中间现金流量再投资报酬率的假设不现实。它假设按投资项目的内含报酬率（IRR）再投资，而不是按市场利率再投资。

② 如果采用手工计算内含报酬率（IRR），其计算过程较麻烦。

③ 内含报酬率（IRR）的计算过程，实际上是一个一元 n 次方程的求解过程。对于非常规投资项目，由于内含报酬率的数学特性，可能出现多个（n 个）内含报酬率（IRR），使人们无法判别投资项目真实的内含报酬率。

✳ 任务实施

1. 甲方案和乙方案的净现值。

甲方案的净现值=46.90×$(P/F, 10\%, 5)$+25.65×$(P/F, 10\%, 4)$+26.40×$(P/F, 10\%, 3)$+27.15×$(P/F, 10\%, 2)$+27.90×$(P/F, 10\%, 1)$-70

=46.90×0.620 9+25.65×0.683 0+26.40×0.751 3+27.15×0.826 4+27.90×0.909 1-70

=114.27-70

=44.27（万元）

由于甲方案的净现值大于 0，所以甲方案可行。

乙方案的净现值=57.85×$(P/F, 10\%, 5)$+29.85×$(P/A, 10\%, 4)$-100

=57.85×0.620 9+29.85×3.169 9-100

=130.54-100

=30.54（万元）

由于乙方案的净现值大于0，所以乙方案也可行。

净现值的经济含义是投资方案收益超过基本收益后的剩余收益。其他条件相同时，净现值越大，方案越好。

2. 甲方案和乙方案的净现值率。

甲方案的净现值率=44.27÷70×100%=63.24%

乙方案的净现值率=30.54÷100×100%=30.54%

只有净现值率大于或等于零的投资项目才具有财务可行性。其他条件相同时，净现值率越大，方案越好。

3. 由于前面已计算出甲方案的未来现金净流量现值为144.27万元，乙方案的未来现金净流量现值为130.54万元，所以两方案的现值指数分别为：

甲方案的 PI=114.27÷70=1.632 4

乙方案的 PI=130.54÷100 =1.305 4

任务三 项目投资决策方法及应用

✺ 任务情境

E 公司计划增加一台设备，价值为 100 万元，使用期限为 5 年，若不计残值，设备每年折旧为 20 万元；若借款购买，年利率为 10%；若采用经营性租赁，每年的租金为 24 万元。E 公司适用的所得税税率为 25%。

✺ 任务描述

根据上述资料，试分析租赁方式的可行性。

✺ 知识要点

一、生产设备最优更新期的决策

生产设备最优更新期的决策就是选择最佳的淘汰旧设备的时间，此时该设备的年平均成本最低。设备的年平均成本，是指该设备引起的现金流出的年平均值。如果不考虑资金时间价值，它是未来使用年限内的现金流出总额与使用年限的比值；如果考虑资金时间价值，它是未来使用年限内现金流出总现值与年金现值系数的比值，即平均每年的现金流出。

与生产设备相关的总成本在其被更新前共包括两大部分。一部分是运行费用。运行费用又包括设备的能源消耗及其维护修理费用等，不仅运行费用的总数会随着使用年限的增加而增加，其每年发生的费用也将随着设备的不断老化而逐年增加。另一部分是消耗在使用年限内的设备本身的价值，它是以设备在更新时能够按其折余价值变现为前提的，即从数量关系上看，它是设备的购入价与更新时的变现价值之差。因此生产设备在更新前的现值总成本为

$$现值总成本 = C - S_n / (1+i)^n + \sum_{t=1}^{n} C_n / (1+i)^t$$

式中：C 为设备原值；S_n 为第 n 年（设备被更新年）时的设备余值；C_n 为第 n 年设备的运行

成本；n 为设备被更新的年份；i 为设定的投资报酬率。

在考虑了资金时间价值的基础上，生产设备的年平均成本就不再是总成本与年限的比值，而将其看作以现值总成本为现值、期数为 n 的年金，即考虑到资金时间价值时每年的现金流出：

$$UAC=现值总成本/年金现值系数=\left[C-S_n/(1+i)^n+\sum_{t=1}^{n}C_n/(1+i)^t\right]\div(P/A, i, n)$$

将若干个不同更新期的年平均成本进行比较，然后从中找出最小的年平均成本及其年限。

【**业务实例 3-3**】假设 B 设备的购买价格是 70 000 元，预计使用寿命为 10 年，无残值，资本成本率为 10%，其各年的折旧额、折余价值及运行费用如表 3-11 所示。

表 3-11　各年的折旧额、折余价值及运行费单位：元

更新年限	1	2	3	4	5	6	7	8	9	10
折旧额	7 000	7 000	7 000	7 000	7 000	7 000	7 000	7 000	7 000	7 000
折余价值	63 000	56 000	49 000	42 000	35 000	28 000	21 000	14 000	7 000	0
运行费用	10 000	10 000	10 000	11 000	11 000	12 000	13 000	14 000	15 000	16 000

要求：确定最优使用年限。

解析：根据上述资料，可计算出不同年份的年平均成本，如表 3-12 所示。

表 3-12　B 设备不同年份的年平均成本

更新年限	1	2	3	4	5	6	7	8	9	10
① 原值/元	70 000	70 000	70 000	70 000	70 000	70 000	70 000	70 000	70 000	70 000
② 余值/元	63 000	56 000	49 000	42 000	35 000	28 000	21 000	14 000	7 000	0
③ 折现系数	0.909 1	0.826 4	0.751 3	0.683 0	0.620 9	0.564 5	0.513 2	0.466 5	0.424 1	0.385 5
④ 余值现值/元	57 273	46 278	36 814	28 686	21 732	15 806	10 777	6 531	2 969	0
⑤ 运行成本/元	10 000	10 000	10 000	11 000	11 000	12 000	13 000	14 000	15 000	16 000
⑥ 运行成本现值/元	9 091	8 264	7 513	7 513	6 830	6 774	6 672	6 531	6 361	6 168
⑦ 更新时运行成本现值/元	9 091	17 355	24 868	32 381	39 211	45 985	53 657	59 188	65 549	71 718
⑧ 现值总成本/元	21 818	41 077	58 054	73 695	87 479	100 179	112 880	122 657	132 580	141 718
⑨ 年金现值系数	0.909 1	1.735 5	2.486 9	3.169 9	3.790 8	4.355 3	4.868 4	5.334 9	5.759 0	6.144 6
⑩ 年平均成本/元	24 000	23 669	23 344	23 248	23 077	23 002	22 981	22 991	23 021	23 064

表中：④ = ② × ③　　　　⑥ = ⑤ × ③

　　　⑦ = ∑⑥　　　　　⑧ = ① + ⑦ − ④

　　　⑩ = ⑧ ÷ ⑨

比较表 3-12 的年平均成本可知，该设备运行到第 7 年时的年平均成本最低，因此应在设备使用 7 年后，立即将其更新。

二、固定资产修理或更新的决策

固定资产修理或更新的决策是在假设维持现有生产能力水平不变的情况下选择继续使用旧设备（包括对其进行大修理），或选择将其淘汰使用性能更优异、运行费用更低的新设备的决策。由于假设新旧设备的生产能力相同，对企业而言，销售收入没有增加，即现金流入量未发生变化，但是生产成本却发生了变化。另外新旧设备的使用寿命往往不同，因此固定资产修理或更新决策实际上就是比较两方案的年平均成本。

新旧设备的总成本都包括两个部分，即设备的资本成本和运行成本。在计算新旧设备的年平均成本时，要特别注意运行成本、设备大修理费和折旧对所得税的影响。

【**业务实例 3-4**】 假设大华公司有一台旧设备，重置成本为 8 000 元，可大修两次（当前继续使用时大修和第二年年末大修），每次大修理费为 8 000 元，年运行成本为 3 000 元，4 年后报废无残值。如果用 40 000 元购买一台新设备，年运行成本为 6 000 元，使用寿命 8 年，不需大修，8 年后残值 2 000 元。新旧设备的产量及产品销售价格相同，另外公司计提折旧的方法为直线法，公司的资本成本率为 10%，企业所得税税率为 25%。

问：大华公司是继续使用旧设备还是将其更新为新设备？

解析：

（1）继续使用旧设备。

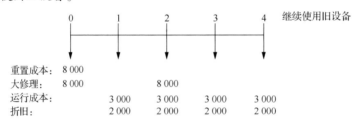

大修理费用的现值 = 8 000×(1-25%)+8 000 × (1-25%) × (P/F，10%，2)
$$= 6\ 000 + 6\ 000×0.826 = 10\ 956（元）$$

运行成本的现值 = 3 000×(1-25%)×(P/A，10%，4)
$$= 2\ 250×3.17 = 7\ 132.5（元）$$

折旧抵税的现值 = 8 000÷4×25%×(P/A，10%，4)
$$= 500×3.17 = 1\ 585（元）$$

现值总成本 = 8 000+10 956+7 132.5-1 585 = 24 503.5（元）

年平均成本 = 24 503.5÷(P/A，10%，4) = 24 503.5÷3.17 = 7 729.8（元）

（2）更新为新设备。

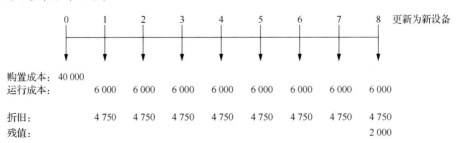

运行成本的现值 = 6 000 × (1 – 25%) × (P/A, 10%, 8)

　　　　　　　　= 4 500 × 5.335 = 24 007.5（元）

折旧抵税的现值 = (40 000 – 2 000)÷8 × 25% × (P/A, 10%, 8)

　　　　　　　　= 4 750 × 25% × 5.335 = 1 187.5 × 5.335 = 6 335.3（元）

收回残值的现值 = 2 000 × (P/F, 10%, 8)

　　　　　　　　= 2 000 × 0.467 = 934（元）

现值总成本 = 40 000 + 24 007.5 – 6 335.3 – 934 = 56 738.2（元）

年平均成本 = 56 738.2÷(P/A, 10%, 8) = 56 738.2÷5.335 = 10 635.09（元）

由上述计算结果可知，更新为新设备的年平均成本高于继续使用旧设备，因此不应当更新。

三、固定资产租赁或购买的决策

在进行固定资产租赁或购买决策时，由于所用设备相同（即设备的生产能力与产品的销售价格相同），设备的运行费用也相同，因此只需比较两种方案的成本差异及成本对企业所得税所产生的影响差异。

固定资产租赁指的是固定资产的经营租赁，与购买设备相比，每年将多支付一定的租赁费用。另外由于租赁费用是在成本中列支的，因此企业还可以减少缴纳所得税，即得到纳税利益；购买固定资产是一种投资行为，企业将支出一笔可观的设备款，但同时每年可计提折旧费进行补偿，折旧费作为一项成本，也能使企业得到纳税利益，并且企业在项目结束或设备使用寿命到期时，还能够得到设备的残值变现收入。

【业务实例 3-5】假设 A 企业在生产中需要一种设备，若企业自己购买，需支付设备买入价款 200 000 元，该设备使用寿命 10 年，预计残值率 5%；企业若采用租赁的方式进行生产，每年将支付 40 000 元的租赁费用，租赁期为 10 年。假设折现率为 10%，所得税税率为 25%。

问：企业是自己购买设备还是租赁设备？

解析：

（1）购买设备。

设备折余价值 = 200 000 × 5% = 10 000（元）

年折旧额 =（200 000 – 10 000）÷10 = 19 000（元）

购买设备支出 = 200 000（元）

折旧抵税的现值 = 19 000 × 25% × (P/A, 10%, 10)

　　　　　　　　= 4 750 × 6.145 = 29 188.75（元）

设备折余价值变现值 = 10 000 × (P/F, 10%, 10)

　　　　　　　　　　= 10 000 × 0.386=3 860（元）

购买设备的现值总支出 = 200 000 –29 188.75 – 3 860 = 166 951.25（元）

（2）租赁设备。

租赁费支出现值=40 000 × (P/A, 10%, 10)

　　　　　　　　= 40 000 × 6.145 = 245 800（元）

因租赁减少的税额现值 = 40 000 × 25% × (P/A, 10%, 10)

　　　　　　　　　　　= 10 000 × 6.145 =61 450（元）

租赁设备的现值总支出 = 245 800 – 61 450= 184 350（元）

上述计算结果表明，购买设备的总支出小于租赁的总支出，因此企业应采取购买的方式。

四、有风险情况下的投资决策

在讨论投资决策时，假定现金流量是确定的，即可以确定现金收支的金额及其发生时间。实际上，投资活动充满了不确定性，如果决策面临的不确定性比较小，一般可忽略它们的影响，把决策视为确定情况下的决策；如果决策面临的不确定性和风险比较大，足以影响方案的选择，那么就应对风险进行计量并在决策时加以考虑。投资风险分析的常用方法有风险调整折现率法和风险调整现金流量法。

1．风险调整折现率法

将与特定投资项目有关的风险报酬加入资本成本或企业要求的最低投资报酬率中构成按风险调整的折现率，据以计算投资决策指标并进行决策分析的方法叫风险调整折现率法。采用该方法的基本原理是：如果现金流量包含风险报酬，则折现率就必须考虑风险报酬率，通过加大折现率把现金流量中包含的风险影响（即风险报酬）予以消除，从而使指标能正确地反映无风险条件下的决策。

可以考虑以下3种方法调整折现率。

（1）用资本资产定价模型（CAPM）调整折现率。由于企业投资往往面临两种风险，即可分散风险和不可分散风险，而不可分散风险又可以由 β 系数值表示。因此，特定投资项目按风险调整的折现率可按下式计算。

$$K_i = R_F + \beta_i \times (K_m - R_F)$$

式中：K_i 为第 i 种股票或第 i 种证券组合的必要收益率；R_F 为无风险收益率；K_m 为所有股票或所有证券的平均收益率；β_i 为第 i 种股票或第 i 种证券组合的 β 系数。

（2）按风险等级调整折现率。该方法的基本思路是对影响投资项目风险的各个因素进行评分，然后根据评分确定风险等级并据以调整折现率。操作时，可以根据不同期间影响因素及其变动情况确定各因素得分，然后计算各期间的总得分；随着总得分的增加，风险等级也随之增加，然后由专业人员根据经验确定相应的折现率。

该方法既可以用于多个方案折现率的确定（此时每一方案的整个期间可以是一个折现率，不同小期间也可以对应不同的折现率），也可以用于单个方案折现率的确定。

（3）用风险报酬率模型调整折现率。计算公式如下。

$$K_i = R_F + b \times V$$

式中：K_i 为第 i 种股票或第 i 种证券组合的必要收益率；R_F 为无风险收益率；V 为标准离差率；b 为风险价值系数。

风险价值系数 b 的大小由投资者根据经验并结合其他因素加以确定，通常有以下几种方法。

① 根据以往同类项目的有关数据确定。根据以往同类投资项目的投资收益率、无风险收益率和收益标准离差率等历史资料可以求得风险价值系数。假设企业进行某项投资，其同类项目的投资收益率为10%，无风险收益率为6%，收益标准离差率为50%。

根据公式：$K_i = R_F + b \times V$

可计算：$b = (K - R_F)/V = (10\% - 6\%)/50\% = 8\%$

② 由企业领导或有关专家确定。如果现在进行的投资项目缺乏同类项目的历史资料，不能采用上述方法计算，则可根据主观经验加以确定。风险价值系数可以由企业领导，如总经理、财务副总经理、财务主任等研究确定，也可由企业组织有关专家确定。这时，风险价

值系数的确定在很大程度上取决于企业对风险的态度。比较敢于冒风险的企业，往往把风险价值系数定得低些；而比较稳健的企业，则往往定得高些。

③ 由国家有关部门组织专家确定。国家财政、银行、证券等管理部门可组织有关方面的专家，根据各行业的条件和有关因素确定各行业的风险价值系数。这种风险价值系数的国家参数由有关部门定期颁布，供投资者参考。

【**业务实例3-6**】 假设大华公司目前有两个投资项目，它们都需要投资2 000元，但是其现金流量却不同。表3-13所示为这两个投资项目的现金流量及其概率分布。

表3-13 投资项目的现金流量及其概率分布

年份	A项目		B项目	
	现金流量/元	概率分布	现金流量/元	概率分布
基年	-2 000	1.00	-2 000	1.00
第三年	1 500	0.20	3 000	0.10
	4 000	0.60	4 000	0.80
	6 500	0.20	5 000	0.10

假设无风险收益率为6%，中等风险程度的项目标准离差率为0.5，通常要求的含有风险报酬的最低期望报酬率为11%。

要求： 采用风险调整折现率法计算A项目和B项目的净现值，并对之进行评价。

解析：

（1）确定风险程度（标准离差率 V）。

首先，计算各个项目的期望值。

$\overline{E}_A = 1\,500 \times 0.20 + 4\,000 \times 0.60 + 6\,500 \times 0.20 = 4\,000$（元）

$\overline{E}_B = 3\,000 \times 0.10 + 4\,000 \times 0.80 + 5\,000 \times 0.10 = 4\,000$（元）

其次，计算各个项目的标准差。

$\delta_A = \sqrt{(1\,500 - 4\,000)^2 \times 0.20 + (4\,000 - 4\,000)^2 \times 0.60 + (6\,500 - 4\,000)^2 \times 0.20} = 1\,581$（元）

$\delta_B = \sqrt{(3\,000 - 4\,000)^2 \times 0.10 + (4\,000 - 4\,000)^2 \times 0.80 + (5\,000 - 4\,000)^2 \times 0.10} = 447$（元）

再次，计算各个项目的标准离差率（ $V = \delta \div \overline{E}$ ）。

$V_A = 1\,581 \div 4\,000 = 0.4$

$V_B = 477 \div 4\,000 = 0.12$

（2）确定风险价值系数（ b ）。

因为： $K_i = R_F + b \times V$

故： $b = (K_i - R_F)/V = (11\% - 6\%)/0.5 = 0.1$

（3）确定风险调整折现率。

$K_A = 6\% + 0.1 \times 0.4 = 10\%$

$K_B = 6\% + 0.1 \times 0.12 = 7.2\%$

（4）计算净现值。

$NPV_A = 4\,000 \div (1 + 10\%)^3 - 2\,000 = 3\,005 - 2\,000 = 1\,005$（元）

$NPV_B = 4\,000 \div (1 + 7.2\%)^3 - 2\,000 = 3\,247 - 2\,000 = 1\,247$（元）

（5）评价：根据净现值的决策准则，B项目优于A项目，应采用B项目。

如果不考虑风险，以最乐观的现金流量作为确定的现金流量，则各项目的净现值计算如下：

$$\text{NPV}_A = 4\,000 \div (1 + 6\%)^3 - 2\,000 = 3\,358 - 2\,000 = 1\,358\,（元）$$

$$\text{NPV}_B = 4\,000 \div (1 + 6\%)^3 - 2\,000 = 3\,358 - 2\,000 = 1\,358\,（元）$$

由此可见，不考虑风险，无法区别 A、B 两个项目的优劣；考虑风险之后，A 项目的风险较大，故在决策中不占优。

从逻辑上说，风险调整折现率法较好，但是它可能把资金时间价值和风险价值混为一谈，并据此对各期现金流量进行贴现。这意味着风险会随着时间的推移而增大，从而对远期的现金流量以较大的调整。有时这与事实不符，例如对果园、饭店等的投资在前几年的现金流量极不稳定，也难以确定，而越往后反而越有把握、越确定。

2. 风险调整现金流量法

风险调整现金流量法又称肯定当量法，该方法的基本思路是先用一个系数将有风险的现金收支调整为无风险的现金收支，然后用无风险的折现率去计算净现值，以便用净现值指标的规则判断投资机会的可取程度。

$$\text{NPV} = \sum_{t=0}^{n} a_t \times \sum_{t=0}^{n} \text{NCF}_t \times (P/F,\ i_c,\ t)$$

式中：a_t 为第 t 年现金流量的肯定当量系数，它在 0～1 之间；i_c 为无风险的折现率；NCF_t 为第 t 年现金流量。

肯定当量系数是指不肯定的 1 元现金流量期望值相当于使投资者满意的、肯定的金额的系数，它可以把各年不肯定的现金流量换算成肯定的现金流量。

$$a_t = 肯定的现金流量 / 不肯定的现金流量期望值$$

【业务实例3-7】 大华公司计划投资 A 项目，该项目计算期为 5 年，各年现金流量及项目规划人员根据计算期内不确定因素测定的肯定当量系数如表 3-14 所示。另外，该公司无风险报酬率为 8%，该项目是否可行？

表 3-14　大华公司 5 年内各年现金流量肯定当量系数

t	0	1	2	3	4	5
NCF_t	−50 000	20 000	20 000	20 000	20 000	20 000
a_t	1.0	0.95	0.90	0.85	0.8	0.75
$(P/F,\ i_c,\ t)$	1.0	0.926	0.857	0.794	0.735	0.681

解析：

根据资料，采用风险调整现金流量法利用净现值进行项目评价。

$$\text{NPV} = \sum_{t=0}^{n} a_t \times \sum_{t=0}^{n} \text{NCF}_t \times (P/F,\ i_c,\ t)$$

$$= 0.95 \times 20\,000 \times 0.926 + 0.9 \times 20\,000 \times 0.857 + 0.85 \times 20\,000 \times 0.794 +$$

$$0.8 \times 20\,000 \times 0.735 + 0.75 \times 20\,000 \times 0.681 - 50\,000$$

$$= 68\,493 - 50\,000 = 18\,493\,（元）$$

从上面的计算结果可以看出，A 项目可以进行投资。

风险调整现金流量法用调整净现值公式分子的办法来考虑风险，风险调整折现率法用调整净现值公式分母的办法来考虑风险，这是两者的重要区别。风险调整现金流量法克服了风险调整折现率法夸大远期风险的缺点，可以根据各年不同的风险程度，分别采用不同的肯定当量系数，但如何确定肯定当量系数是个困难的问题。

✳ 任务实施

租赁成本现值=24×（P/A，10%，5）×（1-25%）=24×3.79×（1-25%）=68.22（万元）

新设备成本现值=100-20×25%×（P/A，10%，5）=100-20×25%×3.79=81.05（万元）

由于租赁成本低于举债购买设备的成本，所以租赁可行。

任务四　股票投资

✳ 任务情境

大华公司准备购买乙公司的股票并长期持有，该股票上年每股股利2元，预计以后每年以4%的增长率增长，大华公司要求的必要投资收益率为10%。

✳ 任务描述

计算该股票价格为多少时，大华公司才能购买。

✳ 知识要点

一、股票投资的特点

股票投资和债券投资都属于证券投资，但股票投资相对于债券投资而言具有以下特点。

1．属于权益性投资

股票投资与债券投资虽然都是证券投资，但投资的性质不同：股票投资属于权益性投资，股票是代表所有权的凭证，持有人作为发行公司的股东有权参与公司的经营决策；而债券投资属于债权性投资，债券是代表债权的凭证，持有人作为发行公司的债权人可以定期获取利息，但无权参与公司经营决策。

2．风险大

投资者购买股票之后，不能要求股份公司偿还本金，只能在证券市场上转让。因此股票投资者至少面临着两个方面的风险。一是股票发行公司经营不善所形成的风险。如果公司经营状况较好，盈利能力强，则股票投资者的收益就多；如果公司的经营状况不佳，发生了亏损，就可能没有收益；如果公司破产，由于股东的求偿权位于债权人之后，因此股东可能部分甚至全部不能收回投资。二是股票市场价格变动所形成的价差损失风险。股票价格的高低，除了取决于公司的经营状况外，还受政治、经济和社会等多种因素的影响，因而股票价格经常处于变动之中，其变动幅度往往高于债券价格的变动幅度。股票价格的变动既能为股东带来价格上升的收益，也会带来价格下跌的损失。

3．收益高

由于投资的高风险性，股票是一种收益不固定的证券，其收益一般高于债券。股票投资收益的高低取决于公司盈利水平的高低和整体经济环境的好坏。当公司经营状况好、盈利水平高而社会经济发展繁荣稳定时，股东既可以从发行公司领取高额股利，又可因股票升值获取转让收益。

4．收益不稳定

股票投资的收益主要是公司发放的股利和股票转让的价差收益，相对债券而言，其稳定性较差。股票股利直接与公司的经营状况相关，公司盈利多，就可能多发放股利；公司盈利少，就可能少发或不发股利。股票转让的价差收益主要取决于股票市场的行情：股票市场行情好，出售股票就可以得到较大的价差收益；股票市场低迷，出售股票就会遭受损失。

5．股票价格的波动性大

股票价格既受发行公司经营状况的影响，又受股市投机等因素的影响，波动性极大。这就决定了不宜冒险的资金最好不要用于股票投资，而应选择风险较小的债券投资。

动画：股票的特征

二、股票价格确定

股票本身没有价值，仅是一种凭证。它之所以具有价格并可以买卖，是因为它能给持有人带来收益。一般来说，公司第一次发行股票时，要规定发行总额和每股金额，一旦股票发行后上市买卖，股票价格就与原来的面值分离。这时的价格主要由预期股利和当时的市场利率决定，即股利的资本化价值决定了股票价格。此外，股票价格还受经济环境变化和投资者心理等复杂因素的影响。

1．股票估价的基本模型

股票的价值是指股票期望提供的所有未来收益的现值。股票带给持有者的现金流入包括两部分：股利收入和出售时的资本利得。

股票估价的基本公式为

$$V = D_1/(1+R_s) + D_2/(1+R_s)^2 + \cdots + D_n/(1+R_s)^n + \cdots = \sum_{t=1}^{\infty} D_t/(1+R_s)^t$$

式中：V 为股价，D_t 为第 t 年的股利；R_s 为折现率，即必要投资收益率；t 为年份。

该公式在实际应用时，面临两个主要问题。

（1）如何预计未来每年的股利。股利的多少，取决于每股盈利和股利支付率两个因素，可按历史资料的统计分析对其进行估计，股票估价的基本模型要求无限期地预计每年的股利，这实际上不可能做到。因此应用模型时会采用各种简化办法，如每年股利相同或固定比率增长等。

（2）如何确定折现率。折现率的主要作用是把所有未来不同时间的现金流入折算为现在的价值。折现率应为投资者要求的报酬率。

2．股票估价的扩展模型

（1）零成长股票的估价模型。该模型假设未来股利不变，则每年支付的股利是一个永续年金，则股票价值为

$$V = D/R_s$$

【业务实例3-8】 大华公司购入一种股票准备长期持有，预计每年股利2元，预期收益率为16%。要求：计算该种股票的价值。

解析： 该种股票的价值为

$V = D/R_s = 2/16\% = 12.5$（元）

这就是说该股票每年带来 2 元的收益，在市场利率为 16% 的条件下，它相当于 12.5 元资

本的收益，所以其价值是 12.5 元。当然，市场上的股价不一定就是 12.5 元，还要看投资人对风险的态度，市场上的股价可能高于或低于 12.5 元。

（2）固定成长股票的估价模型。该模型假设未来股利以固定的增长率逐年增加，则股票价值为

$$V = \sum_{t=1}^{\infty} D_t / (1+R_s) = \sum_{t=1}^{\infty} D_0 / (1+g)^t / (1+R_s)^t$$

当 g 为常数，并且 $R_s > g$ 时，上式可简化为

$$V = D_1 / (R_s - g) = D_0 (1+g) / (R_s - g)$$

式中：D_1 为预期第一年的股利；D_0 为最近一年支付的股利；g 为预期股利增长率。

将上述公式进行变换，可计算预期收益率，即 $R = D_1 / V + g$。

【业务实例 3-9】 大华公司准备投资购买东方股份有限公司的股票，该股票上年每股股利为 2 元，预计以后每年以 4% 的增长率增长。大华公司经分析认为只有得到 10% 的报酬率，才能购买东方股份有限公司的股票。要求：计算该股票的价值。

解析： 该种股票的价值为

$V = D_1 / (R_s - g) = D_0(1+g)(R_s - g) = 2 \times (1+4\%)/(10\% - 4\%) = 34.67$（元）

即东方股份有限公司的股票价格在 34.67 元以下时，大华公司才能购买。

三、股票投资收益评估

投资者进行股票投资的目的是最终取得投资收益，投资收益又因发行公司的未来盈利情况和股价变动情况而变动。股票的收益水平通常用股票投资收益率来衡量。

1．股票投资收益率计算的基本公式

股票投资收益率为该股票投资收益净现值为零时的折现率（即内部收益率）。在各年股利不等的情况下，其基本计算公式为

$$V = \sum_{j=1}^{n} D_j / (1+i)^j + F / (1+i)^n$$

式中：V 为股票的购买价格；F 为股票的出售价格；D_j 为第 j 年股利；n 为投资期限；i 为股票投资收益率。

【业务实例 3-10】 大华公司在 2021 年 4 月 1 日投资 510 万元购买某种股票 100 万股，在 2022 年的 3 月 31 日、2023 年的 3 月 31 日和 2024 年的 3 月 31 日每股各分得现金股利 0.5 元、0.6 元和 0.8 元，并于 2024 年 3 月 31 日以每股 6 元的价格将股票全部出售，试计算该项投资的投资收益率。

解析：

$$V = \sum_{j=1}^{n} D_j / (1+i)^j + F / (1+i)^n$$

首先，采用逐次测试法进行测试，逐次测试的结果如表 3-15 所示。

表 3-15　测试结果

时间	股利及出售股票的现金流量/万元	测试 1（$i = 20\%$）		测试 2（$i = 18\%$）		测试 3（$i = 16\%$）	
		系数	现值/万元	系数	现值/万元	系数	现值/万元
2022 年	50	0.833 3	41.67	0.847 5	42.38	0.862 1	43.11
2023 年	60	0.694 4	41.66	0.718 2	43.09	0.743 2	44.59
2024 年	680	0.578 7	393.52	0.608 6	413.85	0.640 7	435.68
合计	—	—	476.85	—	499.32	—	523.38

在表 3-15 中，先按 20% 的收益率进行测算，得到现值为 476.85 万元，比原来的投资额 510 万元少，说明实际收益率低于 20%；于是把收益率调到 18%，进行第二次测算，得到的现值为 499.32 万元，仍比 510 万元少，这说明实际收益率比 18% 低；于是再把收益率调到 16% 进行第三次测算，得到的现值为 523.38 万元，比 510 万元多，说明实际收益率要比 16% 高，即要求的收益率为 16%～18%。

然后，采用内插法计算投资收益率。

$R = 16\% + (523.38 - 510)/(523.38 - 499.32) \times (18\% - 16\%) = 17.11\%$

2．股票投资收益率计算的扩展公式

对于零成长股票，股票价值为 $V = D/R_s$，则 $R_s = D/V$。

对于固定成长股票，股票价值为 $V = D_1/(R_s - g)$，则 $R_s = D_1/V + g$。

❋ 任务实施

大华公司准备购买乙公司的股票，该股票的内在价值为：

$V = [2 \times (1 + 4\%)]/(10\% - 4\%)$
   $= 34.67$（元）

即只有当该股票的价格在 34.67 元以下时，大华公司才能购买，否则就无法获得 10% 的收益率。

任务五　债券投资

❋ 任务情境

大华公司于 2022 年 8 月 1 日以每张 900 元的价格购入 100 张面值 1 000 元的债券，票面利率 9%，每年末付息一次，并于 2023 年 1 月 1 日以每张 990 元的价格全部出售。

❋ 任务描述

计算该债券的持有期收益率是多少。

❋ 知识要点

一、债券投资特点

相对于股票投资而言，债券投资一般具有以下特点。

1．属于债权性投资

债券投资属于债权性投资，债券持有人是发行公司的债权人，定期获取利息并到期收回本金，但无权参与公司经营管理。

2．风险小

由于债券具有规定的还本付息日并且其求偿权位于股东之前，因此债券投资到期能够收

回本金（或部分本金），其风险较股票投资小。特别是政府发行的债券，由于有国家财力作为后盾，其本金的安全性非常高，通常被视为无风险证券。

3．收益稳定

债券投资的收益是由按票面金额和票面利率计算的利息收入及债券转让的价差所决定的，与发行公司的经营状况无关，因而收益比较稳定。

4．债券价格的波动性较小

债券的市场价格尽管有一定的波动性，但由于前述原因，债券的价格不会偏离其价值太多，因此，债券价格的波动性相对较小。

5．市场流动性好

许多债券具有较好的流动性，政府及大企业发行的债券一般都可在金融市场上迅速出售，流动性很好。

二、债券价格确定

投资者进行债券投资是为了在未来获取增值收入，即未来期间的利息收入及转让价差。因此，债券的价值应该是按投资者要求的必要收益率对未来的上述增值收入及到期收回（或中间转让）的本金的折现值。由于债券利息的计算方法不同，债券价值的计算也就不同，目前主要有以下几种基本计算方法。

1．债券价格确定的基本公式

典型的债券是固定利率、每年计算并支付利息，到期归还本金的债券。按照这种模式，债券价格计算的基本公式为

$$P = I \times (P/A, K, n) + F \times (P/F, K, n) = F \times i \times (P/A, K, n) + F \times (P/F, K, n)$$

式中：P 为债券价格；i 为债券票面利息率；F 为债券面值；I 为每年利息；K 为市场利率或投资人要求的必要收益率；n 为付息总期数。

【业务实例 3-11】 大华公司发行债券面值为 1 000 元，票面利率为 10%，期限为 5 年。A 企业要对这种债券进行投资，当前的市场利率为 12%，问债券价格是多少时才能进行投资。

解析： 根据债券价格计算公式得

$$P = I \times (P/A, K, n) + F \times (P/F, K, n)$$
$$= 1\,000 \times 10\% \times (P/A, 12\%, 5) + 1\,000 \times (P/F, 12\%, 5)$$
$$= 927.88（元）$$

即这种债券的价格必须低于 927.88 元时，A 企业才能进行投资。

2．一次还本付息且不计复利时债券价格确定的公式

我国目前发行的债券大多属于一次还本付息且不计复利的债券，其价格计算公式为

$$P = (F + I)/(1 + K)^n = (F + F \times i \times n)/(1 + K)^n = (F + F \times i \times n) \times (P/F, K, n)$$

公式中符号含义同前式。

【业务实例 3-12】 大华公司拟购买一种利随本清的企业债券，该债券面值为 1 000 元，期限 5 年，票面利率为 10%，不计复利，当前市场利率为 8%，该债券发行价格为多少时，大华公司才能购买？

解析： 根据债券价格计算公式得

$$P = (1\,000 + 1\,000 \times 10\% \times 5)/(1 + 8\%)^5 = (1\,000 + 1\,000 \times 10\% \times 5) \times (P/F, 8\%, 5) = 1\,021（元）$$

即债券价格低于 1 021 元时，大华公司才能购买。

3. 折现发行时债券价格确定的公式

有些债券以折现方式发行，没有票面利率，到期按面值偿还。这些债券价格的计算公式为

$$P = F/(1 + K)^n = F \times (P/F, K, n)$$

公式中的符号含义同前式。

【业务实例 3-13】 大华公司发行债券面值为 1 000 元，期限为 5 年，以折现方式发行，期内不计利息，到期按面值偿还，当时市场利率为 8%。其价格为多少时 A 公司才能购买？

解析：根据债券价格计算公式得

$$P = 1\,000/(1 + 8\%)^5 = 1\,000 \times (P/F, 8\%, 5) = 681（元）$$

该债券的价格只有低于 681 元时，A 公司才能购买。

三、债券投资收益

债券投资收益包括两个部分：一部分为转让价差（债券到期按债券面额收回的金额或到期前出售债券的价款与购买债券时投资金额之差，转让价差为正时为收益，为负时则为损失）的收益；另一部分为利息收入。债券的收益水平通常用到期收益率来衡量。到期收益率是指以特定价格购买债券并持有到期所获得的收益率。它是使未来现金流量等于债券购入价格的折现率。

计算到期收益率的方法是求解含有折现率的方程，即

$$购进价格 = 每年利息 \times 年金现值系数 + 面值 \times 复利现值系数$$

$$V = I \times (P/A, i, n) + M \times (P/F, i, n)$$

式中：V 为债券的价格；I 为每年的利息；M 为面值；n 为到期的年数；i 为折现率。

【业务实例 3-14】 大华公司于 2019 年 2 月 1 日以 1 105 元购买了一张面值为 1 000 元的债券，其票面利率为 8%，每年 2 月 1 日计算并支付一次利息。该债券于 2024 年 1 月 31 日到期，按面值收回本金，试计算该债券的收益率。

解析：由于无法直接计算收益率，因此必须用逐次测试法或内插法来进行计算。

因为

$$V = I \times (P/A, i, n) + M \times (P/F, i, n)$$

则

$$1\,105 = 80 \times (P/A, i, 5) + 1\,000 \times (P/F, i, 5)$$

用 $i = 6\%$ 试算：

$$80 \times (P/A, 6\%, 5) + 1\,000 \times (P/F, 6\%, 5)$$

$$= 80 \times 4.212 + 1\,000 \times 0.747 = 336.96 + 747 = 1\,083.96（元）$$

由于结果小于 1 105，还应进一步降低折现率。

用 $i = 4\%$ 试算：

$$80 \times (P/A, 4\%, 5) + 1\,000 \times (P/F, 4\%, 5)$$

$$= 80 \times 4.452 + 1\,000 \times 0.822 = 356.16 + 822 = 1\,178.16（元）$$

由于结果大于 1 105，可以判断收益率高于 4%。

用内插法计算近似值：

$R = 4\% + (1\,178.16 - 1\,105) / (1\,178.16 - 1\,083.96) \times (6\% - 4\%) = 5.55\%$

逐次测试法比较麻烦，可用下面的简便算法求得近似结果：

$R = [I + (M - P) \div N] / [(M + P) \div 2] \times 100\%$

式中：分母是平均资金占用，分子是每年平均收益；I 为每年的利息；M 为到期归还的本金；P 为买价；N 为年数。

【业务实例3-15】 题目同【业务实例3-14】，要求用简便算法计算到期收益率。

解析：

$$R = [I + (M - P) \div N]/[(M + P) \div 2] \times 100\%$$
$$= [80 + (1\,000 - 1\,105) \div 5] /[(1\,000 + 1\,105) \div 2] \times 100\%$$
$$= 5.6\%$$

四、债券投资风险

进行债券投资与进行其他投资一样，在获得未来投资收益的同时，也要承担一定的风险。风险与报酬是对应的：高风险意味着高报酬，低风险则意味着低报酬。因此，风险与报酬的分析是债券投资（乃至所有投资）决策必须考虑的重要因素。债券投资要承担的风险主要有违约风险、利率风险、流动性风险、通货膨胀风险和汇率风险等。

1．违约风险

违约风险是指债券的发行人不能履行合约规定的义务、无法按期支付利息和偿还本金而产生的风险。不同种类的债券违约风险是不同的。一般来说，政府债券以国家财政为担保，一般不会违约，可以看作无违约风险的债券；金融机构的规模较大并且信誉较好，其发行的债券风险较政府债券要高但又低于企业债券的风险；工商企业的规模及信誉一般较金融机构小且差，因而其发行的债券风险较大。违约风险的大小通常通过对债券信用的评级表现出来，高信用等级的债券违约风险要比低信用等级的债券违约风险小。

2．利率风险

利率风险是指由于市场利率上升而引起的债券价格下跌，从而使投资者遭受损失的风险。债券的价格随着市场利率的变动而变动。一般来说，债券价格与市场利率成反比变化，市场利率上升会引起债券价格下跌；市场利率下降会引起债券价格上升。当金融市场上资金供大于求时，市场利率就会下降，当其下跌到低于债券利率时，就会导致债券价格上升；相反，当市场利率上升到高于债券利率时，投资者将转向更有利可图的投资机会，从而导致债券价格下跌。此外，债券利率风险与债券持有期限的长短密切相关，持有期限越长，利率风险也越大。因此，即使债券的利息收入是固定不变的，但因市场利率的变化，其投资收益也是不确定的。

3．流动性风险

流动性风险是指债券持有人打算出售债券获取现金时，其所持债券不能按目前合理的市场价格在短期内出售而形成的风险，又称变现力风险。如果一种债券能在较短的时间内按市价大量出售，说明这种债券的流动性较强，投资这种债券所承担的流动性风险较小；反之，如果一种债券很难按市价卖出，说明其流动性较差，投资者会因此而遭受损失。一般来说，政府债券以及一些著名的大公司债券的流动性较高，而不为人们所了解的小公司债券的流动性就较差。

4．通货膨胀风险

通货膨胀风险是指由于通货膨胀而使债券到期或出售时所获得现金的购买力减弱的风险，又称购买力风险。在通货膨胀比较严重的时期，通货膨胀风险对债券投资者的影响比较大，因为投资于债券只能得到一笔固定的利息收益，而由于货币贬值，这笔现金收入的购买力会减弱。一般而言，在通货膨胀情况下，固定收益证券要比变动收益证券承受更大的通货膨胀风险，因此普通股票被认为比公司债券和其他有固定收益的证券能更好地避免通货膨胀风险。

5．汇率风险

汇率风险是指由于外汇汇率的变动而给外币债券的投资者带来的风险。当投资者购买了某种外币债券时，本国货币与该外币的汇率变动会使投资者不能确定未来的本币收入。如果在债券到期时该外币贬值，就会使投资者遭受损失。

✳ 任务实施

该债券在持有期间：

持有期收益率=[(990−900)+1 000×9%]÷900×100%= 20%

2022 年 8 月 1 日购入债券，2023 年 1 月 1 日全部出售，持有时间为 5 个月：

持有期年均收益率=12÷5×20%= 48%

该债券的持有期收益率是 48%。

任务六　基金投资

✳ 任务情境

杨女士 2023 年 29 岁，月收入 3 000 元，享有社保和医保待遇。其丈夫是公务员，月收入 4 000 元，也同时享有社保和医保待遇，家有存款 10 万元，有自己的住房，无房贷。家庭月支出 3 000 元，2023 年 7 月，杨女士的小宝宝就要出生了。杨女士说，希望将一半的存款留给孩子，并每月拿出 1 500 元为孩子做投资，为孩子今后上学、工作做积累，她希望给孩子送一份特殊的礼物。

✳ 任务描述

请结合相关知识针对杨女士家庭的情况为其制定几种不同的理财方案。

✳ 知识要点

一、基金投资的概念和基金的种类

基金投资是一种利益共享、风险共担的集合投资方式，即通过发行基金股份或受益凭证等有价证券聚集众多的不确定投资者的出资，交由专业

动画：基金投资

投资机构经营运作，以规避投资风险并谋取投资收益的证券投资工具。

基金按组织形态不同，可分为契约型基金和公司型基金；按变现方式不同，可分为封闭式基金和开放式基金；按投资标的不同，可分为股票基金、债券基金、货币基金、期货基金、期权基金、认股权证基金和专门基金等。

二、基金的价值与报价

基金的估价涉及 3 个概念，即基金的价值、基金单位净值和基金报价。

基金的价值取决于基金净资产的现在价值。由于基金投资不断变换投资组合，未来收益较难预测，再加上资本利得是基金投资的主要收益来源，多变的证券价格使得对资本利得的准确预计非常困难，因此基金的价值主要由基金净资产的现有市场价值决定。

基金单位净值也称为单位净资产值或单位资产净值，是在某一时点每一基金单位（或基金股份）所具有的市场价值，是评价基金价值的最直观指标。基金单位净值的计算公式为

$$基金单位净值 = 基金净资产价值总额/基金单位总份额$$

式中：基金净资产价值总额等于基金资产总值减基金负债总额；基金负债包括以基金名义对外融资借款、应付给投资者的分红、应付给基金管理人的经理费等。

基金报价理论上是由基金的价值决定的。基金单位净值高，基金的交易价格也高。具体而言，封闭型基金在二级市场上竞价交易，其交易价格由供求关系和基金业绩决定，围绕基金单位净值上下波动；开放基金的柜台交易价格则完全以基金单位净值为基础，通常采用两种报价形式，即认购价（卖出价）和赎回价（买入价）。

$$基金认购价 = 基金单位净值 + 首次认购费$$
$$基金赎回价 = 基金单位净值 - 基金赎回费$$

三、基金收益率

基金收益率是反映基金增值情况的指标。它通过基金净资产的价值变化来衡量。基金净资产的价值是以市价计量的，基金净资产的市场价值增加，意味着基金的投资收益增加，基金投资者的权益也随之增加。

$$基金收益率 = \frac{年末持有份数 \times 基金单位净值年末数 - 年初持有份数 \times 基金单位净值年初数}{年初持有份数 \times 基金单位净值年初数}$$

上式中，持有份数是指基金单位的持有份数。如果年末和年初基金单位的持有份数相同，基金收益率就简化为基金单位净值在本年内的变化幅度。

年初的基金单位净值相当于购买基金的本金，基金收益率也就相当于一种简便的投资报酬率。

四、基金投资的优缺点

基金投资的优点是能够在不承担太大风险的情况下获得较高收益，原因在于基金投资具有专家理财优势，具有资金规模优势。

基金投资的缺点表现为两个方面：一是无法获得很高的投资收益，基金投资在投资组合过程中，在降低风险的同时，也丧失了获得巨大收益的机会；二是在大盘整体大幅度下跌的情况下，投资人可能会承担较大的风险。

�֍ 任务实施

为杨女士的家庭制定的 3 种类型的理财方案如下。

① 积极进取型投资方式（以股票型基金为主）。

② 稳健型投资方式（股票型＋债券型基金）。

③ 保守型投资方式（以债券型基金为主）。

任务七　证券投资组合决策

✖ 任务情境

大华公司购买 A、B、C 三种股票进行投资组合，它们的 β 系数分别为 1.8、1.2 和 0.6，三种股票在投资组合中的比重分别为 50%、30% 和 20%，股票的市场收益为 14%，无风险收益率为 8%。

✖ 任务描述

1. 计算该投资组合的投资收益率。

2. 若三种股票在投资组合中的比重变为 60%、30% 和 10%，计算该组合的投资收益率。

✖ 知识要点

证券投资组合又叫证券组合，是指在进行证券投资时，不是将所有的资金都投向单一的某种证券，而是有选择地投向一组证券，这种同时投资多种证券的做法便叫证券的投资组合。人们进行证券投资的直接动机就是获得投资收益，所以投资决策的目标就是使投资收益最大化。由于投资收益受许多不确定性因素影响，投资者在做投资决策时只能根据经验和所掌握的资料对未来的收益进行估计。不确定性因素的存在有可能使将来得到的投资收益偏离原来的预期，甚至可能发生亏损，这就是证券投资的风险。因此，人们在进行证券投资时，总是希望尽可能地减少风险，增加收益。通过有效地进行证券投资组合，达到降低风险的目的。

一、证券投资组合的风险与收益率

1. 证券投资组合的风险

证券投资组合旨在探索如何通过有效的方法消除投资风险。证券投资组合的风险可以分为两种性质完全不同的风险，即非系统性风险和系统性风险。

（1）非系统性风险。非系统性风险又叫可分散风险或公司特别风险，是指某些因素对单个证券造成经济损失的可能性，如公司在市场竞争中的失败等。这种风险可通过证券持有的多样化来降低，即多买几家公司的股票，其中某些公司的股票收益上升，另一些股票的收益下降，从而将风险降低，因而，这种风险称为可分散风险。

当然，并不是任何股票的组合都能降低可分散风险。一般来讲，只有呈负相关关系的股票（一种股票的报酬上升时，另一种股票的报酬下降，则这两种股票呈负相关关系）进行组合才能降低可分散风险；而呈正相关关系的股票（一种股票的报酬与另一种股票的报酬同升同降，则这两种股票呈正相关关系）进行组合不能降低可分散风险。因此，股票投资的风险应通过多种股票的合理组合予以降低。

（2）系统性风险。系统性风险又称不可分散风险或市场风险，指的是由于某些因素给市场上所有的证券都带来经济损失的可能性，如宏观经济状况的变化、国家税法的变化、国家财政政策和货币政策的变化、世界能源状况的改变等都会使股票收益发生变动。这些风险影响到所有的证券，因此，不能通过证券组合分散掉。对投资者来说，这种风险是无法消除的，故称不可分散风险。不可分散风险的程度通常用 β 系数来计量。

投资者进行证券的组合投资，正是为了分散掉可分散风险。实践证明，只要科学地选择足够多的证券进行组合投资，就能分散掉大部分可分散风险。简而言之，就是不要把全部资金都投资于一种证券，而应根据各种证券的具体情况和投资者本人对收益与风险的偏好选择若干种理想的证券作为投资对象，形成一个投资组合。

2．证券投资组合的收益率

投资者进行证券投资组合与进行单项投资一样，都要求对承担的风险进行补偿，证券的风险越大，要求的收益率就越高。但是，与单项投资不同，证券投资组合要求补偿的风险只是不可分散风险，而不要求对可分散风险进行补偿。如果有可分散风险的补偿存在，善于科学地进行投资组合的投资者将购买这部分证券，并抬高其价格，其最后的收益率只反映不可分散风险。因此，证券组合的风险收益是投资者因承担不可分散风险而要求的，超过资金时间价值的那部分额外收益。可用下列公式计算。

$$R_p = \beta_p \times (K_m - R_F)$$

式中：R_p 为证券组合的风险收益率；R_F 为无风险收益率，一般用政府公债的利息率来衡量；K_m 为所有股票或所有证券的平均收益率，简称市场收益率；β_p 为证券组合的 β 系数。

【业务实例 3-16】 大华公司持有由甲、乙、丙 3 种股票构成的证券组合，它们的 β 系数分别是 2.0、1.0 和 0.5，它们在证券组合中所占的比重分别为 60%、30% 和 10%，股票的市场收益率为 14%，无风险收益率为 10%，试确定这种证券组合的风险收益率。

解析： 确定证券组合的 β 系数 $\beta_p = \sum X_i \beta_i = 60\% \times 2.0 + 30\% \times 1.0 + 10\% \times 0.5 = 1.55$

计算该证券组合的风险收益率：

$R_p = \beta_p \times (K_m - R_F) = 1.55 \times (14\% - 10\%) = 6.2\%$

当然，计算出风险收益率后，便可根据投资额和风险收益率计算出风险收益的数额。从以上计算中可以看出，在其他因素不变的情况下，风险收益取决于证券组合的 β 系数，β 系数越大，风险收益就越大；反之亦然。

3．风险和收益率的关系

在金融学和财务管理学中，有许多模型论述风险和收益率的关系，其中一个重要的模型为资本资产定价模型（CAPM），这一模型的表达式为

$$K_i = R_F + \beta_i \times (K_m - R_F)$$

式中：K_i 为第 i 种股票或第 i 种证券组合的必要收益率；R_F 为无风险收益率；K_m 为所有股票或所有证券的平均收益率；β_i 为第 i 种股票或第 i 种证券组合的 β 系数。

【业务实例 3-17】 大华公司股票的 β 系数为 2.0，无风险收益率为 6%，市场上所有股票的平均收益率为 10%。要求：计算该公司股票的收益率。

解析： $K_i = R_F + \beta_i \times (K_m - R_F) = 6\% + 2.0 \times (10\% - 6\%) = 14\%$

也就是说，大华公司股票的收益率达到或超过14%时，投资方才愿意进行投资。如果大华公司的股票收益率低于14%，则投资者不会购买大华公司的股票。

【业务实例 3-18】 题目同【业务实例 3-16】。要求：计算这种证券组合的收益率。

解析： $K_i = R_F + \beta_i \times (K_m - R_F) = 10\% + 1.55 \times (14\% - 10\%) = 16.2\%$

二、证券投资组合策略

证券投资组合策略是投资者根据市场上各种证券的具体情况以及投资者对风险的偏好与承受能力，选择相应证券进行组合时所采用的方针。常见的证券投资组合策略有以下几种。

1. 保守型的投资组合策略

保守型的投资组合策略要求尽量模拟证券市场现状（无论是证券种类还是各证券的比重），将尽可能多的证券包括进来，以便分散掉全部可分散风险，从而得到与市场平均报酬率相同的投资报酬率。这种投资组合是一种比较典型的保守型投资组合策略，其所承担的风险与市场风险相近。保守型投资组合策略基本上能分散掉可分散风险，但所得到的收益也不会高于证券市场的平均收益。

2. 冒险的投资组合策略

冒险的投资组合策略要求尽可能多地选择一些成长性较好的股票，而少选择低风险、低报酬的股票，这样就可以使投资组合的收益高于证券市场的平均收益。这种组合的收益高，风险也高于证券市场的平均风险。采用这种投资组合，如果做得好，可以取得远远超过市场平均报酬的投资收益，但如果失败，会发生较大的损失。

3. 适中的投资组合策略

适中的投资组合策略认为，股票的价格主要由企业的经营业绩决定，只要企业的经济效益好，股票的价格终究会体现其优良的业绩。因此，在进行股票投资时，要全面深入地进行证券投资分析，选择一些品质优良的股票组成投资组合，如果做得好，就可以获得较高的投资收益，而又不会承担太大的投资风险。

三、证券投资组合的具体方法

证券投资是一个充满风险的投资领域，由于风险的复杂性和多样性，投资者进行投资时必须防范风险，没有风险的证券投资是不存在的。而防范风险的有效方法就是进行证券投资组合，以分散全部可分散风险。常用的证券投资组合方法主要有以下几种。

1. 投资组合三分法

比较流行的投资组合三分法是：三分之一的资金存入银行，以备不时之需；三分之一的资金投资于债券、股票等有价证券；三分之一的资金投资于房地产等不动产。同样，投资于有价证券的资金也要分成三份：三分之一的资金投资于风险较大、有发展前景的成长性股票；三分之一的资金投资于安全性较高的债券或优先股等有价证券；三分之一的资金投资于中等风险的有价证券。

2. 按风险等级和报酬高低进行投资组合

证券的风险大小可以分为不同的等级，收益也有高低之分。投资者可以测定出自己期望的投资收益率和所能承受的风险程度，然后在市场中选择相应风险和收益的证券作为投资组合。一般来说，在选择证券进行投资组合时，同等风险的证券应尽可能选择报酬高的；同等报酬的证券应尽可能选择风险低的，并且要选择一些风险呈负相关的证券进行投资组合。

3．选择不同的行业、区域和市场的证券作为投资组合

选择不同的行业、区域和市场的证券作为投资组合的做法有以下几种。

（1）尽可能选择足够数量的证券进行投资组合，这样可以分散掉大部分可分散风险。

（2）选择证券的行业应分散，不可集中投资于同一个行业的证券。

（3）选择证券的区域应尽可能分散，这是为了避免因地区市场衰退而使投资者遭受重大损失。

（4）将资金分散投资于不同的证券市场，这样可以防范同一证券市场的可分散风险。

4．选择不同期限的证券进行投资组合

选择不同期限的证券进行投资组合要求投资者根据未来的现金流量安排各种不同投资期限的证券，进行长、中、短期相结合的投资组合。同时，投资者可以根据可用资金的期限来安排投资：长期不用的资金可以进行长期投资，以获取较大的投资收益；近期可能要使用的资金，最好投资于风险较小、易于变现的有价证券。

✳ 任务实施

1．计算该投资组合的投资收益率。

投资组合的 β 系数=1.8×50%+1.2×30%+0.6×20%=1.38

投资组合的投资收益率=8%+1.38×(14%-8%)=16.28%

2．若三种股票在投资组合中的比重变为 60%、30%和 10%，计算该投资组合的投资收益率。

投资组合的 β 系数=1.8×60%+1.2×30%+0.6×10%=1.5

投资组合的投资收益率=8%+1.5×(14%-8%)=17%

项目小结

1．项目投资是一种以特定项目为对象，直接与新建项目或更新改造项目有关的长期投资行为。项目投资的特点是投资金额大、影响时间长、变现能力弱以及投资风险大。因此，项目投资决策必须严格遵守相应的投资程序。

2．项目计算期是指投资项目从投资建设开始到最终清理结束整个过程的全部时间，包括建设期和生产经营期。其中建设期的第一年年初称为建设起点，建设期的最后一年年末称为投产日，项目计算期的最后一年年末称为终结点，从投产日到终结点之间的时间间隔称为生产经营期。

3．现金流量是以收付实现制为基础计算的现金流入量和现金流出量。现金流入量包括营业收入、回收的固定资产残值和回收的流动资金。现金流出量包括建设投资、垫付的流动资金、付现的营业成本和支付的各项税款。在建设期内通常发生投资支出，现金净流量一般为负值；在生产经营期内，现金净流量一般为正值。

4．项目投资决策评价指标按是否考虑资金时间价值，可以分为折现指标和非折现指标两大

类。折现指标包括净现值、现值指数和内含报酬率。非折现指标包括投资利润率和投资回收期。

净现值是指特定投资项目未来现金流入量现值与未来现金流出量现值之间的差额。决策标准是：若净现值为正数，说明该投资项目是可行的，评价多个方案时净现值最大的方案为最佳方案；若净现值为负数，则投资项目不可行。

现值指数是未来现金流入量现值与现金流出量现值的比率。决策标准是：若现值指数大于 1，该方案可行；否则，方案不可行。若两个或两个以上投资方案的现值指数均大于 1，则应选择现值指数最大的方案。

内含报酬率是指投资项目经营期各年现金净流量的现值和与原始投资额现值相等时的折现率，即能够使项目的净现值为零的折现率。决策标准是：若投资方案的内含报酬率大于最低期望报酬率，则该方案为可行方案；若两个或两个以上投资方案的内含报酬率均大于最低期望报酬率，则大者为优。

投资利润率是指年平均利润额占原始或平均投资额的百分比。决策标准是：项目的投资利润率越高越好，低于最低期望报酬率的方案为不可行方案。

投资回收期是指回收全部初始投资所需要的时间，回收期越短，方案越有利。决策标准是：投资方案回收期小于期望回收期，则投资方案可行；如果有两个或两个以上的方案均可行，应选择回收期最短的方案。

5. 净现值、现值指数和内含报酬率之间的关系为：

若净现值 > 0，则现值指数 > 1，内含报酬率 > 最低期望报酬率；

若净现值 = 0，则现值指数 = 1，内含报酬率 = 最低期望报酬率；

若净现值 < 0，则现值指数 < 1，内含报酬率 < 最低期望报酬率。

6. 项目投资决策以投资项目的财务可行性评价为主。

7. 证券投资是指企业购买国家或外单位公开发行的有价证券的投资行为。科学地进行证券投资管理，能增加企业收益，降低风险，有利于财务管理目标的实现。

8. 证券按发行主体的不同，可分为政府证券、金融证券和公司证券三种；按证券到期日的长短，可分为短期证券和长期证券两种；按证券的收益状况，可分为固定收益证券和变动收益证券两种；按证券体现的权益关系，可分为所有权证券和债权证券两种。

9. 证券投资根据投资对象不同，可分为债券投资、股票投资、组合投资和基金投资 4 类。

10. 证券投资风险主要来源于违约风险、利率风险、流动性风险、通货膨胀风险和汇率风险 5 个方面。

11. 证券投资组合的风险可分为非系统性风险和系统性风险。

12. 系数 β 是反映个别股票相对于平均风险股票的变动程度的指标。它可以衡量出个别股票的市场风险，而不是公司的特有风险。假如某种股票的 β 系数等于 1，则它的风险与整个市场的平均风险相同；假如某种股票的 β 系数大于 1，则它的风险程度大于股票市场的平均风险；假如某种股票的 β 系数小于 1，则它的风险程度小于市场平均风险。

13. 资本资产定价模型的表达式：$K_i = R_F + \beta_i \times (K_m - R_F)$。

能力提升训练

赛学融合

项目四

营运资金管理

学习目标

【知识目标】

- 了解企业现金管理的目标、持有现金的动机和成本，掌握最佳现金持有量的确定方法和现金日常管理方法
- 了解企业应收账款的功能、应收账款管理的目标和应收账款管理的成本，掌握信用政策的制定方法和应收账款的日常管理
- 了解企业存货的功能、存货管理的目标和存货管理的成本，掌握经济订货批量的确定方法和存货日常管理方法

【能力目标】

- 能够确定企业现金的最佳持有量
- 能够制定合理有效的企业信用政策
- 能够确定企业的经济订货批量

【素养目标】

- 弘扬社会主义核心价值观
- 培养团结协作、诚实守信的职业道德
- 培养遵纪守法的社会公德
- 权衡利弊，分清事物的有利和不利面
- 弘扬时代精神

知识框架图

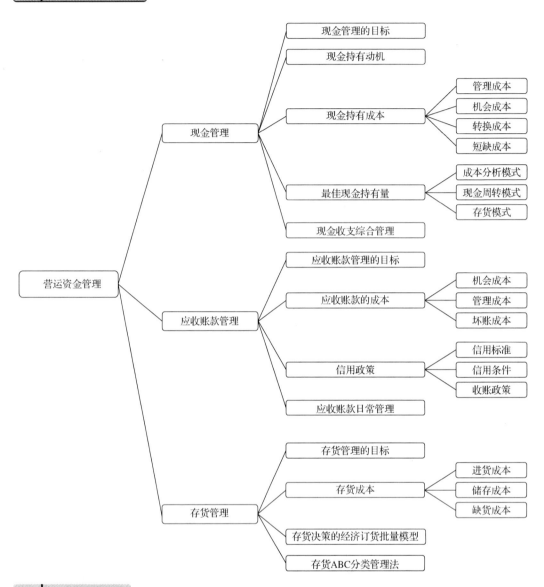

职场箴言

兼听则明，偏信则暗。——《新唐书·魏征传》

察己则可以知人，察今则可以知古。——《吕氏春秋·察今》

案例引入

亚萨合莱盼盼的零存货管理

你知道什么是营运资金吗？它是指企业维持日常经营所需的资金，是企业日常生产经营活动的润滑剂。企业的营运资金应控制在合理的水平，因为企业的营运资金过多，则收益率会降低；营运资金不足，则风险又会加大。那么企业的营运资金多少才算合理呢？这要视企业的具体情况而定。

亚萨合莱盼盼（前身是盼盼集团，2009年被亚萨合莱集团并购）是中国防盗安全门行业的龙头企业，产品十分畅销。该企业存货管理采用适时生产系统，具体包括以下内容：

（1）零库存管理；

（2）零应收账款；

（3）零不良资产。

值得注意的是，零存货并不是不要储备和没有储备，而是指物料（包括原材料、半成品和产成品等）在采购、生产、销售、配送等一个或几个经营环节中，不以仓库存储的形式存在，均处于周转的状态。它并不是指以仓库储存形式存在的某种或某些物品的储存数量真正为零，而是通过实施特定的库存控制策略，实现库存量的最小化。

那么营运资金包括哪些内容？应该如何管理？这正是本项目所要学习的内容和方法。

营运资金是流动资产的一个有机组成部分，因其较强的流动性而成为企业日常生产经营活动的润滑剂和基础。在客观存在现金流入量与流出量不同步和不确定的现实情况下，企业持有一定量的营运资金十分重要。

企业的营运资金应控制在合理的水平上，既要防止营运资金不足，也要避免营运资金过多。企业营运资金越多，风险越小，但收益率也越低；相反，营运资金越少，风险越大，收益率也越高。企业需要在风险和收益率之间进行权衡，从而将营运资金的数量控制在一定范围之内。

企业的营运资金管理主要包括现金管理、应收账款管理和存货管理等。

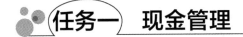

任务一 现金管理

❋ 任务情境

东方纸业股份有限公司（以下简称"东方公司"）常年的现金收支情况比较平稳，当公司现金出现短缺时，公司就用短期有价证券变现取得现金，其中现金与有价证券每次的转换成本为300元，有价证券年均收益率为6%。现预计东方公司2023年全年（按360天计算）的现金需要量为360 000元。

❋ 任务描述

1. 运用存货模式计算东方公司最佳现金持有量。

2. 计算东方公司最佳现金持有量下的最佳现金管理总成本、全年现金转换成本和全年现金持有机会成本。

3. 计算东方公司最佳现金持有量下的全年有价证券交易次数和有价证券交易间隔期。

❋ 知识要点

一、现金管理的目标

现金是指在生产过程中暂时停留在货币形态的资金，包括库存现金、银行存款、银行本

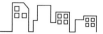

票和银行汇票等。

现金是变现能力最强的资产，可以用来满足生产经营开支的各种需要，也是还本付息和履行纳税义务的保证。因此，拥有足够的现金对降低企业的风险、增强企业资产的流动性和债务的可清偿性具有重要意义。但是，现金属于非营利性资产，即使是银行存款，其利率也非常低。现金持有量过多，它所提供的流动性边际效益便会随之下降，进而导致企业的收益水平降低。因此，企业必须合理确定现金持有量，使现金收支不但在数量上，而且在时间上相互衔接，以便在保证企业经营活动所需现金的同时，尽量减少企业闲置的现金数量，提高资金收益率。

二、现金持有动机

企业持有一定数量的现金，主要基于以下 3 种动机。

1．交易动机

交易动机即企业在正常生产经营秩序下应当保持一定的现金支付能力。企业为了组织日常生产经营活动，必须保持一定数额的现金余额，用于购买原材料、支付工资、缴纳税款、偿付到期债务和派发现金股利等。一般来说，企业为满足交易动机所持有的现金余额主要取决于企业的销售水平。企业销售扩大，销售额增加，所需现金余额也随之增加。

2．预防动机

预防动机即企业为应付紧急情况而需要保持的现金支付能力。由于市场行情的瞬息万变和其他各种不可预测因素的存在，企业通常难以对未来现金流入量与流出量做出准确的估计和预期。一旦企业对未来现金流量的预期与实际情况发生偏离，企业的正常经营秩序必然会因此而产生极为不利的影响。因此，在正常业务活动现金需要量的基础上，追加一定数量的现金余额以应付未来现金流入和流出的随机波动，是企业在确定必要现金持有量时应当考虑的因素。企业为应付紧急情况所持有的现金余额主要取决于 3 个方面：一是企业愿意承担风险的程度；二是企业临时举债能力的强弱；三是企业对现金流量预测的可靠程度。

3．投机动机

投机动机即企业为了抓住各种稍纵即逝的市场机会，获取较大的利益而准备的现金余额，如利用证券市价大幅度跌落购入有价证券，以期在价格反弹时卖出证券获取高额资本利得（价差收入）等。投机动机只是企业确定现金余额时所需考虑的次要因素之一，现金持有量的大小往往与企业在金融市场的投资机会及企业对待风险的态度有关。

企业除以上 3 种动机持有现金外，也会基于满足将来某一特定要求或者为在银行维持补偿性余额等其他原因而持有现金。企业在确定现金余额时，一般应综合考虑各方面的持有动机。但要注意的是，由于各种动机所需的现金可以调节使用，企业持有的现金总额并不等于各种动机所需现金余额的简单相加，前者通常小于后者。另外，上述各种动机所需保持的现金，并不要求必须是货币形态，也可以是能够随时变现的有价证券以及能够随时转换成现金的其他各种存在形态，如可随时借入的银行信贷资金等。

三、现金持有成本

现金的持有成本通常由以下 4 个部分组成。

1. 管理成本

管理成本是指企业因持有一定数量的现金而发生的管理费用，如管理人员工资及必要的安全措施费，这部分费用在一定范围内与现金持有量的多少关系不大，一般属于固定成本。

2. 机会成本

机会成本是指企业因持有一定数量的现金而丧失的再投资收益。由于现金属于非营利性资产，保留现金必然丧失再投资的机会及相应的投资收益，从而形成持有现金的机会成本，这种成本在数额上等同于资本成本。例如，企业欲持有 5 万元现金，则只能放弃 5 000 元的投资收益（假设企业平均收益率为 10%）。可见，放弃的再投资收益属于变动成本，它与现金持有量的多少密切相关，即现金持有量越大，机会成本越高，反之就越低。

3. 转换成本

转换成本是指企业用现金购入有价证券以及转让有价证券换取现金时付出的交易费用，如委托买卖佣金、委托手续费、证券过户费、交割手续费等。证券转换成本与现金持有量的关系是：在现金需要量既定的前提下，现金持有量越少，进行证券变现的次数越多，相应的转换成本就越大；反之，现金持有量越多，证券变现的次数就越少，需要的转换成本也就越小。因此，现金持有量的不同必然通过证券变现次数多少而对转换成本产生影响。

4. 短缺成本

短缺成本是指在现金持有量不足而又无法及时通过有价证券变现加以补充而给企业造成的损失，包括直接损失与间接损失两种类型。现金的短缺成本随现金持有量的增加而下降，随现金持有量的减少而上升，即它与现金持有量呈负相关关系。

四、最佳现金持有量

基于交易、预防、投机等动机的需要，企业必须保持一定数量的现金余额，但是现金作为盈利性最差的资产，其数额过多则会导致企业盈利水平下降，其数额过少，又可能出现现金短缺的情形，从而影响生产经营。因此，最佳现金持有量的确定必须权衡收益和风险。确定最佳现金持有量的方法很多，这里只介绍 3 种常见的模式：成本分析模式、现金周转模式和存货模式。

1. 成本分析模式

成本分析模式是根据现金持有的有关成本，分析、预测其总成本最低时现金持有量的一种方法。

成本分析模式只考虑持有一定数量的现金而发生的管理成本、机会成本和短缺成本，而不考虑转换成本。由于管理成本具有固定成本的性质，它与现金持有量不存在明显的线性关系；机会成本（因持有现金而丧失的再投资收益）与现金持有量呈正比例变动，公式如下。

教学视频：成本分析模式下最佳现金持有量的确定

$$机会成本 = 现金持有量 \times 有价证券利率（或报酬率）$$

短缺成本同现金持有量成负相关关系，现金持有量越大，现金短缺成本越小，反之，现金持有量越小，现金短缺成本越大。现金成本构成如图 4-1 所示。

在实际工作中运用成本分析模式确定最佳现金持有量的具体步骤如下。

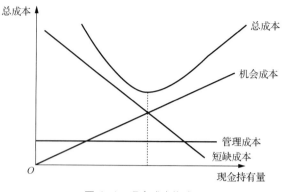

图4-1 现金成本构成

① 根据不同现金持有量测算并确定有关成本数值。

② 按照不同现金持有量及其有关成本资料编制最佳现金持有量测算表。

③ 在测算表中找出总成本最低时的现金持有量，即最佳现金持有量。

【业务实例4-1】 某企业现有A、B、C、D共4种现金持有方案，有关成本资料如表4-1所示。要求：确定该企业的最佳现金持有量。

表4-1 现金持有方案

项目	A	B	C	D
现金持有量/元	10 000	20 000	30 000	40 000
机会成本率	10%	10%	10%	10%
管理成本/元	1 800	1 800	1 800	1 800
短缺成本/元	4 200	3 200	900	0

解析： 根据现金持有方案编制最佳现金持有量测算表，见表4-2。

表4-2 最佳现金持有量测算表　　　　　　　　　　　　　　　　单位：元

方案	现金持有量	机会成本	管理成本	短缺成本	总成本
A	10 000	1 000	1 800	4 200	7 000
B	20 000	2 000	1 800	3 200	7 000
C	30 000	3 000	1 800	900	5 700
D	40 000	4 000	1 800	0	5 800

通过分析比较表4-2中各方案的总成本可知，C方案的总成本最低，即当企业持有30 000元现金时，各方面的总代价最低，30 000元为最佳现金持有量。

2.现金周转模式

现金周转模式是从现金周转的角度出发，根据现金的周转速度来确定最佳现金持有量的一种方法。在运用过程中，现金周转模式的主要步骤如下。

① 确定现金周转期。现金周转期是指从用现金购买原材料开始，到销售产品并最终收回现金所花费的时间。影响现金周转期的因素主要有三个：存货周转期、应收账款周转期和应付账款周转期。现金周转期构成如图4-2所示。

现金周转期=存货周转期+应收账款周转期-应付账款周转期

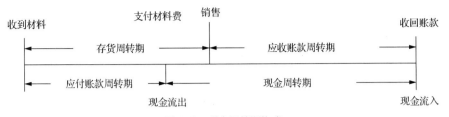

图 4-2　现金周转期构成

② 确定现金周转率。

$$现金周转率=360/现金周转期$$

③ 确定最佳现金持有量。

$$最佳现金持有量=年现金总需求量/现金周转率$$

【业务实例 4-2】某企业预计存货周转期为 60 天，应收账款周转期为 60 天，应付账款周转期为 30 天，预计全年需要现金 360 万元。要求：计算该企业的最佳现金持有量。

解析： 现金周转期=60+60-30=90（天）

现金周转率=360÷90=4

最佳现金持有量=360÷4=90（万元）

3. 存货模式

存货模式来源于存货的经济批量模型，它认为企业现金持有量在许多方面与存货相似，存货经济批量模型可用于确定目标现金持有量。这个模式最早由美国财务学家鲍莫尔（Baumol）于 1952 年提出，因此又被称为"鲍莫尔模式"。

教学视频：存货模式下最佳现金持有量的确定

存货模式的着眼点也是现金持有成本最低。在现金持有成本中，管理成本具有相对稳定性并同现金持有量的多少关系不大，因此，存货模式将其视为无关成本而不予考虑。而现金是否会发生短缺、短缺多少、各种短缺情形发生时可能的损失等都存在很大的不确定性并且不易计量，因此，存货模式对短缺成本也不予考虑。在存货模式中，只考虑机会成本和转换成本。由于机会成本和转换成本随着现金持有量的变动而呈相反的变动趋向，这就要求企业必须对现金与有价证券的分割比例进行合理安排，从而使机会成本与转换成本保持最佳组合。也就是说，凡是能够使现金管理的机会成本与转换成本之和保持最低的现金持有量即为最佳现金持有量，如图 4-3 所示。

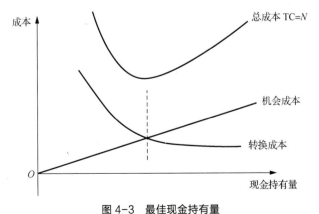

图 4-3　最佳现金持有量

假设：T 为一定期间内现金总需求量；F 为每次转换有价证券的固定成本（即转换成本）；

Q 为最佳现金持有量（每次证券变现的数量）；K 为有价证券利息率（机会成本）；TC 为现金管理总成本。

则

$$现金管理总成本 = 机会成本 + 转换成本$$

即

$$TC = \frac{Q}{2} \times K + \frac{T}{Q} \times F \qquad （1）$$

持有现金的机会成本与证券变现的交易成本相等时，现金管理的总成本最低，此时的现金持有量为最佳现金持有量，即

$$Q = \sqrt{\frac{2T \times F}{K}} \qquad （2）$$

将公式（2）代入公式（1）得最佳现金管理总成本

$$TC = \sqrt{2 \times T \times F \times K} \qquad （3）$$

【业务实例 4-3】 某企业预计全年需要支付现金 800 000 元，有价证券的年利息率为 6.5%，现金与有价证券的每次转换成本为 85 元。要求：1.计算存货模式下该企业的最佳现金持有量；2.计算该企业的最佳现金管理总成本；3.计算该企业的固定转换成本和机会成本；4.计算该企业的有价证券交易次数和有价证券交易间隔期。

解析： 最佳现金持有量 $Q = \sqrt{2 \times 800\,000 \times 85 \div 6.5\%} = 45\,741.75$（元）

最佳现金管理总成本 $TC = \sqrt{2 \times 800\,000 \times 85 \div 6.5\%} = 2\,973.21$（元）

其中

固定转换成本 $=(800\,000 \div 45\,741.75) \times 85 = 1\,486.61$（元）

机会成本 $=45\,741.75 \div 2 \times 6.5\% = 1\,486.61$（元）

有价证券交易次数 $=800\,000 \div 45\,741.75 = 18$（次）

有价证券交易间隔期 $=360 \div 18 = 20$（天）

五、现金收支综合管理

1. 加速现金收款

企业加速收款的任务不仅要尽量使顾客早付款，而且要尽快地使这些付款转化为可用现金。为此，必须满足以下要求。

（1）减少顾客付款时间。

（2）减少企业收到顾客开的支票与支票兑现之间的时间。

（3）加速资金存入自己往来银行账户的过程。

为达到以上要求，可采取以下措施。

（1）集中银行。集中银行是指通过设立多个收款中心来代替通常在企业总部设立的单一收款中心，为加速账款回收的一种方法，其目的是缩短从顾客寄出账款到现金收入存入企业账户这一过程的时间。

（2）锁箱系统。锁箱系统是通过在各主要城市租用专门的邮政信箱，以缩短从收到顾客付的账款到存入当地银行账户的时间的一种现金管理办法。采用锁箱系统的具体做法是：①在业务比较集中的地区租用当地加锁的专用邮政信箱并开立分行存款户；②通知顾客把账

款邮寄到指定的邮政信箱；③授权企业邮政信箱所在地的开户行每天收取邮政信箱的汇款并存入企业账户，然后将扣除补偿余额以后的现金及一切附带资料定期送往企业总部。锁箱系统免除了企业办理收账、账款存入银行的一切手续。

（3）其他方法。除以上两种方法外还有一些加速收现的方法。例如，对于金额较大的货款可采用电汇或直接派人前往收取支票，并送存银行的方法，以加速收款；企业对企业内部各部门之间的现金往来也要严加控制，以防有过多的现金闲置在各部门之中。

2. 控制现金支出

现金支出管理的主要任务是尽可能延缓现金的支出时间，当然这种延缓必须是合理合法的，否则企业延期支付账款所得到的收益将远远低于由此而造成的损失。控制现金支出的方法有以下几种。

（1）运用现金浮游量。现金浮游量是指企业账户上存款余额与银行账户上所示的存款余额之间的差额。有时，企业账户上的现金余额已为零或负数，而银行账户上该企业的现金余额还有很多。这是因为有些支票企业虽已开出，但顾客还没有到银行兑现。如果能正确预测现金浮游量并加以利用，可节约大量资金。

（2）推迟支付应付款。为了最大限度地利用现金，企业在不影响信誉的情况下，应尽可能推迟应付款的支付。例如，企业在采购材料时，如果付款条件是"2/10，$n/45$"，则企业应安排在发票开出日期后的第 10 天付款，这样，企业可以最大限度地利用现金而又不丧失现金折扣。

（3）采用汇票结算方式付款。在使用支票付款时，只要受票人将支票送交银行，付款人就要无条件地付款。但汇票不采用见票即付的付款方式，在受票人将汇票送交银行后，银行要将汇票送交付款人承兑，并由付款人将一笔相当于汇票金额的资金存入银行，银行才会付款给受票人，这样就有可能合法地延期付款。

企业应尽量使现金流入与现金流出发生的时间趋于一致，这样就可以使其所持有的交易性现金余额降到较低的水平，这就是所谓的现金流量同步。基于这种认识，企业可以重新安排付出现金的时间，尽量使现金流入与现金流出趋于同步。

3. 闲置现金投资管理

企业现金管理的目的首先是保证主营业务的现金需求，其次才是使这些现金获得最大的收益。这两个目的要求企业把闲置资金投入流动性高、风险性低、交易期限短的金融工具中，以期获得较多的收入。

❈ 任务实施

1. 运用存货模式确定东方公司最佳现金持有量。

东方公司最佳现金持有量 $Q = \sqrt{2 \times 360\,000 \times 300 \div 6\%} = 60\,000$（元）

2. 计算东方公司最佳现金持有量下的最佳现金管理总成本、全年现金转换成本和全年现金持有机会成本。

东方公司最佳现金管理总成本 $TC = \sqrt{2 \times 360\,000 \times 300 \times 6\%} = 3\,600$（元）

东方公司全年现金转换成本 $=(360\,000 \div 60\,000) \times 300 = 1\,800$（元）

东方公司全年现金持有机会成本 $=60\,000 \div 2 \times 6\% = 1\,800$（元）

3. 确定最佳现金持有量下东方公司的全年有价证券交易次数和有价证券交易间隔期。

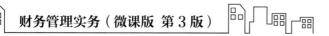

东方公司全年有价证券交易次数=360 000÷60 000=6（次）

东方公司有价证券交易间隔期=360÷6=60（天）

任务二 应收账款管理

❋ 任务情境

东方纸业股份有限公司（以下简称"东方公司"）预计 2023 年的赊销收入净额为 2 280 万元，其信用条件是 $n/30$，变动成本率为 60%，资本成本率（或有价证券利息率）为 18%。

假设东方公司的收账政策不变，固定成本总额不变，准备了 3 个备选方案：A 方案：维持 $n/30$ 的信用条件；B 方案：将信用条件放宽到 $n/60$；C 方案：将信用条件放宽到 $n/90$。3 个备选方案的年赊销额、坏账损失率和收账费用等有关数据见表 4-3。

表 4-3 信用条件情况

方案	A（$n/30$）	B（$n/60$）	C（$n/90$）
年赊销额/万元	2 280	2 400	2 600
应收账款周转率/次			
应收账款平均余额/万元			
维持赊销所需资金/万元			
坏账损失率	2%	3%	4%
坏账损失/万元			
收账费用/万元	23.4	40	56

❋ 任务描述

1. 在 A、B、C 这 3 个备选方案中选出最优方案，并说明理由。

2. 如果东方公司选择了某方案，但为了加速应收账款的回收，决定将信用条件改为 D 方案（2/10，1/20，$n/30$），估计约有 60% 的客户（按赊销额计算）会利用 2% 的折扣；30% 的客户会利用 1% 的折扣。年赊销额与所选方案相同，坏账损失率降为 1%，收账费用降为 20 万元。试选择最佳方案。

❋ 知识要点

一、应收账款管理的目标

应收账款是企业的一项资金投放，是企业为了扩大销售和增加盈利而进行的投资。

企业提供商业信用，采取赊销方式，一方面可以扩大销售，提高企业的市场占有率和增加盈利；另一方面会使企业应收账款的数额大量增加，现金收回的时间延长，回收成本增加，甚至会使企业遭受不能收回应收账款的损失。

应收账款管理的目标，是要充分发挥应收账款的功能，权衡应收账款收益、成本和风险，尽可能降低应收账款的成本和风险，最大限度地提高应收账款的收益率。

二、应收账款的成本

企业在采取赊销方式促进销售的同时，会因持有应收账款而付出一定的代价，这种代价即为应收账款的成本，其内容包括以下几个部分。

1. 机会成本

应收账款的机会成本是指因资金投放在应收账款上而丧失的其他收入，如投资于有价证券的利息收入。这一成本的大小通常与企业维持赊销业务所需要的资金数量（即应收账款投资额）和资本成本率有关。其计算公式为

教学视频：应收账款
机会成本

应收账款机会成本=维持赊销业务所需要的资金×资本成本率

公式中的资本成本率一般按有价证券利息率计算；维持赊销业务所需要的资金数量可按下列步骤计算。

（1）计算应收账款平均余额。

应收账款平均余额 = 平均每日赊销额 × 平均收账天数

=(年赊销额/360) × 平均收账天数

（2）计算维持赊销业务所需要的资金。

维持赊销业务所需要的资金=应收账款平均余额 × 变动成本率

=应收账款平均余额 ×（变动成本/销售收入）

在上述分析中，假设企业的成本水平保持不变（即单位变动成本不变，固定成本总额不变），则随着赊销业务的扩大，只有变动成本随之上升。

【业务实例4-4】假设某企业预测的年度赊销额为 3 000 000 元，应收账款平均收账天数为 60 天，变动成本率为 60%，资本成本率为 10%。要求：计算该企业的应收账款机会成本。

解析：应收账款机会成本计算如下。

应收账款平均余额=3 000 000÷360×60=500 000（元）

维持赊销业务所需要的资金 = 500 000 × 60% = 300 000（元）

应收账款机会成本 = 300 000×10% = 30 000（元）

上述计算表明，企业投放 300 000 元的资金可维持 3 000 000 元的赊销业务，赊销额相当于垫支资金的 10 倍。这个倍数在很大程度上取决于应收账款的收账速度。在正常情况下，应收账款收账天数越少，一定数量资金所维持的赊销额就越大；应收账款收账天数越多，维持相同赊销额所需要的资金数量就越大。而应收账款机会成本在很大程度上取决于企业维持赊销业务所需要的资金。

2. 管理成本

应收账款的管理成本是指企业对应收账款进行管理而耗费的开支，主要包括对客户的资信调查费用、收账费用和其他费用。

3. 坏账成本

应收账款基于商业信用而产生，存在无法收回的可能性，由此而给应收账款持有企业带来的损失，即为坏账成本。这一成本一般与应收账款数量同方向变动，即应收账款越多，坏账成本也越多。基于此，为规避发生坏账成本给企业生产经营活动的稳定性带来不利影响，企业应合理提取坏账准备。

三、信用政策

制定合理的信用政策是加强应收账款管理、提高应收账款投资效益的重要前提。信用政策即应收账款的管理政策，是指企业对应收账款投资进行规划与控制而确立的基本原则与行为规范，包括信用标准、信用条件和收账政策3个部分的内容。

1．信用标准

信用标准是客户获得企业商业信用所应具备的最低条件，通常以预期的坏账损失率表示。如果企业的信用标准过高，将使许多客户因信用品质达不到所设的标准而被企业拒之门外，其结果尽管有利于降低应收账款机会成本、管理成本及坏账成本，但也会影响企业市场竞争能力的提高和销售收入的增加。相反，如果企业采取较低的信用标准，虽然有利于企业扩大销售，提高市场竞争力和占有率，但同时也会导致应收账款机会成本、管理成本及坏账成本的增加。

客户资信程度通常取决于5个方面，即客户的信用品质（Character）、偿付能力（Capacity）、资本（Capital）、抵押品（Collateral）、经济状况（Conditions），简称"5C系统"。

2．信用条件

信用标准是企业评价客户等级，决定给予或拒绝给予客户信用优惠的依据。一旦企业决定给予客户信用优惠，就需要考虑具体的信用条件。所谓信用条件就是指企业接受客户信用时所提出的付款要求，主要包括信用期限、现金折扣和折扣期限等。信用条件的基本表现方式如"2/10，n/45"，意思是若客户能够在发票开出后的10日内付款，则可以享受2%的现金折

教学视频：信用条件

扣；如果放弃折扣优惠，则全部款项必须在45日内付清。在此，45天为信用期限，10天为折扣期限，2%为现金折扣率。

（1）信用期限。信用期限是指企业为客户规定的最长付款时间。产品销售量与信用期限之间存在着一定的依存关系。通常延长信用期限可以在一定程度上扩大销售从而增加毛利。但不适当地延长信用期限会给企业带来不良后果：一是使平均收账期延长，占用在应收账款上的资金相应增加，导致机会成本增加；二是导致管理成本及坏账成本的增加。因此，企业是否应给客户延长信用期限，应视延长信用期限增加的边际收入是否大于增加的边际成本而定。

（2）现金折扣和折扣期限。延长信用期限会增加应收账款占用的时间和金额。许多企业为了加速资金周转，及时收回货款，减少坏账损失，往往在延长信用期限的同时采用一定的优惠措施，即在规定的时间内提前偿付货款的客户可按销售收入的一定比率享受折扣。所谓折扣期限是指为顾客规定的可享受现金折扣的付款时间；所谓现金折扣是指在顾客提前付款时所给予的价格优惠。如"2/10，n/45"表示信用期限为45天，若客户在发票开出后10天内付款，则可享受2%的现金折扣。现金折扣实际上是产品售价的扣减，企业决定是否提供以及提供多大程度的现金折扣，应着重考虑提供现金折扣后所得的收益是否大于提供现金折扣后付出的成本。

企业究竟应当核定多长的折扣期限以及给予客户多大程度的现金折扣优惠，必须将信用期限及加速收款所得到的收益与付出的现金折扣成本结合起来考察。同延长信用期限一样，采取现金折扣的方式在有利于刺激销售的同时也需要付出一定的成本代价，即给予现金折扣造成的损失。如果加速收款带来的机会收益大于应收账款机会成本、管理成本及坏账成本的

增加数与现金折扣成本之和，企业就可以采取现金折扣或进一步改进当前的折扣方案；如果加速收款的机会收益不能大于应收账款机会成本、管理成本及坏账成本的增加数与现金折扣成本之和，有关优惠条件便被认为是不恰当的。

（3）信用条件备选方案的评价。虽然企业在信用政策中已对可接受的信用风险水平做了规定，但当企业的生产经营环境发生变化时，就需要对信用政策中的某些规定进行修改和调整，并对改变条件的各种备选方案进行认真的评价。

3．收账政策

收账政策是指当客户违反信用条件、拖欠甚至拒付账款时企业所采取的收账策略与措施。在企业向客户提供商业信用时，必须考虑以下 3 个问题。

（1）客户是否会拖欠或拒付账款，程度如何。

（2）怎样最大限度地防止客户拖欠账款。

（3）一旦账款遭到拖欠甚至拒付，企业应采取怎样的对策。

前 2 个问题的解决主要靠信用调查和严格的信用审批制度。第 3 个问题则必须通过制定完善的收账政策、采取有效的收账措施予以解决。

企业对拖欠的应收账款进行催收需要付出一定的代价，即收账费用，如收款所花的邮电通信费、派专人收款的差旅费和不得已时的法律诉讼费等。通常企业为了扩大销售、增强竞争能力，往往对客户的逾期未付款项规定一个允许的拖欠期限，超过规定的期限，企业就应采取各种形式进行催收。如果企业的收款政策过宽，将会导致拖欠款项的客户增多并且拖欠款项的时间延长，从而增加应收账款机会成本和坏账损失，但却会减少收账费用；而如果收账政策过严，拖欠款项的客户将会减少而且拖欠款项的时间缩短，从而减少应收账款机会成本和坏账损失，但却会增加收账费用。因此，企业在制定收账政策时，要权衡利弊得失，掌握好界限。

制定合理的收账政策就是要在收账费用与坏账损失及应收账款机会成本之间进行权衡，若前者小于后者，则说明制定的收账政策是可取的。

四、应收账款日常管理

对于已经发生的应收账款，企业还应进一步强化日常管理工作，采取有力的措施进行分析和控制，及时发现问题，提前采取对策。这些措施主要包括应收账款追踪分析、应收账款账龄分析和建立应收账款坏账准备制度等。

1．应收账款追踪分析

对应收账款实施追踪分析的重点应放在赊销商品的销售与变现方面。客户以赊购方式购入商品后，受盈利和付款信誉的动力与压力的影响，必然期望迅速地实现销售并支付账款。如果这一期望能够顺利地实现，而客户又具有良好的信用品质，则赊销企业如期足额地收回客户欠款一般不会有太大的问题。然而，市场供求关系所具有的瞬变性，使得客户所赊购的商品不能顺利地销售与变现，就意味着与应付账款相对的现金支付能力匮乏。

2．应收账款账龄分析

应收账款账龄分析就是考察研究应收账款的账龄结构。应收账款的账龄结构，是指各账龄应收账款的余额占应收账款总计余额的比重。一般而言，应收账款的逾期时间越短，收回的可能性越大，发生坏账损失的程度相对越小；反之，收账的难度及发生坏账损失的可能性也就越大。因此，对不同账龄的应收账款及不同信用品质的客户，企业应采取不同的收账方法，制定出经济可行的不同收账政策、收账方案；对可能发生的坏账损失，需提前有所准备，充分估计这一因素对企业损益的影响。对尚未过期的应收账款，也不能放松管理与监督，以防发生新的拖欠。

应收账款账龄分析，不仅能提示财务管理人员应把过期款项视为工作重点，而且有助于促进企业进一步研究与制定新的信用政策。

3．建立应收账款坏账准备制度

无论企业采取怎样严格的信用政策，只要存在着商业信用行为，坏账损失的发生总是不可避免的。一般来说，确定坏账损失的标准主要有以下两条。

（1）因债务人破产或死亡，以其破产财产或遗产清偿后，仍不能收回的应收款项。

（2）债务人逾期未履行偿债义务并且有明显特征表明无法收回的应收款项。

企业的应收账款只要符合上述任何一个条件，均可作为坏账损失处理。需要注意的是，当企业的应收账款按照第二个条件，已经作为坏账损失处理后，并非意味着企业放弃了对该项应收账款的索取权。实际上，企业仍然拥有继续收款的法定权利，企业与欠款人之间的债权债务关系不会因为企业已做坏账处理而解除。

既然应收账款的坏账损失无法避免，则企业应遵循谨慎性原则，对坏账损失发生的可能性预先进行估计，并建立弥补坏账损失的准备制度，提取坏账准备金。

✲ 任务实施

1. 首先，计算东方公司A、B、C这3个备选方案的应收账款周转率、应收账款平均余额、维持赊销所需资金和坏账损失等有关数据，如表4-4所示。

表4-4　信用条件情况

方案	A（n/30）	B（n/60）	C（n/90）
年赊销额/万元	2 280	2 400	2 600
应收账款周转率/次	360÷30=12	360÷60=6	360÷90=4
应收账款平均余额/万元	2 280÷12=190	2 400÷6=400	2 600÷4=650
维持赊销所需资金/万元	190×60%=114	400×60%=240	650×60%=390
坏账损失率	2%	3%	4%
坏账损失/万元	2 280×2%=45.6	2 400×3%=72	2 600×4%=104
收账费用/万元	23.4	40	56

然后，计算确定3个备选方案的应收账款成本（包括机会成本、管理成本和坏账成本），如表4-5所示。

表4-5　信用条件分析表

方案	A（n/30）	B（n/60）	C（n/90）
年赊销额	2 280	2 400	2 600
变动成本	2 280×60%=1 368	2 400×60%=1 440	2 600×60%=1 560
扣除信用成本前的收益	2 280-1 368=912	2 400-1 440=960	2 600-1 560=1 040

信用成本：			
应收账款机会成本	114×18%=20.52	240×18%=43.2	390×18%=70.2
坏账损失	45.6	72	104
收账费用	23.4	40	56
小计	89.52	155.2	230.2
扣除信用成本后的收益	912−89.52=822.48	960−155.2=804.8	1 040−230.2=809.8

最后，根据表 4-5 可知：A 方案的扣除信用成本后的收益大于 B 方案和 C 方案，应选择 A 方案。

2. 根据 D 方案的赊销条件可计算出东方公司下列各个指标值。

① 应收账款周转期=60%×10+30%×20+10%×30=15（天）

② 应收账款周转率=360÷15=24（次）

③ 应收账款平均余额=2 280÷24=95（万元）

④ 维持赊销业务所需要的资金=95×60%=57（万元）

⑤ 应收账款机会成本=57×18%=10.26（万元）

⑥ 坏账损失=2 280×1%=22.8（万元）

⑦ 现金折扣=2 280×(2%×60%+1%×30%)=34.2（万元）

根据上述指标值，可确定 D 方案的应收账款成本（包括机会成本、管理成本和坏账成本），如表 4-6 所示。

表 4-6 D 方案信用条件分析表

方案	A（n/30）	D（2/10，1/20，n/30）
年赊销额	2 280	2 280
减：现金折扣	—	34.2
年赊销净额	2 280	2 245.8
减：变动成本	1 368	1 368
扣除信用成本前的收益	912	877.8
信用成本：		
应收账款机会成本	20.52	10.26
坏账损失	45.6	22.8
收账费用	23.4	20
小计	89.52	53.06
扣除信用成本后的收益	822.48	824.74

由表 4-6 可知：D 方案比 A 方案增加收益 2.26 万元(824.74−822.48)，所以企业应选择 D 方案。

任务三 存货管理

❋ 任务情境

东方纸业股份有限公司（以下简称"东方公司"）预计 2023 年将耗用乙材料 72 000 千克。

其中，乙材料的单位采购成本为 200 元，单位变动储存成本为 4 元，每次订货的变动成本为 40 元，假设该材料不存在缺货情况。

❋ 任务描述

1. 计算东方公司乙材料的经济订货批量。
2. 计算东方公司乙材料经济订货批量下的相关总成本。
3. 计算东方公司乙材料经济订货批量下的平均占用资金。
4. 计算东方公司乙材料年度最佳订货批次。

❋ 知识要点

一、存货管理的目标

存货是指企业在日常生产经营过程中为生产或销售而储备的物资。企业持有充足的存货，不仅有利于生产顺利进行，节约采购费用与生产时间，而且能够迅速地满足客户各种订货的需要，从而为企业的生产与销售提供较大的机动性，避免因存货不足带来机会损失。然而存货的增加必然要占用更多的资金，这将使企业付出持有成本（即机会成本），而且存货的储存与管理费用也会增加，影响企业盈利能力的提高。因此，如何在存货的功能（收益）与成本之间进行利弊权衡，在充分发挥存货功能的同时降低成本、增加收益并实现它们的最佳组合，便成为企业需要考虑的问题。

存货功能是指存货在企业生产经营过程中所具有的作用，主要表现在以下几方面。

1. 防止停工待料

适量的原材料存货和在制品、半成品存货是企业生产正常进行的前提和保障。就企业外部而言，供货方的生产和销售往往会因某些原因而暂停或推迟，从而影响企业材料的及时采购、入库和投产；就企业内部而言，有适量的半成品储备能使各生产环节的生产调度更加合理，各生产工序步调更为协调，联系更为紧密，不至于因等待半成品而影响生产。可见，企业持有适量的存货能有效防止停工待料情况的发生，维持生产的连续性。

2. 适应市场变化

存货储备能增强企业在生产和销售方面的机动性以及适应市场变化的能力。企业有了足够的产成品库存，就能有效地供应市场，满足顾客的需要。相反，若某种畅销产品库存不足，将会坐失目前的或未来的销售良机，并有可能因此而失去顾客。在通货膨胀时，适当地提前储存原材料，能使企业获得因市场物价上涨而带来的好处。

3. 降低购货成本

很多企业为了扩大销售规模，对购货方提供较优厚的商业折扣待遇，即购货达到一定数量时，便在价格上给予相应的折扣优惠。企业采取批量集中购货，可获得较大的商业折扣。此外，通过增加每次购货数量，减少购货次数，可以降低采购费用支出。即便在推崇以"零存货"为管理目标的今天，仍有不少企业采取大批量购货方式，原因就在于这种方式有助于降低购货成本，只要购货成本的降低额大于因存货增加而导致的储存费等费用的增加额，大批量购货便是可行的。

4. 维持均衡生产

对于那些生产的产品属于季节性产品，生产所需材料的供应具有季节性特点的企业，为实行均衡生产，降低生产成本，就必须适当储备一定量的半成品存货或保持一定量的原材料存货。否则，这些企业若按照季节变动组织生产活动，难免会产生忙时超负荷运转，闲时生产能力得不到充分利用的情形，这也会导致生产成本的提高。其他企业在生产过程中，同样会因为各种原因导致生产水平的高低发生变化，拥有合理的存货量可以缓冲这种变化对企业生产活动及盈利能力的影响。

二、存货成本

为充分发挥存货的固有功能，企业必须储备一定量的存货，由此而发生的各项支出便是存货成本。存货成本包括进货成本、储存成本和缺货成本 3 个部分。

动画：存货成本

1. 进货成本（TC_Q）

进货成本是指存货的取得成本。通常用 TC_Q 表示。进货成本主要由存货的进价成本和进货费用构成。

进价成本又称购置成本，是指存货本身的价值，等于采购单价（U）与采购数量（D）的乘积。在一定时期订货总量既定的条件下，无论企业采购次数如何变动，存货的进价成本通常是保持相对稳定的（假设物价不变且无采购数量折扣），因而属于决策的无关成本。

进货费用又称订货成本，是指企业为组织订货而支出的费用，如与材料采购有关的办公费、差旅费、邮资、电话电报费、运输费、检验费和入库搬运费等支出。订货成本中有一部分与订货次数无关，如常设机构的基本开支等，称为订货的固定成本，用 F_1 表示，属于决策的无关成本。订货成本中的另一部分与订货次数有关，如差旅费和邮费等，称为订货的变动成本，属于决策的相关成本。每次订货的变动成本用 K 表示；订货次数等于存货的年需要量（D）与每次订货批量（Q）之商。这样，订货成本的数学表达式如下。

$$\frac{D}{Q} \times K + F_1$$

进货成本的数学表达式为

$$TC_Q = D \times U + \frac{D}{Q} \times K + F_1$$

2. 储存成本（TC_C）

储存成本是指为了持有存货而发生的成本，包括存货占用资金的机会成本、仓库费用、保险费用、存货破损和变质损失等，通常用 TC_C 表示。储存成本可以分为固定成本和变动成本两种类型。固定成本与存货数量的多少无关，如仓库折旧和仓库职工的工资等，通常用 F_2 表示，属于决策的无关成本。变动成本与存货数量有关，如存货的机会成本、存货的破损和变质损失、存货的保险费用等，属于决策的相关成本。单位存货变动储存成本用 K_C 表示。由此，存货储存成本的数学表达式为

$$TC_C = \frac{Q}{2} \times K_C + F_2$$

3. 缺货成本（TC_S）

缺货成本是指由于存货供应中断造成的损失，包括材料供应中断造成的停工损失、产成

品库存缺货造成的拖欠发货损失和丧失销售机会的损失（还应该包括需要主观估计的商誉损失）。如果生产企业以紧急采购代用材料解决库存材料中断之急，那么，缺货成本表现为紧急额外购入成本（紧急额外购入成本大于正常的采购成本）。缺货成本用 TC_S 表示。

综合上述，如果用 TC 代表存货的总成本，则其计算公式为

$$TC = TC_Q + TC_C + TC_S$$
$$= D \times U + \frac{D}{Q} \times K + F_1 + \frac{Q}{2} \times K_C + F_2 + TC_S$$

三、存货决策的经济订货批量模型

经济订货批量是指每次订购货物（材料、商品等）的最佳数量。在某种存货全年需求量已定的情况下，降低订货批量，必然增加订货批次。这种情形一方面必然使存货的储存成本（变动储存成本）随平均储存量的下降而下降；另一方面又将使订货成本（变动订货成本）随订货批次的增加而增加。反之，减少订货批次必然要增加订货批量，在减少订货成本的同时储存成本将会增加。可见，存货决策的目的就是确定使这两种成本合计数最低时的存货订购批量，即经济订货批量。

1. 经济订货批量的基本模型

经济订货批量基本模型的建立需要设立一些假设条件，这些假设条件包括以下几个。

（1）企业能够及时补充存货即需要订货时便可立即取得存货。

（2）能集中到货，而不是陆续入库。

（3）不允许缺货，即没有缺货成本（TC=0）。这是因为良好的存货管理本来就不应该出现缺货成本。

（4）需求量不变且能确定，即 D 为常数。

（5）存货的单位价格不变，不考虑现金折扣，即 U 为常数。

（6）企业现金充足，不会因现金短缺而影响订货。

（7）企业所需要的存货市场供应充足，不会因买不到需要的存货而影响企业其他的经营活动。

基于上述的假设条件，存货总成本的计算公式为

$$TC = TC_Q + TC_C + TC_S$$
$$= D \times U + \frac{D}{Q} \times K + F_1 + \frac{Q}{2} \times K_C + F_2 + TC_S$$

当 F_1、K、D、U、K_2、F_2 为常数时，TC 的大小取决于 Q。

根据上述公式，为了求出存货总成本 TC 的极小值，从数学的角度，只要对上述公式求一阶导数即得

$$Q^* = \sqrt{\frac{2KD}{K_C}}$$

这就是经济订货批量的基本模型。由此求出的每次订货量 Q 就是使存货成本最小的订货批量。

这个基本模型还可以演变成其他形式。

（1）每年经济订货次数 $N = \dfrac{D}{Q^*}$。

（2）经济订货批量的存货总成本 $\text{TC}(Q^*) = \sqrt{2KDK_C}$。

（3）经济订货批量的平均占用资金 $W = \dfrac{UQ^*}{2}$。

（4）年经济订货周期 $T = \dfrac{1}{N}$（年）。

【业务实例 4-5】 某企业每年耗用某种材料 3 600 千克，该材料单位成本为 10 元，单位存货变动储存成本为 2 元，一次订货成本为 25 元，求经济订货批量、每年经济订货次数、经济订货批量的存货总成本、经济订货批量的平均占用资金和年经济订货周期。

解析：

经济订货批量为：

$$Q^* = \sqrt{\frac{2KD}{K_C}} = \sqrt{\frac{2 \times 25 \times 3\,600}{2}} = 300 \quad (\text{千克})$$

每年经济订货次数为：

$$N = \frac{D}{Q^*} = \frac{3\,600}{300} = 12 \quad (\text{次})$$

经济订货批量的存货总成本为：

$$\text{TC}(Q^*) = \sqrt{2KDK_C} = \sqrt{2 \times 25 \times 3\,600 \times 2} = 600 \quad (\text{元})$$

经济订货批量的平均占用资金为：

$$W = \frac{UQ^*}{2} = \frac{10 \times 300}{2} = 1\,500 \quad (\text{元})$$

年经济订货周期：

$$T = \frac{12}{12} = 1 \quad (\text{月})$$

2. 经济订货批量基本模型的扩展

（1）数量折扣。为了鼓励客户购买更多的商品，销售企业通常会给予不同程度的价格优惠，即数量折扣（价格折扣）。购买越多，所获得的价格优惠越大。此时，订货企业对经济订货批量的确定，除了考虑进货费用与储存成本外，还应考虑存货的进价成本，因为此时的存货进价成本已经与订货数量有了直接的联系，属于决策的相关成本。

即在经济订货批量基本模型其他各种假设条件均具备的前提下，存在数量折扣时的存货相关总成本可按下式计算。

$$存货相关总成本 = 进价成本 + 进货费用 + 储存成本$$

存在数量折扣时的经济订货批量的具体确定步骤如下。

第一步，按照经济订货批量基本模型确定经济订货批量。

第二步，计算按经济订货批量订货时的存货相关总成本。

第三步，计算按给予数量折扣的订货批量订货时的存货相关总成本。如果给予数量折扣的订货批量是一个范围，如订货数量在 1 000～1 999 千克可享受 2% 的价格优惠，此时按给予数量折扣的最低订货批量，即按 1 000 千克计算存货相关总成本。

第四步，比较不同订货批量的存货相关总成本，最低存货相关总成本对应的订货批量，就是实行数量折扣的最佳经济订货批量。

（2）订货提前期。一般情况下，企业的存货不能做到随用随时补充，因此，不能等到存货全部用完再去订货，而需要在存货用完之前订货。在提前订货的情况下，企业再次发出订

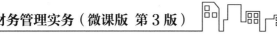

货单时，尚有存货的库存量，就称为再订货点，用 R 表示。其等于交货时间（L）和日平均需用量（d）的乘积：$R = L \times d$。

（3）保险储备。上面的讨论假定存货的供需稳定且确知，也就是说每日的需求量不变，交货时间也固定不变。实际上，每日需求量可能变化，交货时间也可能变化。按照经济订货批量和再订货点发出订单之后，如果需求增加或者送货延迟，就会发生缺货或者供应中断。为了防止出现这种情况，就需要多储备一些存货。这种为了防止意外而储备的存货，就是通常所说的保险储备。保险储备在通常情况下是不使用的，只有当存货使用过量或者送货延迟才启用。建立保险储备量（B）之后，再订货点相应提高了，即 $R = L \times d + B$。

建立保险储备量固然可以避免缺货的现象，但是，它却由此增加了存货的储备量和相应的存货成本。研究保险储备量的目的在于找出合理的保险储备量，使缺货损失和储备成本之和最小。就方法而言，可以先计算出各种不同保险储备量情况下的总成本，然后进行比较，选择其中总成本较低的方案。

如果假设与此有关的总成本为 $TC(S, B)$，缺货成本为 C_S，保险储备成本为 C_B，则：

$$TC(S, B) = C_S + C_B$$

进一步假设单位缺货成本为 K_u，一次订货缺货量为 S，年订货次数为 N，保险储备量为 B，单位储备成本为 K_C，则：

$$TC(S, B) = C_S + C_B = K_u \cdot S \cdot N + B \cdot K_C$$

在企业的实践中，缺货量 S 具有概率性，其概率可以根据历史经验估计出来，而保险储备量 B 可以根据业务销售情况进行制定。

【业务实例4-6】 某企业某种零件的年需要量为 3 600 件，单位储备成本为 2 元，单位缺货成本为 4 元，交货时间为 10 天，已经计算出经济订货批量为 300 件，每年订货次数为 12 次。交货期的存货需求量及其概率分布如表4-7所示。

表4-7 存货需求量及其相应概率

需求量/件	70	80	90	100	110	120	130
概率	0.01	0.04	0.20	0.50	0.20	0.04	0.01

解析： 计算不同保险储备量的总成本。

（1）不设置保险储备量（$B = 0$，$R = 100$）。

此时，当需求量为 100 件或以下时，不会发生缺货，其概率为 0.75(0.01 + 0.04 + 0.20 + 0.50)；当需求量为 110 件时，缺货 10 件，其概率为 0.20；当需求量为 120 件时，缺货 20 件，其概率为 0.04；当需求量为 130 件时，缺货 30 件，其概率为 0.01。因此，当 $B = 0$ 时，缺货的期望值 S_0 和总成本 $TC(S, B)$ 可计算如下。

$S_0 = 10 \times 0.20 + 20 \times 0.04 + 30 \times 0.01 = 3.1$（件）

$TC(S, B) = 4 \times 3.1 \times 12 + 0 \times 2 = 148.80$（元）

（2）设置保险储备量 10 件（$B = 10$，$R = 110$）。

此时，当需求量为 110 件或以下时，不会发生缺货，其概率为 0.95（0.01 + 0.04 + 0.20 + 0.50 + 0.20）；当需求量为 120 件时，缺货 10 件，其概率为 0.04；当需求量为 130 件时，缺货 20 件，其概率为 0.01。因此，当 $B = 10$ 时，缺货的期望值 S_{10} 和总成本 $TC(S, B)$ 可计算如下。

$S_{10} = 10 \times 0.04 + 20 \times 0.01 = 0.6$（件）

$TC(S, B) = 4 \times 0.6 \times 12 + 10 \times 2 = 48.80$（元）

（3）设置保险储备量 20 件（$B=20$，$R=120$）。

此时，当需求量为 120 件或以下时，不会发生缺货，其概率为 0.99（0.01 + 0.04 + 0.20 + 0.50 + 0.20 + 0.04）；当需求量为 130 件时，缺货 10 件，其概率为 0.01。因此，当 $B=20$ 时，缺货的期望值 S_{20} 和总成本 TC（S，B）可计算如下。

$S_{20}=10\times0.01=0.1$（件）

$TC(S, B)=4\times0.1\times12+20\times2=44.80$（元）

（4）设置保险储备量 30 件（$B=30$，$R=130$）。

此时，可以满足最大需求，不会发生缺货，因此，当 $B=30$ 时，缺货的期望值 S_{30} 和总成本 TC（S，B）可计算如下。

$S_{30}=0$

TC（S，B）$=30\times2=60$（元）

根据上述计算，保险储备量为 20 件时，总成本最低。因此，保险储备量应为 20 件（或再订货点为 120 件）。

四、存货 ABC 分类管理法

ABC 分类管理法就是按照一定的标准，将企业的存货划分为 A、B、C 共 3 类，分别实行分品种重点管理、分类别一般控制和按总额灵活掌握的存货管理方法。对一个大型企业来说，常有成千上万种存货项目，在这些项目中，有的价格昂贵，有的价格低廉；有的数量庞大，有的寥寥无几。如果不分主次，面面俱到，对每一种存货都进行周密的规划、严格的控制，就抓不住重点，不能有效地控制主要存货资金。ABC 分类管理法正是针对这一问题而提出来的重点管理方法。

运用 ABC 分类管理法控制存货资金一般有如下几个步骤。

（1）计算每一种存货在一定时间（一般为一年）内的资金占用额。

（2）计算每一种存货资金占用额占全部资金占用额的百分比，并按大小顺序排列，绘制成表格。

（3）根据事先测定好的标准，把最重要的存货划为 A 类，把一般存货划为 B 类，把不重要的存货划为 C 类，并画图表示。

（4）对 A 类存货进行重点规划和控制，对 B 类存货进行次重点管理，对 C 类存货只进行一般管理。

把存货划分成 A、B、C 共 3 类，目的是对存货进行有效的管理。A 类存货种类虽少但占用的资金多，应集中主要力量进行管理，对其经济订货批量要进行认真的规划，对收入、发出要进行严格的控制；C 类存货虽然种类繁多但占用的资金不多，不必耗费大量人力、物力和财力去管理，这类存货的经济订货批量可凭经验确定，不必花费大量时间和精力去进行规划和控制；B 类存货介于 A 类和 C 类存货之间，应给予相当的重视，但不必像 A 类存货那样进行非常严格的控制。

任务实施

1. 东方公司乙材料的经济订货批量$(Q^*)=\sqrt{2\times72\ 000\times40\div4}=1\ 200$（千克）
2. 东方公司乙材料经济订货批量下的相关总成本$TC(Q^*)=\sqrt{2\times72\ 000\times40\times4}=4\ 800$（元）

3. 东方公司乙材料经济订货批量的平均占用资金(W)=1 200×200÷2=120 000（元）

4. 东方公司乙材料年度最佳订货批次(N)=72 000÷1 200=60（次）

项目小结

1. 现金是指在生产过程中暂时停留在货币形态的资金，包括库存现金、银行存款、银行本票和银行汇票等。现金管理的目标是在保证企业经营活动现金需要的同时，减少企业闲置的现金数量，提高资金收益率。现金持有动机主要有交易动机、预防动机和投机动机3种。现金持有成本通常分为管理成本、机会成本、转换成本和短缺成本4类。

2. 确定现金最佳持有量的方法主要有成本分析模式、现金周转模式及存货模式。

3. 应收账款是企业因对外赊销产品、材料，供应劳务等而应向购货方或接受劳务单位收取的款项。企业在采取赊销方式促进销售、减少存货的同时，会因持有应收账款而付出一定的代价，主要包括机会成本、管理成本和坏账成本，但同时也会因销售增加而产生一定的收益。应收账款的信用政策包括信用标准、信用条件和收账政策。其中信用条件的选择方法是通过比较不同信用条件的销售收入及其相关成本，计算出各自的净收益，选择净收益最大的信用条件。

4. 存货的经济订货批量是指能够使一定时期存货的总成本达到最低的采购数量。在这些成本中，只有变动性的成本才是经济订货批量决策时的相关成本，包括变动性进货成本、变动性储存成本以及允许缺货成本。

5. ABC分类管理法是按照一定的标准，将企业的存货划分为A、B、C共3类，分别实行分品种重点管理、分类别一般控制和按总额灵活掌握的存货管理方法。

能力提升训练

赛学融合

收益与分配管理

 学习目标

【知识目标】

- 掌握收入、费用内容和利润构成
- 掌握本量利分析法
- 掌握常用的股利分配政策

【能力目标】

- 能根据公司的实际情况选择相应的股利分配政策
- 能计算与分析不同股利分配政策对公司所产生的影响

【素养目标】

- 坚守社会主义核心价值观
- 培养团结协作、诚实守信的职业道德
- 遵纪守法
- 权衡利弊，分清事物的有利和不利面

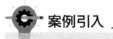

知识框架图

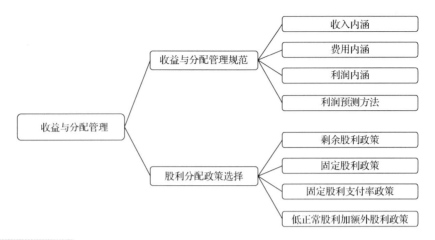

收益与分配管理
- 收益与分配管理规范
  - 收入内涵
  - 费用内涵
  - 利润内涵
  - 利润预测方法
- 股利分配政策选择
  - 剩余股利政策
  - 固定股利政策
  - 固定股利支付率政策
  - 低正常股利加额外股利政策

职场箴言

天道酬勤，功不唐捐。——《论语》

案例引入

福耀玻璃2023年业绩创新高，拿出六成净利润分红

福耀玻璃工业集团股份有限公司（以下简称"福耀玻璃"）披露的2023年度报告显示，公司全年实现营业收入331.61亿元，同比增长18.02%；净利润56.29亿元，同比增长18.37%；基本每股收益2.16元，同比增长18.68%。

福耀玻璃的主营业务是销售各种交通运输工具的安全玻璃、汽车饰件等，公司的业绩与汽车产业的景气度密切相关。在汽车玻璃领域，福耀玻璃的全球市场占有率超30%，中国市场占有率超65%。2023年，福耀玻璃的汽车玻璃业务实现营收298.87亿元，同比增长16.79%，占总营收的90.13%；毛利率30.59%，同比提升0.94个百分点；公司汽车玻璃的平均售价提升了近6%，高附加值产品收入比重提升了近10%。提质增效和海运费用的下降是福耀玻璃业绩创新高的关键因素。

福耀玻璃积极扩张产能，在国内已布局十余个汽车玻璃生产基地，而且仍在积极扩张。2024年1月25日，福耀玻璃公告称，拟投资57.5亿元在合肥设立三家全资子公司；拟在福建省福清市设立全资子公司，并投资32.5亿元用于建设汽车安全玻璃项目。

在公布2023年业绩的同时，福耀玻璃抛出了一份豪爽的分红预案，分红总额占到当期净利润的60.27%。福耀玻璃2023年度利润分配方案公告显示，公司拟按每股派1.3元（含税）的比例向全体股东（包括A股和H股）分配现金股利，共派发股利33.93亿元（含税），结余的未分配利润结转到下一年度。2023年度公司不进行送红股和资本公积金转增股本。福耀玻璃过去三年的分红比例达到了68.47%，这保持了公司资产负债率的基本稳定，也使投资者获得了丰厚的回报。

任务一　收益与分配管理规范

✳ 任务情境

大华公司 2022 年度有关资料如下。

（1）公司 2022 年年初未分配利润贷方余额为 181.92 万元，本年息税前利润为 800 万元，适用的所得税税率为 25%。

（2）公司股东大会决定本年度按 10% 的比例计提法定公积金，按 10% 的比例计提任意盈余公积金，本年按可供投资者分配利润的 40% 向普通股股东发放现金股利。

✳ 任务描述

要求：计算大华公司 2022 年度以下财务指标。

1. 该公司本年度净利润。
2. 该公司本年应计提盈余公积。
3. 该公司本年末可供投资者分配的利润。
4. 该公司支付的现金股利。

✳ 知识要点

收入与分配是对企业收入与分配活动及其形成的财务关系的组织与调节，是企业进行销售预测和定价管理，并将一定时期内所创造的经营成果合理地在企业内、外部各利益相关者之间进行有效分配的过程。收入反映的是企业经济利益的来源，而分配反映的是企业经济利益的去向，两者共同构成企业经济利益流动的完整链条。

一、收入内涵

收入主要包括营业收入、投资收益和营业外收入。

营业收入是指企业在从事销售商品或提供劳务等经营业务过程中取得的收入，分为主营业务收入和其他业务收入两部分。主营业务收入是指企业进行经常性业务取得的收入，是利润形成的主要来源；其他业务收入是指企业在生产经营过程中取得的除基本业务收入以外的各项收入，如转让无形资产使用权的收入和资产出租的收入等。投资收益是指企业在从事各项对外投资活动中取得的收益，包括对外投资分得的利润、股利和债券利息，投资到期收回或中途转让取得款项高于账面价值的差额以及按权益法核算的长期股权投资在被投资单位增加的净资产中所拥有的数额等。营业外收入是指与企业生产经营活动没有直接联系的各项收入，包括固定资产盘盈和出售净收益、罚款收入、因债权人原因确定无法支付的应付款项、教育附加费返还款等。

二、费用内涵

费用主要包括营业费用、投资损失和营业外支出。

营业费用是指企业在经营管理过程中为了取得收入而发生的各种费用。营业费用主要包括产品销售成本，产品销售税金及附加，产品销售费用、管理费用和财务费用。投资损失是指企业在从事各项对外投资活动中发生的损失，包括对外投资到期收回或中途转让取得款项低于账面价值的差额，以及按照权益法核算的长期股权投资在被投资单位减少的净资产中所分担的数额。营业外支出指与企业生产经营活动没有直接联系的各项支出，包括固定资产盘亏、报废、毁损和出售的净损失、非季节性和非大修期间的停工损失、职工子弟学校经费和技工学校经费、非常损失、公益救济性捐赠、赔偿金和违约金等。

三、利润内涵

利润是指企业在一定会计期间的经营成果，是企业在一定会计期间内实现的收入减去费用后的净额。从构成上来看，利润既有通过生产经营活动而获得的，也有通过投资活动而获得的，还包括那些与生产经营活动无直接关系的事项所引起的。企业利润主要分成营业利润、利润总额和净利润3个方面。

（1）营业利润。营业利润是企业生产经营活动所产生的利润，是企业生产经营活动的主要成果，是企业利润的主要来源，能够比较恰当地代表企业管理者的经营业绩。该指标主要由主营业务利润、其他业务利润、公允价值变动收益及投资收益所构成。

（2）利润总额。利润总额是在营业利润的基础上扣除营业外收支净额后的差额。

（3）净利润。净利润是指企业缴纳所得税后形成的利润，是企业所有者权益的组成部分，也是企业进行利润分配的依据。

四、利润预测方法

利润预测通常有定性预测和定量预测两种方法。定性预测主要依靠过去的经验和掌握的科学知识进行判断、分析，推断事物的性质和发展趋势，并以此作为预测未来的主要依据；定量预测主要根据过去的历史资料，运用现代数学方法和各种计算工具进行科学的加工处理，并建立经济预测的数学模型，借以充分揭示有关变量之间的规律性关系，并以此作为预测的依据。下面介绍两种定量预测方法。

（1）本量利分析法。本量利分析法是根据产销量、成本和利润之间存在的关系来确定目标利润的一种方法。它是在成本性态理论基础上，运用数学模型和图式揭示公司的产销量、成本及利润三者之间的相互影响、相互制约关系的一种定量分析方法。它主要根据产销量、成本及利润三者之间的变化关系，分析某一因素的变化对其他因素的影响。本量利分析法既可用于利润预测，也可用于成本和业务量的预测。其基本计算公式如下。

$$利润 = 销售量 \times 单价 - 销售量 \times 单位变动成本 - 固定成本$$
$$= 销售量 \times （单价 - 单位变动成本） - 固定成本$$
$$= 销售量 \times 单位边际贡献 - 固定成本$$

根据本量利分析法的基本原理可以进行保本点预测和目标利润预测。其计算公式为

$$保本销售量 = \frac{固定成本}{单价 - 单位变动成本}$$

$$保本销售额 = \frac{固定成本}{1 - 变动成本率}$$

$$目标销售量 = \frac{固定成本 + 目标利润}{单价 - 单位变动成本}$$

$$目标销售额=\frac{固定成本+目标利润}{1-变动成本率}$$

（2）因素测算法。在采用因素测算法进行利润预测时，首先必须对影响利润的各种因素进行测算。这些因素有外部因素，如市场供需的变化对产品销售量和销售价格的影响；也有内部因素，如产品单位变动成本和固定成本的变化等。然后，将变化了的各种因素代入本量利方程式，测算出其对利润的影响结果，证明这些因素都会使利润增加；单位变动成本和固定成本与利润是负相关的，单位变动成本和固定成本的增加，都会使利润减少。

✳ 任务实施

大华公司 2022 年度财务指标计算分析如下。

1. 净利润。

本年净利润=800×(1-25%)=600（万元）

2. 应计提的法定公积金和任意盈余公积金。

法定公积金=600×10%=60（万元）

任意盈余公积金=600×10%=60（万元）

3. 可供投资者分配的利润。

可供投资者分配的利润=600-60-60+181.92=661.92（万元）

4. 支付的现金股利。

支付的现金股利=661.92×40%=264.77（万元）

⦿ 任务二 股利分配政策选择

✳ 任务情境

大华公司成立于 2021 年 1 月，2021 年实现的净利润为 1 000 万元，分配现金股利 550 万元，提取盈余公积 450 万元（指定用途）。2022 年实现的净利润为 900 万元（不考虑计提法定盈余公积）。2023 年计划追加投资，所需资金为 700 万元。假定该公司目标资本结构为自有资金占 60%，借入资金占 40%。

✳ 任务描述

1. 在保持目标资本结构的前提下，计算公司 2023 年投资方案所需的自有资金额和需要从外部借入的资金额。

2. 在保持目标资本结构的前提下，如果公司执行剩余股利政策，计算公司 2022 年应分配的现金股利。

3. 在不考虑目标资本结构的前提下，如果公司执行固定股利政策，计算公司 2022 年应分配的现金股利、可用于 2023 年投资的留存收益和需要额外筹集的资金额。

4. 在不考虑目标资本结构的前提下，如果公司执行固定股利支付率政策，计算该公司的股利支付率和 2022 年应分配的现金股利。

❋ 知识要点

股利分配政策是企业就股利分配所采取的策略和方针，如设计多大的股利支付率、以何种形式支付股利、何时支付股利等问题。支付给股东的盈余与留在企业的盈余存在此消彼长的关系。所以，股利分配既决定给股东分配多少红利，也决定有多少净利留在企业。股利分配决策也是企业内部筹资决策。

动画：股利政策及选择

目前，主要的股利分配政策有以下 4 种。

一、剩余股利政策

剩余股利政策就是在公司有着良好的投资机会时，根据一定的目标资本结构（最佳资本结构），测算出投资所需的权益资本。先将权益资本从盈余当中留用，然后将剩余的盈余作为股利予以分配。

采用剩余股利政策时，应遵循以下 4 个步骤。

（1）设定目标资本结构，即确定权益资本与债务资本的比率，在此资本结构下，加权平均资本成本将达到最低水平。

（2）确定目标资本结构下投资所需的股东权益数额。

（3）最大限度地使用保留盈余来满足投资方案所需的权益资本数额。

（4）投资方案所需权益资本已经满足后，若有剩余盈余，再将其作为股利发放给股东。

剩余股利政策的优点：能保持理想的资本结构，使加权平均资本成本最低。

剩余股利政策的缺点：股利额会随投资机会变动，不能与盈余较好地配合。

【业务实例 5-1】 某公司 2023 年税后净利为 1 000 万元，2024 年的投资计划所需资金为 1 200 万元，公司的目标资本结构为权益资本占 60%、债务资本占 40%。按照目标资本结构的要求，公司投资方案所需的权益资本数额为多少？

解析： 自有资金需要量 = 计划所需资金 × 自有资金比例 = 1 200 × 60% = 720（万元）

按照剩余股利政策的要求，该公司 2023 年向投资者分红（发放股利）的数额 = 税后净利 − 自有资金需要量 = 1 000 − 720 = 280（万元）

二、固定股利政策

固定股利政策就是将每年发放的股利固定在某一水平上并在较长的时期内保持不变，只有当公司认为未来盈余会显著地、不可逆转地增长时，才提高年度的股利发放额。

固定股利政策的主要目的是避免出现由于经营不善而削减股利的情况。采用这种股利政策的理由有以下几点。

（1）稳定的股利向市场传递着公司正常发展的信息，有利于公司树立良好的形象，增强投资者对公司的信心，稳定股票价格。

（2）稳定的股利有利于投资者安排股利收入和支出，特别是对那些对股利有着很高依赖性的股东。而股利忽高忽低的股票则不会受这些股东的欢迎，股票价格也会因此而下降。

（3）稳定的股利政策可能会不符合剩余股利理论，但考虑到股票市场会受到多种因素的影响，其中包括股东的心理状态和其他要求，为了使股利维持在稳定的水平上，即使采用推迟某些投资方案或者暂时偏离目标资本结构的做法，也可能要比降低股利或降低股利增长率更为有利。

固定股利政策的优点：有利于投资者安排收入与支出并保持公司股票价格的稳定。

固定股利政策的缺点：股利与盈利能力相脱节，没有考虑公司流动性与内部积累资金的要求，尤其是在盈利较少的年份，若仍要维持较高的股利，则容易造成资金短缺，使公司财务状况恶化。

三、固定股利支付率政策

固定股利支付率政策就是公司确定一个股利占盈余的比率，长期按此比率支付股利的政策。在这一股利政策下，各年股利额随公司经营的好坏而上下波动，获得较多盈余的年份股利额高，获得盈余少的年份股利额低。

主张实行固定股利支付率政策的人认为这样能使股利与公司盈余紧密配合，以体现多盈多分、少盈少分、无盈不分的原则，以真正公平地对待每一位股东。但是，在这种政策下各年的股利变动较大，极易给人造成公司不稳定的感觉，对稳定股票价格不利。

固定股利支付率政策的优点：充分体现了风险投资与风险收益的对等。

固定股利支付率政策的缺点：容易使外界产生公司经营不稳定的印象，不利于股票价格的稳定与上涨，所以很少有公司采用这种政策。

四、低正常股利加额外股利政策

低正常股利加额外股利政策是指公司在一般情况下每年只支付固定的、数额较低的股利，而在盈余多的年份，再根据实际情况向股东发放额外股利的政策，但额外股利并不固定，这种政策也不意味着公司永久地提高了规定的股利率。

低正常股利加额外股利政策的优点有以下两点。

（1）这种股利政策使公司具有较大的灵活性。当公司盈余较少或投资需要较多资金时，采用这种政策可维持设定的较低但正常的股利，股东不会有股利跌落感；而当盈余有较大幅度增加时，采用这种政策则可适度增发股利，把经济增长的部分利益分配给股东，增强他们对公司的信心，这有利于稳定股票价格。

（2）这种股利政策可使那些依靠股利度日的股东每年至少可以得到虽然较低但比较稳定的股利收入，从而吸引住这部分股东。

低正常股利加额外股利政策的缺点有以下两个方面。

（1）不同年份之间公司的盈利波动使得额外股利不断变化，造成分派的股利不同，容易给投资者以公司收益不稳定的感觉。

（2）当公司在较长时期持续发放额外股利时，可能会被股东误认为额外股利是"正常股利"，而一旦取消了这部分额外股利，传递出去的信号可能会使股东认为这是公司财务状况恶化的表现，进而可能会引起公司股价下跌的不良后果。

教学视频：利润分配及影响因素

综上所述，各种股利政策各有所长，公司在分配股利时，应借鉴其基本决策思想，选择适合自己实际情况的股利政策。

❋ 任务实施

1. 2023 年投资方案所需的自有资金额=700×60%=420（万元）

2023年投资方案需要从外部借入的资金额=700×40%=280（万元）

2. 2022年应分配的现金股利=净利润-2023年投资方案所需的自有资金额=900-420=480（万元）

3. 2022年应分配的现金股利=2021年分配的现金股利=550（万元）

可用于2023年投资的留存收益=900-550=350（万元）

2023年投资需要额外筹集的资金额=700-350=350（万元）

4. 该公司的股利支付率=550/1 000×100%=55%

2022年应分配的现金股利=55%×900=495（万元）

项目小结

1. 利润分配是企业将实现的经营成果按照法律规定和企业权力机构的决议，向投资者进行分配的过程。坚持利润分配的原则，正确地进行利润分配能提高企业的价值。

2. 在股利分配政策中介绍了股利分配理论及其影响因素，重点是企业如何选择适合自己的股利分配政策。

能力提升训练　　　赛学融合

项目六

财务预算

🛒 学习目标

【知识目标】

- 掌握财务预算的含义、作用及编制程序
- 掌握弹性预算、零基预算、滚动预算的含义
- 了解固定预算、增量预算、定期预算的含义
- 掌握各类业务预算和现金预算编制方法
- 掌握预计财务报表的编制方法

【能力目标】

- 能运用财务预算编制方法编制各类业务预算和现金预算
- 会编制预计利润表和预计资产负债表

【素养目标】

- 全面地分析问题，形成全面预算管理观念
- 学会计划，做好规划。增强职业创新意识

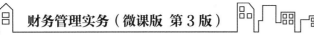
知识框架图

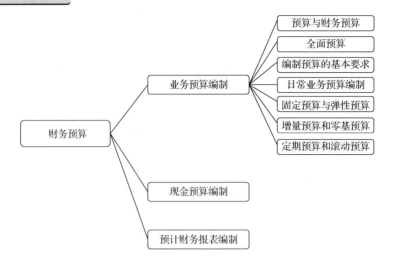

财务预算
- 业务预算编制
  - 预算与财务预算
  - 全面预算
  - 编制预算的基本要求
  - 日常业务预算编制
  - 固定预算与弹性预算
  - 增量预算和零基预算
  - 定期预算和滚动预算
- 现金预算编制
- 预计财务报表编制

职场箴言

- 凡事预则立，不预则废。——《礼记·中庸》
- 预算不是一个钱柜，而是一个洒水器：它抽上来又洒出去的水越多，国家就越繁荣。——巴尔扎克

案例引入

亚星集团的全面预算管理

预算管理在企业的财务管理中占有重要的地位，我们来看一下潍坊亚星集团有限公司是如何进行全面预算管理的。

潍坊亚星集团有限公司（以下简称"亚星集团"）是一家以研制和生产经营新型化学材料为主业面向全球的高科技化工企业。亚星集团成立了财务预算处，具体负责企业的全面预算管理，用全面预算控制这个新的概念来代替计划经济下旧的管理体制。

亚星集团全面预算的编制按时间分为年度预算编制和月度预算编制。月度预算是为确保年度预算的实现，经过科学地计划组织与分析，结合本企业不同时期动态的生产经营情况进行编制的。

全面预算编制紧紧围绕资金收支两条线，涉及企业生产经营活动的方方面面，将产供销、人财物全部纳入预算范围，每个环节疏而不漏。具体细化到：①销售收入、税金、利润及利润分配预算；②产品产量、生产成本、销售费用、财务费用预算；③材料、物资、设备采购预算；④工资及奖金支出预算；⑤大、中、小维修预算；⑥固定资产基建、技改、折旧预算；⑦各项基金提取及使用预算；⑧对外投资预算；⑨银行借款及还款预算；⑩货币资金收支预算等。预算编制过程中，每一收支项目的数字指标得依据充分确实的材料，并总结出规律，进行严密的计算，不能随意编造。全面预算确定后，层层分解到各分厂、车间、部门、处室，各部门再落实到每个人，从而使每个人都紧紧围绕预算目标各负其责、各司其职。

到 2017 年，亚星集团在全球氯化聚乙烯（CPE）销售市场上已占据了 50% 的销售份额，在国内更达到了 70% 的市场份额。

企业的全面预算管理是如何进行的呢？

任务一 业务预算编制

❈ 任务情境

大华公司是一个只生产、销售甲产品的企业。企业经理人为了提高该企业的管理效率，保证战略经营目标的实现，决定自 2023 年度起编制财务预算。大华公司 2023 年度各季的销售量、期末存货、生产甲产品材料和人工耗用情况、固定资产购置、资本筹集、税费支付、股利分配等皆可预测。

（1）该企业 2023 年 3—7 月的销售量分别为 10 000 件、10 000 件、12 000 件、12 000 件、10 000 件，单价（不含税）为 10 元，每月含税销售收入中，当月收到现金 60%，下月收到现金 40%，增值税税率为 13%。

（2）各月商品采购成本按下一个月含税销售收入的 70% 计算，货款（进项税率为 13%）于当月支付现金 40%，下月支付现金 60%。

（3）该企业 2023 年 4—6 月的制造费用分别为 10 000 元、11 000 元、10 000 元，每月制造费用中包括折旧费 5 000 元。

（4）该企业 2023 年 4 月购置固定资产，需要现金 20 000 元。

（5）该企业在现金不足时，向银行借款（为 1 000 元的倍数），短期借款利率为 6%；现金有多余时，归还短期借款（为 1 000 元的倍数）。借款在期初，还款在期末，3 月末的长期借款余额为 20 000 元，借款年利率 12%，短期借款余额为 0。假设短期借款归还本金时支付利息（利随本清），先借入的先归还，长期借款每季度末支付利息。

（6）该企业规定的期末现金余额的额定范围为 7 000～8 000 元，假设甲产品适用的消费税税率为 8%，城市维护建设税税率为 7%，教育费附加征收率为 3%，地方教育附加税率为 2%，其他资料见表 6-1。

表 6-1 2023 年 4—6 月现金预算表

单位：元

月份	4	5	6
期初现金余额	15 000		
经营现金收入			
直接材料采购支出			
直接工资支出	5 000	5 500	5 500
制造费用支出			
其他付现费用	500	400	600
应交税金及附加支出			
预交所得税			2 000
购置固定资产	20 000		
现金余缺			

续表

举借短期借款			
归还短期借款			
支付借款利息			
期末现金余额			

✳ 任务描述

1. 计算3—6月每月的采购成本和购货款。
2. 计算4—6月每月的应交增值税、应交消费税、税金及附加、应交税金及附加。
3. 计算4—6月每月的经营现金收入。
4. 计算4—6月每月的直接材料采购支出。
5. 根据以上资料，完成该企业4—6月现金预算的编制工作。

✳ 知识要点

一、预算与财务预算

1．预算的含义

预算是指企业在科学的生产经营预测与决策的基础上，用价值和实物等多种指标反映企业未来一定时期内的生产经营状况、经营成果及财务状况等的一系列具体计划。预算是计划工作的结果，又是控制生产经营活动的依据。

2．财务预算的含义与作用

财务预算是一系列专门反映企业未来一定预算期内预计财务状况和经营成果，以及现金收支等价值指标的各种预算的总称，具体包括现金预算、预计利润表、预计资产负债表和预计现金流量表等内容。编制财务预算是企业财务管理的一项重要工作。财务预算的作用主要表现在以下4个方面。

（1）明确目标。

（2）合理配置财务资源。

（3）平衡财务收支。

（4）控制财务活动。

另外，财务预算也是考核评定各部门、各层次工作成绩的主要依据，同时也是财务分析的主要依据。

二、全面预算

全面预算是所有以货币及其他数量形式反映的有关企业未来一定时期内全部经营活动各项目标的行动计划与相应措施的数量说明，具体包括特种决策预算、日常业务预算和财务预算三大类内容。

1．特种决策预算

特种决策预算最能直接体现决策的结果，它实际是中选方案的进一步规划，如资本支出预算，其编制依据可追溯到决策之前收集到的有关资料，只不过预算比决策估算更细致、更精确。

2．日常业务预算

日常业务预算是指与企业日常经营活动直接相关的经营业务的各种预算，具体包括销售预算、生产预算、直接材料预算、直接人工预算、制造费用预算、产品成本预算以及销售与管理费用预算等。

3．财务预算

财务预算作为全面预算体系中的最后环节，可以从价值方面总括地反映经营期决策预算与业务预算的结果，也称为总预算。其余预算则相应地被称为辅助预算或分预算，企业财务预算示意如图 6-1 所示。

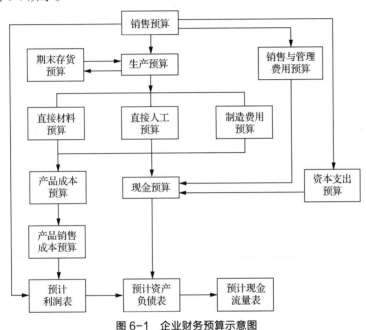

图 6-1　企业财务预算示意图

三、编制预算的基本要求

编制预算的基本要求如下。

（1）机构设置。

（2）编制预算必须了解编制预算的基础。

（3）编制预算涉及经营管理的各个部门及人员，所有执行人员都应参与预算的编制，以保证预算得到执行人员的自愿执行。

（4）预算的编制程序如下。

①　最高领导机构根据长期规划，提出公司一定时期的总目标，并下达规划指标。

②　基层的执行人员自行草拟预算，使预算能较为切实可行。

③　各部门汇总部门预算，并初步协调本部门预算，编制销售、生产、财务等预算。

④　预算委员会审查、平衡业务预算，汇总出公司的总预算。

⑤　提交公司总经理审查总预算，通过或驳回修改总预算。

⑥　总预算报告提交给董事会讨论，通过或驳回修改。

⑦　批准后的总预算传达给各部门执行。

四、日常业务预算编制

1．销售预算

销售预算是在销售预测的基础上，根据企业目标利润规划，结合其他方面的因素，对预算期内的预计销售量、销售单价和销售收入所做的预算。销售预算是编制全面预算的出发点，也是日常业务预算的基础。

预计销售额可通过下面的公式得出：

$$预计销售额 = 预计销售量 × 预计销售单价$$

为了给编制现金预算提供资料，销售预算通常还包括现金收入的预算，以反映每个预算期内因销售而收回现金的预计额。

2．生产预算

生产预算是关于预算期内生产数量的预算。生产预算的编制需要以销售预算和预计期末存货数量为基础。编制生产预算时，需要对存货数量进行合理的估计，既要避免因存货过多而造成的资金浪费，又要避免因存货不足而影响未来销售的情况。

对存货数量的预算有以下两种方法。

（1）预算期第一期期初存货数量是编制预算时预计的，预算期内各期末存货数量可以根据下期预计销售数量的一定百分比来确定。

（2）单独编制存货预算。

预计存货生产数量时，可按下面的公式来计算：

$$预计生产数量 = 预计销售量 + 预计期末存货数量 - 预计期初存货数量$$

3．直接材料预算

直接材料预算是以生产预算为基础，对预算期内原材料的采购数量、采购单价及预计采购成本所做的预算。

预算期内原材料的采购数量取决于生产耗用量、原材料期初存货及原材料期末存货的需要量。

动画：采购预算编制

原材料生产耗用量取决于预计生产量及单位产品材料消耗量，预计生产量即生产预算中的预计生产量，单位产品材料消耗量可以采用单位产品的定额消耗量。

原材料存货预算可以根据下一期原材料生产耗用量的一定百分比确定，也可以单独做预算。

各预算期的采购数量可以根据下式计算：

$$预计采购量 = 预计生产耗用量 + 预计原材料期末存货量 - 预计原材料期初存货量$$

购买原材料是企业现金支出的一个重要组成部分，为了给编制现金预算提供资料，编制直接材料预算的同时，需要编制现金支出预算。每一期预计现金支出包括偿还上期的采购欠款和本期预计以现金支付的采购款。

4．直接人工预算

直接人工预算也是以生产预算为基础编制的，是对单位产品工时、每小时人工成本及人工总成本所做的预算。直接人工预算比直接材料预算简

动画：直接人工预算
编制

单，它不需要考虑存货因素，可以直接根据预算生产量所需要的直接人工小时及每小时人工成本编制。

单位产品工时及每小时人工成本（每小时人工工资）资料来自企业的定额资料。

直接人工总成本（直接人工工资）可以通过下式计算：

$$直接人工总成本 = 预计生产量 \times 单位产品工时 \times 每小时人工成本$$

由于直接人工工资都需要企业以现金支付，所以不需要另外编制现金支出预算，直接人工预算可直接为现金预算提供现金支出资料。

5．制造费用预算

制造费用预算是对那些为产品生产服务，但不能直接计入产品成本的间接费用所做的预算。为了编制制造费用预算，通常将制造费用按成本性态分为变动制造费用和固定制造费用，并分别对变动制造费用和固定制造费用编制预算。变动制造费用与产品产量直接相关，所以变动制造费用预算以生产预算为基础来编制，变动制造费用是预计生产量与单位产品变动制造费用的乘积。固定制造费用与本期生产数量无关，需要按照费用项目逐项根据每一预算期内实际需要的支付额进行预计或在上年基础上根据预期变动加以适当修正进行预计。

$$预算期内预计制造费用 = 预计变动制造费用 + 预计固定制造费用$$

为了给编制现金预算提供现金收支信息，在编制制造费用预算时，通常包括现金支出预算。

$$预计现金支出 = 预计制造费用 - 不需要以现金支付的制造费用$$

6．销售与管理费用预算

销售费用预算是对销售环节的支出所做的预算，销售费用按照其与销售数量之间的关系，可分为变动销售费用和固定销售费用。变动销售费用是指随销售量的变动而变动的销售费用；固定销售费用是指不随销售量的变动而变动的销售费用，如销售人员的工资，销售机构的折旧费用、广告费用、保险费用等。

对变动销售费用的预算应当以销售预算为基础编制，预算期内变动销售费用应是预计销售数量与单位变动销售费用的乘积。

固定销售费用因不随销售量变动而变动，故通常以过去实际开支为基础，根据预算期的变动进行调整来编制预算。

管理费用预算是指企业日常生产经营中为搞好一般管理业务所必需的费用预算，包括行政费用、人力资源费用、研发费用、差旅费、会议费、咨询费等方面的预算。

销售及管理费用大部分也需要本期支付现金，为了给现金预算提供资料，在编制销售及管理费用预算时应编制现金支出预算。但应注意的是，一些不需要支付现金的销售及管理费用应扣除。

7．产品成本预算

产品成本预算是对产品的单位成本、总成本的预算。产品成本预算的编制需要以直接材料预算、直接人工预算及制造费用预算为基础。

产品单位成本取决于单位产品的直接材料费用、单位产品的直接人工费用及单位产品的制造费用。其中：

动画：产品成本预算
编制

$$单位产品的直接材料费用 = 单位产品材料消耗量 \times 材料预计单价$$
$$单位产品的直接人工费用 = 单位产品工时 \times 预计每小时人工成本$$
$$单位产品的制造费用 = 每小时制造费用 \times 单位产品工时$$
$$= 制造费用总额 \div 产品工时总额 \times 单位产品工时$$

产品总成本是预计生产量与产品单位成本的乘积。

8．产品销售成本预算

产品销售成本预算是关于企业年末产品销售成本的预算，是为编制年度损益表服务的。

产品销售成本预算的编制须以产品成本预算及期末产品存货预算为基础。年末预计销售成本可以通过以下公式来计算：

$$预计销售成本 = 预计总生产成本 + 期初存货成本 - 期末存货成本$$

式中：期初存货成本是上一年年末的期末存货成本；预计总生产成本来自产品成本预算；期末存货成本是期末存货数量与产品单位成本的乘积，期末存货数量资料来自生产预算。

9．资本支出预算

资本支出预算是对预算期内长期投资项目（回收期超过一年）的未来现金流量进行估算。资本支出预算是与销售预算相对应的，是长期投资决策已选定方案的集中、概括和系统化、表格化，其主要内容是列示投资方案各年度的用款额度及企业各年需要投入的资金总量，以便据以筹划相应的资金来源。

五、固定预算与弹性预算

编制预算的方法按其业务量基础的数量特征不同，可分为固定预算方法和弹性预算方法两种。

动画：固定预算与弹性预算

1．固定预算方法

固定预算方法简称"固定预算"，又称静态预算，是指根据预算期内正常的、可实现的某一业务量（如生产量、销售量、采购量）水平作为唯一基础来编制预算的方法。

这种预算编制方法的特点是：编制预算的业务量基础是事先确定的某一个业务量水平，这一业务量水平是综合各种因素之后所做的判断，有时与实际业务量存在误差甚至差异较大的情况。固定预算的应用范围较小，只适用于那些业务量水平较为稳定的企业或非营利组织。

2．弹性预算方法

弹性预算方法简称"弹性预算"，是指企业在不能准确预测业务量的情况下，在成本性态分析的基础上，以业务量、成本和利润之间的数量关系为依据，按照预算期可预见的各种业务量水平，编制能够适应多种业务水平的预算的方法。

弹性预算方法的特点如下。第一，弹性预算是按一系列业务水平编制的，从而扩大了预算的适用范围。第二，弹性预算是按成本的性态分类列示的，便于在计划期末计算实际业务量的预算额，从而能够使预算执行情况的评价和考核建立在更加客观和可比的基础上，便于更好地发挥预算的控制作用。第三，弹性预算适用于编制所有与业务量有关的各种预算，但从现实角度看，它主要用于编制弹性成本费用预算和弹性利润预算。

六、增量预算和零基预算

编制成本费用预算的方法按其出发点的特征不同，可分为增量预算方法和零基预算方法两种。

动画：增量预算和零基预算

1．增量预算方法

增量预算方法简称"增量预算"，是指以基期成本费用水平为基础，结合预算期业务量水平及有关降低成本的措施，通过调整有关原有费用项目而编制预算的方法。

这种预算方法的不足之处非常明显：首先，编制预算时，通常是以以前的成本费用项目及水平为基础稍做调整进行编制的，这样可能使原来一些不合理的成本费用项目继续保留，造成预算上的浪费；其次，按照这种方法编制的成本费用预算，对于那些未来实际需要开支的项目可能因没有考虑未来情况的变化而造成预算的不足，不利于企业的长期发展。这种预算方法的最大优点是预算编制工作简单，不需要投入大量时间及精力，编制速度快。

2．零基预算方法

零基预算方法，即以零为基础编制预算的方法，简称"零基预算"，是指在编制成本费用预算时，不考虑以往预算期间内所发生的费用项目及费用水平，一切从预算期实际需要与可能出发，逐项审议预算期内各项费用的内容及开支标准是否合理、是否符合企业目标，在综合平衡的基础上编制成本费用预算的一种方法。这种方法的特点如下。

（1）零基预算不受以前预算期的成本费用项目及水平的限制，一切从预算期的实际出发。这不仅可以促进企业提高资源配置的效率，而且对一切成本费用一视同仁，有利于企业面向未来全面考虑各种成本费用预算问题，有利于企业的长期发展。

（2）零基预算可以充分发挥各级管理人员的积极性、主动性和创造性，促进各预算部门合理使用资金，提高资金的利用效果。

（3）零基预算的主要缺点是工作量较大，编制时间较长。在编制成本费用预算时，需要进行大量的基础工作，如需要进行历史分析、现状分析及未来分析。

七、定期预算和滚动预算

编制预算的方法按其预算期的时间特征不同，可分为定期预算方法和滚动预算方法两种。

动画：定期预算和
滚动预算

1．定期预算方法

定期预算方法简称"定期预算"，是指在编制预算时以不变的会计期间（如日历年度）作为预算期的一种编制预算的方法。

定期预算的优点是能够使预算期与会计年度相配合，便于考核和评价预算的执行结果。按照定期预算编制的预算的主要缺点是：①缺乏远期指导性；②定期预算不能随情况的变化及时做出调整，比较机械，缺乏灵活性，当经营活动在预算期内发生重大变化时，所做的预算将无任何意义。

2．滚动预算方法

滚动预算方法简称"滚动预算"，又称"连续预算"，是指在编制预算时，将预算期与会计年度相脱离，随着预算的执行不断延伸补充预算，逐期向后滚动。滚动预算按其预算编制和滚动的时间单位不同可分为逐月滚动、逐季滚动两种方式。滚动预算克服了定期预算的缺点，实现了与日常管理的紧密衔接，能够帮助管理人员从动态的角度把握住企业近期的规划目标和远期的战略需要。而且，滚动预算能够根据前期预算的执行情况，结合各种因素的变动影响，及时调整和修订近期预算，从而使预算更加切合实际，能够充分发挥预算的指导和控制作用，但这种预算编制方法的主要缺点是预算工作量较大。

✳ 任务实施

1．计算3—6月每月的采购成本和购货款。

3月采购成本=10 000×10×（1+13%）×70%=79 100（元）

3 月购货款=79 100×（1+13%）=89 383（元）

4 月采购成本=12 000×10×（1+13%）×70%=94 920（元）

4 月购货款=94 920×（1+13%）=107 259.6（元）

5 月采购成本=12 000×10×（1+13%）×70%=94 920（元）

5 月购货款=94 920×（1+13%）=107 259.6（元）

6 月采购成本=10 000×10×（1+13%）×70%=79 100（元）

6 月购货款=79 100×（1+13%）=89 383（元）

2. 计算 4—6 月每月的应交增值税、应交消费税、税金及附加、应交税金及附加。

4 月：

销项税额=10 000×10×13%=13 000（元）

进项税额=94 920×13%=12 339.6（元）

应交增值税=13 000-12 339.6=660.4（元）

应交消费税=10 000×10×8%=8 000（元）

税金及附加=8 000+（660.4+8 000）×（7%+3%+2%）=9 039.25（元）

应交税金及附加=660.4+9 039.25=9 699.65（元）

5 月：

销项税额=12 000×10×13%=15 600（元）

进项税额=94 920×13%=12 339.6（元）

应交增值税=15 600-12 339.6=3 260.4（元）

应交消费税=12 000×10×8%=9 600（元）

税金及附加=9 600+（3 260.4+9 600）×（7%+3%+2%）=11 143.25（元）

应交税金及附加=3 260.4+11 143.25=14 403.65（元）

6 月：

销项税额=12 000×10×13%=15 600（元）

进项税额=79 100×13%=10 283（元）

应交增值税=15 600-10 283=5 317（元）

应交消费税=12 000×10×8%=9 600（元）

税金及附加=9 600+（5 317+9 600）×（7%+3%+2%）=11 390.04（元）

应交税金及附加=5 317+11 390.04=16 707.04（元）

3. 计算 4—6 月每月的经营现金收入。

4 月的经营现金收入=10 000×10×（1+13%）×40%+10 000×10×（1+13%）×60%=113 000（元）

5 月的经营现金收入=10 000×10×（1+13%）×40%+12 000×10×（1+13%）×60%=126 560（元）

6 月的经营现金收入=12 000×10×（1+13%）×40%+12 000×10×（1+13%）×60%=135 600（元）

4. 计算 4—6 月每月的直接材料采购支出。

4 月的直接材料采购支出=89 383×60%+107 259.6×40%=96 533.64（元）

5 月的直接材料采购支出=107 259.6×60%+107 259.6×40%=107 259.6（元）

6 月的直接材料采购支出=107 259.6×60%+89 383×40%=100 108.96（元）

5. 根据以上资料，完成该企业 4—6 月现金预算的编制，见表 6-2。

表6-2 2023年4—6月现金预算表

单位：元

月份	4	5	6
期初现金余额	15 000	7 266.71	7 263.46
经营现金收入	113 000	126 560	135 600
直接材料采购支出	96 533.64	107 259.6	100 108.96
直接工资支出	5 000	5 500	5 500
制造费用支出	10 000-5 000=5 000	11 000-5 000=6 000	10 000-5 000=5 000
其他付现费用	500	400	600
应交税金及附加支出	9 699.65	14 403.65	16 707.04
预交所得税			2 000
购置固定资产	20 000		
现金余缺	−8 733.29	263.46	12 947.46
举借短期借款	16 000	7 000	
归还短期借款			5 000
支付借款利息			675
期末现金余额	7 266.71	7 263.46	7 272.46

提示：

支付借款利息的计算过程如下。

长期借款利息=20 000×12%×3/12=600（元）

短期借款利息=5 000×6%×3/12=75（元）

支付借款利息合计=600+75=675（元）

任务二 现金预算编制

✳ 任务情境

大华公司规定各季末必须保证有最低的现金余额5 000元，公司2023年现金预算表部分数据如表6-3所示。

表6-3 2023年现金预算表（部分数据）

单位：元

摘要	第一季度	第二季度	第三季度	第四季度	全年
期初现金余额	8 000				
加：现金收入		70 000	96 000		321 000
可动用现金合计	68 000			100 000	
减：现金支出					
直接材料	35 000	45 000		35 000	
制造费用		30 000	30 000		113 000
购置设备	8 000	8 000	10 000		36 000
支付股利	2 000	2 000	2 000	2 000	
现金支出合计		85 000			

续表

摘要	第一季度	第二季度	第三季度	第四季度	全年
现金结余（不足）	-2 000		11 000		
现金筹集与运用					
银行借款（期初）		15 000	—		
归还本息（期末）	—	—		-17 000	
现金筹集与运用合计					
期末现金余额					

✳ 任务描述

根据以上资料，将大华公司 2023 年现金预算表中未列金额的部分逐一填列。

✳ 知识要点

现金预算是用来反映预算期内现金流转状况的预算。现金预算由 4 个部分组成。

（1）现金收入：包括期初现金余额和预算期内可能发生的现金收入，如销售收入、收回应收账款、票据贴现等。

（2）现金支出：包括预算期内可能发生的各项现金支出，如支付购买材料款，支付工资、制造费用和销售及管理费用，缴纳所得税，购置设备和支付股利等。

（3）现金多余或不足：将现金收入合计与现金支出合计进行抵减，差额为正数，说明收大于支，现金有多余，可用于归还银行借款或购置短期证券；差额为负数，说明收小于支，现金不足，则需向银行借款或采用其他方法筹资。

（4）资金的筹集与运用：包括预算期内预计向银行借款的数额（或需要向外界筹资的数额）、偿还借款和支付利息、收回放款及利息等事项。

综上所述，现金预算的构成内容如下。

$$期初现金余额 + 本期现金收入 = 本期可动用现金$$

$$本期可动用现金 - 本期现金支出 = 本期现金收支差额$$

$$预计期末现金余额 = 本期现金收支差额 + 借入款项 - 偿还款项 - 利息$$

编制现金预算的主要目的在于加强对预算期间现金流量的控制，合理地调度资金，保证企业各个时期的资金需要。

现金预算的编制期间越短越好，西方国家有不少企业按星期或旬编制预算，甚至还有按天编制的，但一般还是采用年度分季或季度分月编制。

✳ 任务实施

将大华公司 2023 年现金预算表中未列金额的部分逐一填列，如表 6-4 所示。

表 6-4　2023 年现金预算表（部分数据）　　　　　　　　　　　　　　　　单位：元

摘要	第一季度	第二季度	第三季度	第四季度	全年
期初现金余额	8 000	5 000	5 000	5 000	8 000
加：现金收入	60 000	70 000	96 000	95 000	321 000
可动用现金合计	68 000	75 000	101 000	100 000	329 000

续表

摘要	第一季度	第二季度	第三季度	第四季度	全年
减：现金支出					
直接材料	35 000	45 000	48 000	35 000	163 000
制造费用	25 000	30 000	30 000	28 000	113 000
购置设备	8 000	8 000	10 000	10 000	36 000
支付股利	2 000	2 000	2 000	2 000	8 000
现金支出合计	70 000	85 000	90 000	75 000	320 000
现金结余（不足）	-2 000	-10 000	11 000	25 000	9 000
现金筹集与运用					
银行借款（期初）	7 000	15 000	—	—	22 000
归还本息（期末）	—	—	-6 000	-17 000	-23 000
现金筹集与运用合计	7 000	15 000	-6 000	-17 000	-1 000
期末现金余额	5 000	5 000	5 000	8 000	8 000

任务三　预计财务报表编制

✿ 任务情境

大华公司生产和销售单一产品甲，该公司 2022 年的生产经营全面预算资料见表 6-5 至表 6-11。

表 6-5　2022 年度销售预算

项目	第一季度	第二季度	第三季度	第四季度	全年合计
预计销售量/件	10 000	30 000	40 000	20 000	100 000
单位产品售价/元	20	20	20	20	20
预计销售收入/元	200 000	600 000	800 000	400 000	2 000 000

表 6-6　2022 年度生产预算

单位：件

项目	季度				全年合计
	1	2	3	4	
预计销售量（表 6-5）	10 000	30 000	40 000	20 000	100 000
加：预计期末产成品存货	6 000	8 000	4 000	3 000	3 000
合计	16 000	38 000	44 000	23 000	103 000
减：预计期初产成品存货	2 000	6 000	8 000	4 000	2 000
预计生产量	14 000	32 000	36 000	19 000	101 000

表 6-7　2022 年度直接材料预算

项目	季度				全年合计
	1	2	3	4	
预计生产量/件（表 6-6）	14 000	32 000	36 000	19 000	101 000
单位产品原材料需用量/千克	5	5	5	5	5
预计材料需用量/千克	70 000	160 000	180 000	95 000	505 000
加：预计期末材料存货/千克	16 000	18 000	9 500	7 500	7 500

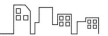

续表

项目	季度				全年合计
	1	2	3	4	
合计/千克	86 000	178 000	189 500	102 500	512 500
减：预计期初材料存货/千克	7 000	16 000	18 000	9 500	7 000
预计原材料采购量/千克	79 000	162 000	171 500	93 000	505 500
单价/（元/千克）	0.60	0.60	0.60	0.60	0.60
预计原材料采购额/元	47 400	97 200	102 900	55 800	303 300

表 6-8　2022 年度直接人工预算

项目	季度				全年合计
	1	2	3	4	
预计生产量/件（表 6-6）	14 000	32 000	36 000	19 000	101 000
单位产品直接人工工时/小时	0.8	0.8	0.8	0.8	0.8
预计直接人工工时/小时	11 200	25 600	28 800	15 200	80 800
小时工资/元	7.5	7.5	7.5	7.5	7.5
预计直接人工成本/元	84 000	192 000	216 000	114 000	606 000

表 6-9　2022 年度制造费用预算

项目	季度				全年合计
	1	2	3	4	
预计直接人工工时/小时（表 6-8）	11 200	25 600	28 800	15 200	80 800
变动性制造费用预定分配率/（元/小时）	2	2	2	2	2
预计变动性制造费用/元	22 400	51 200	57 600	30 400	161 600
预计固定性制造费用/元	60 600	60 600	60 600	60 600	242 400
预计制造费用合计/元	83 000	111 800	118 200	91 000	404 000
减：折旧/元	15 000	15 000	15 000	15 000	60 000
预计需用现金支付的制造费用/元	68 000	96 800	103 200	76 000	344 000

表 6-10　2022 年度单位产品成本预算

项目		数量	单位成本	小计/元	合计/元
单位产品成本	直接材料	5 千克	0.6 元/千克	3	13
	直接人工	0.8 小时	7.5 元/小时	6	
	制造费用	0.8 小时	5 元/小时	4	

表 6-11　2022 年度销售与管理费用预算

项目	季度				全年合计
	1	2	3	4	
预计销售量/件（表 6-5）	10 000	30 000	40 000	20 000	100 000
单位产品变动性销售与管理费用/元	1.80	1.80	1.80	1.80	1.80
预计变动性销售与管理费用/元	18 000	54 000	72 000	36 000	180 000
广告费/元	40 000	40 000	40 000	40 000	160 000
经理人员薪金/元	35 000	35 000	35 000	35 000	140 000
保险费/元	0	1 900	37 750	0	39 650
财产税/元	0	0	0	18 150	18 150
预计销售及管理费用合计/元	93 000	130 900	184 750	129 150	537 800

1. 过去的经验表明，该公司应收账款的收回过程如下。

销售的当季度收回 70%；

销售的下一季度收回 30%。

2. 薪金和工资于当季度发放。

3. 所有采购原材料款项 50% 于当季支付，其余于下一季度支付。

4. 制造费用、期间费用及机器设备的购买款项都于发生当季支付。

5. 全年所得税估计为 72 000 元，每季度各分担 25%。

6. 公司与银行订有贷款信用额度协议，据此公司每季初都可按年利率 10% 向银行借款。

7. 公司政策规定，公司须保持最低现金余额 40 000 元。每季度初，公司必须借入足够金额的款项以保持最低现金余额；与此同时，当现金余额超过 40 000 元时，公司必须在季末最后一天支付所有欠款。

8. 机器设备的购买情况如下。

第一季度支付 30 000 元；

第二季度支付 20 000 元。

9. 每季支付股利 10 000 元。

10. 利息与本金同时偿付，且支付的利息根据所偿还贷款本金部分计算。

该企业 2021 年 12 月 31 日的资产负债表见表 6-12。

表 6-12　该企业 2021 年 12 月 31 日的资产负债表　　　　　单位：元

资产	期末余额	负债及股东权益	期末余额
流动资产		流动负债	
现金	42 500	应付账款（原材料）	25 800
应收账款	90 000		
原材料存货（700 千克）	4 200		
产成品存货（2 000 件）	26 000		
流动资产合计	162 700		
厂房设备		股东权益	
土地	80 000	普通股（无面值）	175 000
建筑物及设备	700 000	留存收益	449 900
累计折旧	292 000	股东权益合计	624 900
厂房及设备净值	488 000		
资产总计	650 700	负债及股东权益总计	650 700

❋ 任务描述

1. 根据上述资料编制 2022 年度现金预算表。

2. 编制 2022 年度预计利润表。

3. 编制 2022 年 12 月 31 日预计资产负债表。

❋ 知识要点

预算财务报表与实际的财务报表不同，其主要为企业财务管理服务，是控制企业资金、成本和利润总量的重要手段。

1. 预计利润表

预计利润表是关于预算年度要实现利润的计划。

预计利润表以货币形式综合地反映了预算期内企业经营活动成果（包括利润总额、净利润）的计划水平，该预算以销售预算、产品成本预算和期间费用预算等日常业务预算为基础编制。

2. 预计资产负债表

预计资产负债表是关于预算年度预计资产、负债和所有者权益要素可能达到的状态的预算。编制预计资产负债表的目的在于判断预算反映的财务状况的稳定性和流动性。通过对预计资产负债表的分析，发现财务比率不佳，可以及时进行修改。预计资产负债表是在年初资产负债表的基础上，根据销售、生产、现金等相关预算的数据加以调整编制的。预计资产负债表中年初数已知，应是企业上年末的实际数，期末数则均应在前述各项日常业务预算和专门决策预算的基础上分析填列。

❋ 任务实施

（一）现金预算表的编制

1. 根据应收账款编制季度现金收入计划，见表 6-13。

表 6-13 2022 年预期的现金收入　　　　　　　　单位：元

项目	季度				全年合计
	1	2	3	4	
应收账款	90 000				90 000
第一季度销售额	140 000	60 000			200 000
第二季度销售额		420 000	180 000		600 000
第三季度销售额			560 000	240 000	800 000
第四季度销售额				280 000	280 000
现金收入合计	230 000	480 000	740 000	520 000	1970 000

2. 将期初现金余额 42 500 元转入现金预算表的第一栏。

3. 将第一步计算的各季现金收入转入现金预算表。全年合计栏包括各季现金收入相加得出的全年现金收入和期初现金余额 42 500 元两项。

4. 根据表 6-7 编制原材料现金支出计划，见表 6-14。

表 6-14 2022 年预期原材料现金支出　　　　　　　　单位：元

项目	季度				全年合计
	1	2	3	4	
应付账款	25 800				25 800
第一季度原材料采购额	23 700	23 700			47 400
第二季度原材料采购额		48 600	48 600		97 200
第三季度原材料采购额			51 450	51 450	102 900
第四季度原材料采购额				27 900	27 900
现金支出合计	49 500	72 300	100 050	79 350	301 200

5. 将第四步计算的结果（来自原材料的现金支出），以及直接人工、制造费用（不含折旧）、销售费用、管理费用等现金支出数转入现金预算表中的现金支出部分。

6. 将机器设备的购买款、股利以及所得税等现金支出转入现金预算表中的现金支出部分。然后加总各季度的现金支出数，并计算现金多余（不足）数。

7. 当现金多余数大于 40 000 元时，将期末现金余额转为下一季度的期初现金余额。当现金多余数不足 40 000 元或出现现金不足时，首先要计算保持最低现金余额 40 000 元的不足数，然后据此现金不足数可得出借款数额。

8. 根据上述资料编制 2022 年度现金预算表，见表 6-15。

表 6-15 2022 年度现金预算表 单位：元

项目	季度				全年合计
	1	2	3	4	
期初现金余额	42 500	40 000	40 000	40 500	42 500
加：现金收入					
收到客户现金	230 000	480 000	740 000	520 000	1 970 000
现金收入合计	272 500	520 000	780 000	560 500	2 012 500
减：现金支出					
直接材料	49 500	72 300	100 050	79 350	301 200
直接人工	84 000	192 000	216 000	114 000	606 000
制造费用	68 000	96 800	103 200	76 000	344 000
销售及管理费用	93 000	130 900	184 750	129 150	537 800
所得税	18 000	18 000	18 000	18 000	72 000
机器设备	30 000	20 000	0	0	50 000
股利	10 000	10 000	10 000	10 000	40 000
现金支出合计	352 500	540 000	632 000	426 500	1 951 000
现金多余（不足）	−80 000	−20 000	148 000	134 000	61 500
筹资与运用					
借款（期初）	120 000	60 000	0	0	180 000
偿还借款（期末）	0	0	−100 000	−80 000	−180 000
利息	0	0	−7 500*	−6 500**	−14 000
本金和利息合计	120 000	60 000	−107 500	−86 500	−14 000
期末现金余额	40 000	40 000	40 500	47 500	47 500

注：*100 000×10%×3/4=7 500；**20 000×10%+60 000×10%×3/4=6 500。

（二）根据前 8 个步骤，可编制该公司 2022 年度预计利润表，见表 6-16。

表 6-16 2022 年度预计利润表 单位：元

产品销售收入（100 000 件×20 元）	2 000 000
减：产品销售成本（100 000 件×13 元）	1 300 000
毛利	700 000
减：销售及管理费用	537 800
营业净利润	162 200
减：利息费用	14 000
税前利润	148 200
减：所得税	72 000
净利润	76 200

（三）大华公司预计资产负债表在期初资产负债表的基础上，经过对前述各表中的有关

数据做适当调整，可编制 2022 年 12 月 31 日预计资产负债表，见表 6-17。

表 6-17　2022 年 12 月 31 日预计资产负债表　　　　　　单位：元

资产	期末余额	负债及股东权益	期末余额
流动资产		流动负债	
现金	47 500	应付账款（原材料）	27 900
应收账款	120 000		
原材料存货	4 500		
产成品存货	39 000		
流动资产合计	211 000		
厂房及设备		股东权益	
土地	80 000	普通股（无面值）	175 000
建筑物及设备	750 000	留存收益	486 100
累计折旧	352 000	股东权益合计	661 100
厂房及设备净值	478 000		
资产总计	689 000	负债及股东权益总计	689 000

 项目小结

1. 编制财务预算是企业财务管理的一项重要工作，与财务预测、决策及控制等关系密切。财务预算在全面预算体系中占有重要的地位，从价值方面总括地反映经营期决策预算与业务预算的结果，是总预算。其余预算则为辅助预算或分预算。

2. 现金预算是以日常业务预算和特种决策预算为基础而编制的预算，用来反映现金收支预算的情况。日常业务预算包括销售预算、生产预算、直接材料预算、直接人工预算、制造费用预算、产品成本预算和销售及管理费用预算等。

3. 现金预算由 4 个部分组成，即现金收入、现金支出、现金多余或不足和资金的筹集与运用；预计利润表是在企业全部产销活动预算及现金预算编制后进行编制的，主要反映预算期内经营成果的利润计划；预计资产负债表以期初的资产负债表为基础，结合现金预算、预计利润表等预算资料编制。

4. 弹性预算是以一系列业务量水平为基础编制的预算，具有预算范围宽、可比性强的特点，适用于编制各种间接费用或利润的预算，但编制的工作量较大。

能力提升训练

5. 零基预算是指在编制预算时，不考虑费用以往情况如何，从根本上分析每项成本费用的必要性和合理性，因而具有目标明确、没有框架限制、有助于企业未来发展的优点，但也存在着编制工作量大、难度高和费用较昂贵的缺点。

6. 滚动预算指在编制预算时，将预算期与会计年度脱离，随着预算的执行不断延伸补充预算，逐期向后滚动，使预算期永远保持为 12 个月。滚动预算具有较强的连续性、完整性和稳定性，并具有及时性强、透明度高的特点。

赛学融合

项目七

财务控制

 学习目标

【知识目标】

- 了解财务控制的含义、作用与分类
- 掌握成本中心、利润中心和投资中心等责任中心的特征和考核指标
- 了解责任预算与责任报告编制
- 了解责任结算与考核

【能力目标】

- 能对成本中心、利润中心和投资中心等责任中心进行评价
- 能正确地进行责任结算与考核

【素养目标】

- 树立风险管理意识
- 树立遵守法律法规意识
- 培养良好的沟通和合作能力
- 培养时间管理能力和问题解决能力

知识框架图

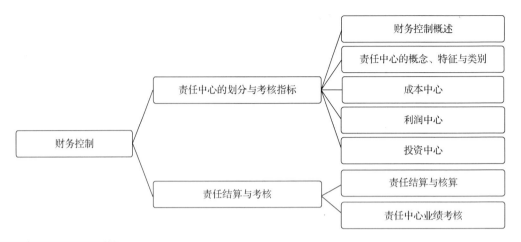

职场箴言

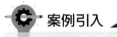

风险来自你不知道你在做什么。——沃伦·巴菲特（Warren Buffett）

如果你不能测量，你就不能控制。如果你不能控制，你就不能管理。如果你不能管理，你就不能改进。——彼得·德鲁克（Peter Drucker）

案例引入

杜邦公司的责任中心制度

杜邦公司是一家跨国化工公司，成立于1802年，该公司业务范围涉及食物与营养，保健，服装，家居及建筑，电子和交通等领域，在全球90多个国家和地区经营业务，共有员工79 000多人，是全球仅次于巴斯夫的第二大化工企业。该公司采用了责任中心制度来管理和评估各个业务单位的绩效。在20世纪80年代，杜邦公司进行了一项重大的组织变革，引入了经营战略计划（Management Strategic Plans, MSP）方法，旨在将公司的目标与每个责任中心的目标对应起来。通过明确的目标设定和结果导向的绩效评估，杜邦公司成功地激发了责任中心的内部动力，提高了整体绩效和利润能力。以下是杜邦公司责任中心制度的一些特点和运作方式。

1. 责任中心划分。杜邦公司根据业务性质和组织结构将公司划分为多个责任中心。每个责任中心都是独立的业务单位，负责特定的产品线、市场或地区。这种划分使得每个责任中心可以专注于其核心业务，并有助于实现分散决策和高效运营。

2. 目标设定。杜邦公司的责任中心制度强调目标的设定和追踪。每个责任中心都有明确的业务目标，并与公司整体战略目标相一致。这些目标不仅涵盖了财务绩效，还包括市场份额、产品质量、创新能力等方面。通过设定明确的目标，责任中心可以更好地对业绩进行评估和对人员进行激励。

3. 资源分配。杜邦公司的责任中心制度将资源分配的权力下放到各个责任中心。每个责任中心有自己的预算，可以根据业务需求进行资源调配。这样可以实现资源的优化配置，提高效率和灵活性。同时，责任中心也承担着相应的责任，需要在预算范围内管理和控制开支。

4．绩效评估。杜邦公司定期对责任中心的绩效进行评估，以确保目标的实现和业务的持续改进。这种绩效评估基于一系列关键绩效指标，如利润率、销售额、市场份额等。责任中心的绩效评估结果不仅用于激励和奖励，还可以作为绩效改进和决策的参考依据。

5．合作与协调。尽管杜邦公司的责任中心是相对独立的，但它们之间仍然需要进行合作和协调。公司通过定期的沟通和协调机制促进各个责任中心之间的信息共享和协作，以实现整体业务的协同效应。

通过责任中心制度，杜邦公司实现了业务的专业化管理、资源优化和创新发展，提升了公司的灵活性和效仿能力，使责任更加明晰。

任务一　责任中心的划分与考核指标

❋ 任务情境

大华公司设有一个车间、一个事业部和甲、乙两个分公司，假如你是该公司的财务人员，正在对以上组织进行业绩考核。

（1）车间为成本中心，生产特制产品。预算产量为 20 000 件，单位成本为 80 元；实际产量 21 000 件，单位成本 75 元。

（2）事业部为自然利润中心，本期实现销售收入 600 万元，利润中心的变动成本为 180 万元，利润中心负责人实际可控固定成本为 30 万元，不可控但应由该中心负担的固定成本为 15 万元。

（3）本期甲公司经营净资产为 200 万元，获得利润 40 万元；乙公司经营净资产 280 万元，获得利润 50 万元。

❋ 任务描述

请根据车间、事业部和分公司的权责范围及业务活动的不同特点，分别对其业绩进行评价。

❋ 知识要点

一、财务控制概述

1．财务控制的概念、特征与作用

（1）财务控制的概念和特征。

财务控制是指企业对财务活动的控制，是按照一定的程序和方式确保企业及其内部机构和人员责任的全面落实，实现对企业资金的取得、投放、使用和分配过程的控制。

财务控制的特征如下：

① 财务控制是一种价值控制；

② 财务控制是一种全面控制；

③ 财务控制以现金流量为控制目的。

（2）财务控制的作用。

财务控制与财务预测、决策、预算和分析等环节共同构成财务管理的循环。其中，财务控制是财务管理循环的关键环节，它对实现财务管理目标具有保证作用。

2．财务控制的基础

财务控制的基础是指进行财务控制所必须具备的基本条件，包括以下内容。

（1）组织基础。财务控制的首要基础是围绕控制目标建立有效的组织机构，以保证控制的有效性。

（2）制度基础。内部控制制度是指企业为了顺利实施控制过程所进行的组织机构的设计、控制手段的采取及各种措施的制定。

（3）预算目标。健全的财务预算目标是进行财务控制的依据。

（4）会计信息。准确、及时、真实的会计信息是财务控制实施过程中的基本保障。

（5）信息反馈系统。财务控制是一个动态的控制过程，要确保财务预算目标的贯彻实施，必须对各责任中心执行预算的情况进行跟踪监控，不断调整执行偏差。

（6）奖励制度。奖励制度是保证控制系统长期有效运行的重要因素。

3．财务控制的种类

（1）按控制的主体分类。财务控制按控制主体分为出资者财务控制、经营者财务控制和财务部门的财务控制3种类型。

出资者财务控制是资本所有者为了实现其资本保全和增值目的而对经营者的财务收支活动进行的控制，如出资者对成本开支范围和标准的规定。

经营者财务控制是管理者为了实现财务预算目标而对企业的财务收支活动所进行的控制，这种控制是通过管理者制定财务决策目标，并促使这些目标被贯彻执行而实现的。

财务部门的财务控制是财务部门为了有效地保证现金供给，通过编制现金预算对企业日常财务活动所进行的控制。

（2）按控制的时间分类。财务控制按控制的时间分为事前财务控制、事中财务控制和事后财务控制。

① 事前财务控制，是指财务收支活动发生之前所进行的控制。

② 事中财务控制，是指财务收支活动发生过程中所进行的控制。

③ 事后财务控制，是指对财务收支活动的结果所进行的考核及相应的奖罚。

（3）按控制的依据分类。财务控制按控制的依据分为预算控制和制度控制。

预算控制是以财务预算为依据，对预算执行主体的财务收支活动进行监督、调整的一种控制形式。

制度控制是通过制定企业内部的规章制度，并以此为依据约束企业和各责任中心财务收支活动的一种控制形式。

（4）按控制的对象分类。财务控制按控制的对象分为收支控制和现金控制。

收支控制是对企业和各责任中心的财务收入活动和财务支出活动所进行的控制。

现金控制是对企业和各责任中心的现金流入和现金流出活动所进行的控制。

（5）按控制的手段分类。财务控制按控制的手段分为绝对控制和相对控制。

绝对控制是指对企业和责任中心的财务指标采用绝对额进行控制。

相对控制是指对企业和责任中心的财务指标采用相对比率进行控制。

二、责任中心的概念、特征与类别

1．责任中心的概念

责任中心是指具有一定的管理权限，并承担相应的经济责任的企业内部单位。换句话说，责任中心就是各个责任单位能够对其经济活动进行严格控制的区域。

2．责任中心的特征

（1）责任中心是一个职责、权利相统一的实体。

（2）责任中心具有承担经济责任的条件。它有两个方面的含义：一是责任中心具有履行经济责任中各条款的行为能力；二是责任中心具有一旦不能履行经济责任，能对其后果承担责任的能力。

（3）责任中心所承担的责任和可行使的权力都应是可控的。

（4）责任中心具有相对独立的经营业务和财务收支活动。

（5）责任中心具有独立核算、业绩评价的能力。

3．责任中心的类别

根据企业内部责任单位的权责范围及业务活动的不同特点，责任中心一般分为成本中心、利润中心和投资中心三大类。

三、成本中心

1．成本中心的含义

成本中心是指对成本或费用承担责任的责任中心。由于成本中心无收入来源，故这类中心只对成本费用负责，不对收入、利润或投资负责。成本中心一般包括企业产品的生产部门、劳务提供部门以及给予一定费用指标的管理部门。

2．成本中心的类型

成本中心的类型有两种，即标准成本中心和费用中心。

标准成本中心有稳定而明确的产品，且单位产品的投入量（成本）可以通过技术分析测算出来。标准成本中心是以实际产出量为基础，并按标准成本进行成本控制的成本中心。

动画：成本中心的划分和类型

费用中心的费用是否发生以及发生数额的多少由管理人员的决策行为所决定，主要包括各种管理费用和某些间接费用，如招聘费、广告费、培训费等。这种费用的投入量与产品产出量没有直接关系，其产出难以量化，重点在于预算总额的控制。

3．成本中心的特点

成本中心相对于利润中心和投资中心有其自身的特点，主要表现如下。

（1）成本中心只考核成本费用而不考核收益。

（2）成本中心只对可控成本负责。

按照可控性，可以将责任中心的成本分为可控成本和不可控成本。凡是责任中心能够控制的各种耗费，称为可控成本；凡是责任中心不能控制的各种耗费，称为不可控成本。可控成本应同时具备以下4个条件：①可以预计；②可以计量；③可以施加影响；④可以落实责任。

（3）成本中心只对责任成本进行考核和控制。

责任中心所发生的各项可控成本之和即该中心的责任成本。

4．成本中心的考核指标

按照权力与义务对等的原则，责任中心考核的主要内容是责任成本。成本中心通常只对可控成本承担责任，故对其考核的主要内容是可控成本，即将成本中心发生的实际可控成本同预算可控成本进行比较，从而评判成本中心的工作业绩。

成本中心的考核指标主要采用相对指标和比较指标两种形式，包括成本（费用）变动额和变动率，其计算公式如下。

成本（费用）变动额 = 实际责任成本（费用）- 预算责任成本（费用）

成本（费用）变动率 = 成本（费用）变动额÷预算责任成本（费用）×100%

【业务实例7-1】某成本中心生产A产品，预算产量为6 000件，预算单位责任成本150元；实际产量8 000件，实际单位责任成本130元。试计算该中心的成本降低额和降低率。

解析：

成本变动额 = 8 000×130 - 8 000×150 = - 160 000（元）

成本变动率 = - 160 000÷（8 000×150）×100% = - 13.3%

计算结果表明，该成本中心的成本降低额为160 000元，降低率为13.3%。

四、利润中心

1．利润中心的含义

利润中心是指对利润负责的责任中心。由于利润是收入扣除费用后的余额，所以利润中心实际上既要对收入负责，也要对成本费用负责。这类责任中心一般是指企业内部有产品经销权或提供劳务服务的部门。

与成本中心相比，利润中心的权力和责任要大一些。

2．利润中心的类型

利润中心分为自然利润中心与人为利润中心两种。

自然利润中心是以对外销售产品而取得实际收入为特征的利润中心。这类利润中心本身直接面向市场，一般具有产品销售权、价格制定权、材料采购权和生产决策权。

人为利润中心是以产品在企业内部流转而取得内部销售收入为特征的利润中心。这种利润中心一般不直接对外销售产品，只向本企业内部各责任中心按内部结算价格提供产品或劳务。

3．利润中心的考核指标

利润中心的成本计算通常有以下两种方式可供选择。

（1）利润中心不计算共同成本或不可控成本，只计算可控成本。这种方式主要适合共同成本难以合理分摊的情况。按这种方式计算出来的利润相当于边际贡献总额，人为利润中心适合采用这种方式。考核指标计算公式如下。

利润中心边际贡献总额 = 该利润中心销售收入总额 - 该利润中心可控成本总额（变动成本总额）

一般而言，可控成本总额就等于变动成本总额。

（2）利润中心计算可控成本，也计算共同成本或不可控成本。在这种情况下，共同成本易于分割，自然利润中心一般采用这种方式。若采用变动成本法，考核指标计算公式如下。

利润中心边际贡献总额 = 该利润中心销售收入总额 - 该利润中心变动成本总额

利润中心负责人可控利润总额 = 该利润中心边际贡献总额 - 该利润中心负责人可控固定成本

利润中心可控利润总额＝该利润中心负责人可控利润总额－该利润中心负责人不可控固定成本

公司利润总额＝各利润中心可控利润总额之和－公司不可分摊的各种管理费用、财务费用等

五、投资中心

1．投资中心的含义

投资中心是对投资负责的责任中心。该中心既要对成本和利润负责，又要对投资效果负责。

由于投资的目的是获得利润，因而投资中心同时也是利润中心。它与利润中心的区别主要在于：①利润中心没有投资决策权，而投资中心拥有投资决策权；②投资中心处于责任中心的最高层，它具有最高决策权，同时也承担最大的责任；③投资中心的管理特征是较高程度的分权管理；④在组织形式上，成本中心一般不是独立法人，利润中心可以是也可以不是独立法人，而投资中心一般都是独立法人。

2．投资中心的考核指标

投资中心的考核指标主要有投资利润率和剩余收益。

（1）投资利润率。投资利润率也称投资报酬率，是指投资中心所获得的利润与投资额之间的比率。其计算公式为

投资利润率＝利润÷投资额×100%

＝（销售收入÷投资额）×100%×（成本费用÷销售收入）×100%×（利润÷成本费用）×100%＝资本周转率×销售成本率×成本费用利润率

投资利润率是评价投资中心业绩的常用指标，该指标的优点是：①能反映投资中心的综合盈利能力；②能比较不同投资额的投资中心的业绩大小，具有横向可比性，应用范围广；③通过投资利润率进行投资中心业绩评价，可以正确引导投资中心的经营管理行为，促使其行为长期化。

【业务实例7-2】 天艺公司下设A、B两个分公司。A公司的投资额为500万元，利润为25万元；B公司的投资额为800万元，利润为120万元。假如你是天艺公司的财务人员，请分析评价两个分公司的业绩。

解析：A、B两个分公司实质是天艺公司的投资中心，可以通过计算投资利润率进行业绩评价。

A公司投资利润率＝25÷500×100%＝5%

B公司投资利润率＝120÷800×100%＝15%

可见，B公司的业绩远优于A公司。

【业务实例7-3】 天艺公司下设A、B两个分公司，除此之外，没有其他分公司。A公司的投资额为500万元，利润为25万元；B公司的投资额为800万元，利润为120万元。现计划对A公司增加新项目投入，如果对A公司追加投资200万元，年利润可增加17万元。假如你是天艺公司的财务人员，请分析是否应对A公司追加投资。

解析：A、B两个分公司实质是天艺公司的投资中心，通过加权平均，可以得出天艺公司的平均投资利润率。

对A公司追加投资前：

A公司投资利润率＝25÷500×100%＝5%

B公司投资利润率＝120÷800×100%＝15%

天艺公司平均投资利润率=（25+120）÷（500+800）×100%=11.15%

对A公司追加投资后：

A公司投资利润率=（25+17）÷（500+200）×100%=6%

B公司投资利润率保持不变，还是15%。

天艺公司平均投资利润率=（25+120+17）÷（500+800+200）×100%=10.8%

从计算结果可以看出，如果对A公司追加投资，A公司的投资利润率从5%上升到6%，对A公司是有利的；但是，天艺公司的平均投资利润率由11.15%下降到10.8%，对天艺公司是不利的。这就造成总公司利益和分公司利益之间的矛盾，因而，此时投资利润率并不是一个很好的考核指标。

投资利润率作为考核指标的不足之处在于：①利润在计算时受人为因素的影响，导致利润数据内容失真，使计算出来的投资利润率指标无法反映投资中心的实际盈利能力；②投资利润率指标会造成各投资中心只顾本中心利益而放弃对整个企业有利的投资行为，使各投资中心缺乏全局观念；③投资利润率的计算与资本支出预算所用的现金流量分析方法不一致，不便于投资项目建成投产后与原定目标的比较。为了克服投资利润率的某些缺陷，可以采用剩余收益作为评价指标。

（2）剩余收益。剩余收益是一个绝对数指标，是指投资中心获得的利润扣减其最低投资收益后的余额。其计算公式为

$$剩余收益=利润-（投资额×预期最低投资利润率）$$

以剩余收益作为投资中心经营业绩评价指标的基本要求是：只要投资利润率大于预期最低投资利润率，该项投资便是可行的，从而可避免投资中心单纯追求利润而放弃一些有利可图的投资项目，有利于提高资金的使用效率。

【业务实例7-4】天艺公司下设A、B两个分公司，天艺公司预期最低投资利润率为9%。A公司的投资额为500万元，利润为25万元；B公司的投资额为800万元，利润为120万元。现计划对两个分公司追加投资：如果对A公司追加投资200万元，年利润可增加17万元；对B公司追加投资400万元，年利润可增加57万元。假如你是天艺公司的财务人员，请分析是否应该对A、B两个分公司追加投资。

解析：两个分公司追加投资前后的剩余收益计算如表7-1、表7-2所示。

表7-1　A公司追加投资前后剩余收益计算　　　　　　　　　　　单位：万元

项目	不接受追加投资	接受追加投资
利润	25	42
投资额	500	700
剩余收益	25−500×9%=−20　√	42−700×9%=−21

表7-2　B公司追加投资前后剩余收益计算　　　　　　　　　　　单位：万元

项目	不接受追加投资	接受追加投资
利润	120	177
投资额	800	1 200
剩余收益	120−800×9%=48	177−1 200×9%=69　√

从计算结果可见，对A公司追加投资后，剩余收益变少了，所以不应该对其追加投资；而对B公司追加投资后，其剩余收益增加，故可对其追加投资。

✹ 任务实施

（1）车间的成本降低额和成本降低率计算如下。

成本降低额=21 000×80-21 000×75=105 000（元）

成本降低率=105 000÷(21 000×80)×100%=6.25%

（2）事业部的考核指标计算如下。

利润中心负责人可控利润总额=600－180－30=390（万元）

利润中心可控利润总额=390－15=375（万元）

（3）分公司的考核指标计算如下。

甲分公司投资利润率=40÷200×100%=20%

乙分公司投资利润率=50÷280×100%=17.86%

甲分公司的投资利润率高于乙分公司的投资利润率，所以甲分公司的业绩优于乙分公司的业绩。

任务二　责任结算与考核

✹ 任务情境

大华公司有 3 个业务类似的投资中心，使用同样的预算进行控制。本年有关数据如表 7-3 所示。

表 7-3　A、B、C 投资中心的相关数据　　　　　　　　　　　　　　　　单位：万元

项目	预算数	实际数		
		A 投资中心	B 投资中心	C 投资中心
销售收入	2 000	1 800	2 100	2 000
息税前利润	180	190	200	180
占用的总资产额	1 000	900	1 000	1 000

假设公司全部资金来源中有银行借款和权益资本两部分，其比例为 4：6。其中，银行借款有两笔：一笔借款为 1 000 万元，期限两年，年利率为 6%；另一笔借款也为 1 000 万元，期限五年，年利率 10%。两笔借款均为每年付息一次，到期还本。公司管理层利用历史数据估计的 β 系数为 1.5。公司适用的所得税税率为 25%，政府债券的收益率为 4%，股票市场平均收益率为 12%。假设公司要求的预期最低投资利润率水平不低于公司的加权平均资本成本。

✹ 任务描述

请通过计算分析、判断各投资中心的绩效并进行排序。

✹ 知识要点

业绩考核是以责任报告为依据，分析、评价各责任中心预算的实际执行情况，找出差距，

查明原因，借以考核各责任中心的工作成果，实施奖惩，促使各责任中心积极纠正行为偏差，完成责任预算的过程。

责任中心的业绩考核有狭义和广义之分，狭义的业绩考核仅指对各责任中心的价值指标，如成本、收入、利润等完成的情况进行考核；广义的业绩考核，除了上述内容外，还包括对各责任中心非价值指标的完成情况进行考核。责任中心的业绩考核可分为年终考核与日常考核。年终考核通常是指一个年度终了（或预算期结束）时对责任预算执行结果的考核，目的在于进行本年度（或本预算期）的奖惩和为下一年度（或下一个预算期）编制预算提供依据；日常考核是指在年度内（或预算期内）对责任预算执行过程的考核，目的在于通过信息反馈，控制和调节责任预算的执行偏差，确保责任预算的落实。

一、责任结算与核算

1．内部转移价格

（1）内部转移价格的含义。

内部转移价格是指企业内部各责任中心之间转移中间产品或相互提供劳务而发生内部结算和进行内部责任结转所使用的计价标准。

采用内部转移价格进行内部结算，使两个责任中心之间的关系类似于市场交易的买卖关系。内部转移价格与外部市场价格有很大的不同，内部转移价格这一手段使得内部责任单位处于模拟市场竞争关系之中，但并不是真正意义上的市场竞争双方。

（2）内部转移价格的制定原则。

① 全局性原则。

② 自主性原则。

③ 激励性原则。

（3）内部转移价格的类型。

① 市场价格。市场价格简称"市价"，是指责任中心在确定内部转移价格时，以产品或劳务的市场供应价格作为计价标准的价格。能采用市场价格作为内部转移价格的责任中心一般具有独立法人地位，能自主决定产品生产的数量、产品出售或购买的数量及相应价格。

② 协商价格。协商价格也称"议价"，是企业内部责任中心的买卖双方以正常的市场价格为基础，通过共同协商所确定的双方能够接受的价格。协商价格的上限是市价，下限是单位变动成本，具体价格应由各相关责任中心在这一范围内协商议定。

③ 双重价格。双重价格就是责任中心买卖双方采用不同的内部转移价格作为本中心的计价标准，如对产品（半成品）的供应方，可按协商的市场价格计价；对使用方则按供应方产品（半成品）的单位变动成本计价，其差额由会计最终调整。双重价格有两种形式：一是双重市场价格，就是当某种产品或劳务在市场上出现几种不同价格时，卖方采用最高市价，买方采用最低市价；二是双重转移价格，就是卖方按市场价格或协商价格作为计价基础，而买方按供应方的单位变动成本作为计价基础。

④ 成本转移价格。成本转移价格是指以产品或劳务的成本为基础而制定的内部转移价格。由于成本的概念不同，成本转移价格也有多种不同的形式，其中用途较为广泛的成本转移价格有3种：a. 标准成本，即以产品（半成品）或劳务标准成本作为内部转移价格；b. 标准成本加成，即按产品（半成品）或劳务的标准成本加计一定的合理利润作为计价的基础；c. 标准变动成本，即以产品（半成品）或劳务的标准变动成本作为内部转移价格。

2．内部结算方式

企业内部各责任中心之间发生经济业务往来，需要按照一定的方式进行内部结算。按照内部对象的不同，通常采取以下不同的结算方式。

（1）内部支票结算方式。内部支票结算方式是指由付款方签发内部支票通知内部银行从其账户中支付款项的结算方式。这种方式分为签发、收受和银行转账3个环节。内部支票结算方式主要适用于收、付款双方可以直接见面进行经济往来的业务结算。

（2）转账通知单方式。转账通知单方式是由收款方根据有关原始凭证或业务活动证明签发转账通知单，通知内部银行将转账通知单转给付款方，让其付款的一种结算方式。这种结算方式适用于买卖双方发生经常性往来业务且信誉较高的情况。这种方式手续简便，结算及时，但若付款方有异议，则可能拒付。

（3）内部货币结算方式。内部货币结算方式是使用内部银行发行的限于企业内部流通的货币（包括内部货币、资金本票、流通券、资金券等）进行内部往来结算的一种方式。这种结算方式是一种典型的一手交"钱"一手交"货"的结算方式。在一般情况下，小额、零星往来的业务以内部货币结算，大宗业务以内部银行支票结算。

3．责任成本的内部结转

责任成本的内部结转又称责任转账，是指在生产经营过程中，对于由不同原因造成的各种经济损失，由承担损失的责任中心对实际发生或发现损失的责任中心进行损失赔偿的账务处理过程。

责任转账的目的是划清各责任中心的成本责任，使不应承担损失的责任中心在经济上得到合理补偿，在责权上明确界限，为业绩考核、评价及奖惩奠定合理的基础。

责任转账的方式有直接的货币结算方式和内部银行转账方式两种，前者以内部货币直接支付给损失方，后者只在内部银行所设立的账户之间划拨。

二、责任中心业绩考核

1．成本中心的业绩考核

成本中心是企业最基础的责任中心，在进行业绩考核时，只应对其可控成本负责。成本中心业绩考核的内容是将实际可控成本与责任成本进行比较，从而确定两者差异的性质、数额以及形成的原因，并根据差异分析的结果，对成本中心进行奖惩，以督促成本中心努力降低成本。

2．利润中心的业绩考核

利润中心的业绩考核应以销售收入、边际贡献及息税前利润为重点进行分析、评价，特别是应通过一定期间的实际利润与预算利润目标进行对比，分析差异及其形成原因，对经营上存在的问题和取得的成绩进行全面公正的评价。此外，在自然利润中心，不属于该中心的收入或成本，即使发生实际收付行为，也应在考核时予以剔除。

3．投资中心的业绩考核

投资中心是企业最高级别的责任中心，其业绩考核的内容包括投资中心的成本、收入、利润及资金占用指标的完成情况，特别要注意考核投资利润率和剩余收益两项指标，将投资中心的实际数与预算数进行比较，分析差异，查明原因，进行奖惩。由于投资中心层次高，管理范围广，内容复杂，考核时应更加仔细深入，依据确凿，责任落实具体，这样才能起到应有的作用。

课堂活动

成本中心、利润中心和投资中心有什么区别？

❋ 任务实施

（1）计算该公司的加权平均资本成本。

① 权益资本成本=4%+1.5×（12%-4%）=16%

② 第一笔借款资本成本=6%×（1-25%）=4.5%

第二笔借款资本成本=10%×（1-25%）=7.5%

该公司的加权平均资本成本=16%×60%+4.5%×40%×（1 000/2 000）+7.5%×40%×（1 000/2 000）=12%

（2）计算三个投资中心的投资利润率。

A 投资中心的投资利润率=190÷900×100%=21.11%

B 投资中心的投资利润率=200÷1 000×100%=20%

C 投资中心的投资利润率=180÷1 000×100%=18%

（3）计算三个投资中心的剩余收益。

A 投资中心的剩余收益=190-900×12%=82（万元）

B 投资中心的剩余收益=200-1 000×12%=80（万元）

C 投资中心的剩余收益=180-1 000×12%=60（万元）

（4）通过比较三个投资中心的投资利润率指标和剩余收益指标，可以看出 A 投资中心的业绩最好，B 投资中心的业绩次之，C 投资中心的业绩最差。

📊 项目小结

1. 财务控制是指对企业财务活动的控制，是按照一定的程序和方式确保企业及其内部机构和人员全面落实，实现对企业资金的取得、投放、使用和分配过程的控制。财务控制是财务管理循环的关键环节。

2. 财务控制是一种价值控制，重点是对企业现金流进行控制。财务控制涉及与企业财务活动有关的各个层面，具有广泛性。财务控制的主要目的是使企业的现金能够在企业的经营活动过程中安全、匹配、高效地流动。

3. 财务控制的实现手段之一是实行责任控制，即将财务控制落实到责任中心。责任中心一般可分为成本中心、利润中心和投资中心。不同的责任中心将承担不同的财务控制责任，基本原则是责、权、利的统一。

4. 成本中心的考核指标主要有：成本（费用）变动额和成本（费用）变动率；利润中心的考核指标主要有利润中心边际贡献总额、利润中心负责人可控利润总额、利润中心可控利润总额和公司利润总额；投资中心的考核指标主要有投资利润率和剩余收益。

5. 为了分清内部的业绩水平，还应该进行责任结算和考核。

能力提升训练

赛学融合

项目
八

大数据财务分析

 学习目标

【知识目标】

- 理解大数据财务分析的含义和基本内容
- 掌握比较分析法、比率分析法和因素分析法等财务分析方法
- 掌握偿债能力、营运能力和盈利能力评价指标及其计算
- 掌握杜邦财务分析体系

【能力目标】

- 能运用有关评价指标和方法对企业的偿债能力进行分析
- 能运用有关评价指标和方法对企业的营运能力进行分析
- 能运用有关评价指标和方法对企业的盈利能力进行分析
- 能运用杜邦财务分析体系进行财务状况综合分析

【素养目标】

- 爱岗敬业、提高技能、参与管理、强化服务
- 培养通过大数据财务分析发现企业经营问题的职业素养，提高职业洞察力
- 培养良好的沟通与团队合作能力
- 培养思维逻辑能力和理论应用能力

知识框架图

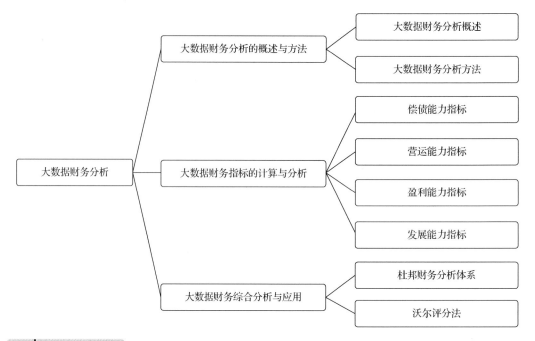

职场箴言

财务报表是公司的故事书，通过研究它可以了解一个公司的真正价值。——沃伦·巴菲特

案例引入

知名学者刘姝威：财务分析捅破"蓝田股份"和"乐视网"泡沫

刘姝威，女，1952年出生，1986年毕业于北京大学，获经济学硕士学位。师从经济学家陈岱孙和厉以宁。现任中央财经大学中国企业研究中心研究员，兼任珠海格力电器股份有限公司独立董事、中光学集团股份有限公司独立董事、深圳市柔宇科技股份有限公司独立董事、盾安环境独立董事候选人。

2001年，刘姝威撰写短文《应立即停止对蓝田股份发放贷款》和长文《蓝田之谜》，通过对上市公司"蓝田股份"的资产结构、现金流向情况和偿债能力做详尽分析，得出的结论是蓝田业绩有虚假成分，而业绩"神话"完全依靠银行贷款，20亿元贷款蓝田根本无力偿还，该公司存在财务造假。一年后，蓝田股份退市。2003年年初，刘姝威被评为中央电视台"2002年经济年度人物"和"感动中国——2002年度人物"。

2015年6月，刘姝威先后发表《严格控制上市公司实际控制人减持套现》和《乐视网分析报告》，认为乐视的"烧钱"模式难以维持，指出这是公司持续经营状况出现问题的预兆，将对投资者造成很大风险。2017年之后，乐视出现连续三年亏损现象，2020年7月，乐视网在创业板退市。

任务一　大数据财务分析的概述与方法

✱ 任务情境

　　大华公司 2023 年 5 月生产 A 产品所耗用原材料的实际数额是 21 600 元，而计划数额是 17 920 元。实际比计划增加了 3 680 元。

　　大华公司 2023 年 5 月 A 产品产量、单位产品材料消耗量和材料单价如表 8-1 所示。

表 8-1　大华公司 A 产品产量、单位产品材料消耗量和材料单价

项目	单位	计划数	实际数
A 产品产量	件	160	180
单位产品材料消耗量	千克	14	12
材料单价	元	8	10
材料费用总额	元	17 920	21 600

✱ 任务描述

　　1．运用连环替代法，分析各因素变动对材料费用总额的影响程度。
　　2．采用差额分析法计算确定各因素变动对材料费用总额的影响程度。

✱ 知识要点

一、大数据财务分析概述

1．大数据财务分析的含义

　　大数据财务分析是指利用大数据技术和方法来分析和解释企业的财务数据，以揭示潜在的商业机会、风险和趋势。传统的财务分析主要依赖于有限的财务指标和统计数据，而大数据财务分析则结合了大数据技术和算法，可以处理庞大的数据量，包括来自内部和外部的数据。通过分析更全面、准确的数据，财务分析师可以更好地了解企业的财务状况，从而做出更准确的决策。

　　大数据财务分析涉及处理和分析大规模、高维度、多源头的财务数据，这些数据来自企业财务系统、市场、社交媒体、消费者行为等。通过应用数据挖掘、机器学习、人工智能等技术，大数据财务分析可以对企业的财务状况、盈利能力、成本结构、现金流等方面进行更全面、精准的分析和预测。

2．大数据财务分析的作用

　　大数据财务分析在企业管理和决策过程中发挥着重要的作用。

　　（1）大数据财务分析是评价财务状况及经营业绩的重要依据。分析大数据，可以获取更全面、准确的财务信息，揭示企业运营的真实情况。这有助于管理层和投资者更好地了解企业的盈利能力、财务风险、成本结构等重要指标，合理评价经营者的经营业绩，以奖优罚劣，促进管理水平的提高。

（2）大数据财务分析是进行正确投资决策的重要步骤。大数据财务分析可以帮助管理层识别潜在的业务机会、市场趋势和竞争优势。基于对财务数据的深入分析，决策者可以制定更明智的战略和规划，优化资源配置并提高企业的竞争力。

（3）大数据财务分析是强化风险管理的重要手段。大数据财务分析可以帮助企业发现和评估潜在的风险因素，包括市场风险、供应链风险、财务风险等。通过对大数据的分析，企业可以更准确地识别和量化风险，并采取相应的措施进行防范和管理。

3．大数据财务分析的内容

大数据财务分析的内容一般包括偿债能力分析、营运能力分析、盈利能力分析和发展能力分析等方面，然而不同的信息需求者出于不同的利益考虑，对财务分析又有着不同的要求。

教学视频：大数据财务分析的内容

企业所有者作为投资人，关心其资本的保值和增值状况，因此较为重视企业盈利能力指标。企业债权人不能参与企业剩余收益分享，所以他们首先关注的是其投资的安全性，因此更重视企业偿债能力指标。企业经营决策者必须对企业经营理财的各个方面，包括营运能力、偿债能力、盈利能力及发展能力的全部信息予以详尽的了解和掌握。政府兼具多重身份，它既是宏观经济管理者，又是国有企业的所有者和重要的市场参与者，因此政府对企业财务分析的关注点因其身份不同而不同。

二、大数据财务分析方法

开展大数据财务分析，需要运用一定的方法。大数据财务分析的方法多种多样，但常用的有趋势分析法、比较分析法、比率分析法和因素分析法4种。

大数据财务分析业务实例

1．趋势分析法

趋势分析法，又称水平分析法，是通过对比两期或连续数期财务报告中的相同指标，确定其增减变动的方向、数额和幅度来说明企业财务状况或经营成果的变动趋势的一种方法。采用这种方法，可以分析引起变化的主要原因、变动的性质，并预测企业未来的发展前景。

趋势分析法的具体运用主要有3种方式：一是重要财务指标的比较；二是会计报表的比较；三是会计报表项目构成的比较。

（1）重要财务指标的比较。重要财务指标的比较，是指将不同时期财务报告中的相同指标或比率进行比较，直接观察其增减变动情况及变动幅度，考察其发展趋势，预测其发展前景。

对不同时期财务指标的比较，有以下两种方法。

① 定基动态比率。定基动态比率是以某一时期的数额为固定的基期数额而计算出来的动态比率。其计算公式为

$$定基动态比率 = \frac{分析期数额}{固定基期数额} \times 100\%$$

② 环比动态比率。环比动态比率是以每一分析期的前期数额为基期数额而计算出来的动态比率。其计算公式为

$$环比动态比率 = \frac{分析期数额}{前期数额} \times 100\%$$

（2）会计报表的比较。会计报表的比较是指将连续数期的会计报表的金额并列起来，比较其相同指标的增减变动金额和幅度，据以判断企业财务状况和经营成果发展变化的一种方法。会计报表的比较，具体包括资产负债表比较、利润表比较和现金流量表比较等。比较时，既要计算出表中有关项目增减变动的绝对额，又要计算出其增减变动的百分比率。

（3）会计报表项目构成的比较。会计报表项目构成的比较是在会计报表比较的基础上发展而来的。它是以会计报表中的某个总体指标作为 100%，再计算出其各组成项目占该总体指标的百分比，从而比较各个项目百分比的增减变动，以此来判断有关财务活动的变化趋势。这种方法比上述两种方法更能准确地分析企业财务活动的发展趋势。它既可用于同一企业不同时期财务状况的纵向比较，又可用于不同企业之间的横向比较。同时，这种方法能消除不同时期（不同企业）之间业务规模差异的影响，有利于分析企业的耗费水平和盈利水平。

但在采用趋势分析法时，必须注意以下问题：第一，用于进行对比的各个时期的指标，在计算口径上必须一致；第二，须剔除偶发性项目的影响，使分析的数据能反映正常的经营状况；第三，应运用例外原则，对某项有显著变动的指标做重点分析，研究其产生的原因，以便采取对策，趋利避害。

2．比较分析法

比较分析法就是将企业某项财务指标进行对比，从数量上确定其差异，从而得出分析结论或发现待解释问题的一种分析方法。它是财务报表分析中常用的方法，也是其他分析方法运用的基础。差异分为有利差异和不利差异两种。

（1）比较分析法的比较方式。

① 绝对数的比较。

常用的比较标准有以下四种。

a. 公认标准。

公认标准是由相关的专业组织、行业协会或国际标准化组织制定的一套共同认可的规范或指南，它们旨在确保产品、服务或流程的一致性、互操作性和质量。这些标准通常基于广泛的专业知识、经验和共识，并被广泛接受和采用。公认标准可以涵盖各种领域，包括技术、质量、环境、安全、管理等。例如，ISO（国际标准化组织）制定的 ISO 9001 是全球公认的质量管理系统标准。

b. 预算标准。

预算标准是指根据一定的参数和预期目标，规定用于衡量和比较预算执行情况的基准或参考值。它通常是一个可量化的指标，用于评估实际预算执行与预期目标之间的差异。预算标准可以应用于各个层级和部门，用于监控和控制预算的执行情况，帮助管理者识别问题、做出决策和采取相应的行动。预算标准可以是时间、数量、质量或成本等方面的指标，具体的定义和适用范围取决于组织的特定需求和目标。预算标准的制定和使用可以帮助组织实现预算的有效管理和资源的合理利用。

c. 行业标准。

行业标准是由特定行业或领域内的专业组织或协会制定的一套规范或指南，旨在为该行业内的各个参与者提供共同的基准和准则。行业标准通常基于对行业最佳实践、技术要求、安全标准、可持续发展等方面的研究和分析，被广泛接受并作为行业内的一种规范性参考。

行业标准有助于确保产品、服务或流程的一致性、质量和安全性，促进行业内的协作性和互操作性提高。它们可以涵盖产品设计、生产流程、安全标准、性能要求、环境管理、业务伦理等各个方面。行业标准的制定和遵守有助于提高行业整体水平和竞争力，并为消费者提供更好的保障。

d. 历史标准。

历史标准是指过去某个特定时间段的实际水平或状态。它用于描述过去某个时刻或时期的现实情况、发展水平或指标数值。

历史标准可以针对不同领域或指标进行描述，例如经济水平、技术水平、社会发展水平等。它通常与当前或其他时间段进行比较，用于评估或理解发展趋势、变化或差异。

例如，在经济领域，历史标准可以指过去某个年份或期间的国内生产总值（GDP）、劳动力参与率、通货膨胀水平或失业率等经济指标的数值。在技术领域，历史标准可以指某个时期的科技创新、产品发展或技术应用的程度。

② 相对数的比较。

$$完成百分率 = \frac{指标实际值}{指标标准值} \times 100\%$$

（2）比较分析法的运用要点。

企业间的比较分析，最恰当的参照系当属同行业的其他企业或行业的平均水平。

通过比较同行业不同企业之间的财务状况、经营成果，可以判断特定企业相对于同行业其他企业而言，其财务状况是否更为稳健，其经营业绩是否更为优异。

再结合行业经营的基本情况、行业的市场结构、企业的竞争战略分析，可以对特定企业的财务状况与经营业绩做出解释。

通过评价特定企业的经营战略、竞争优势对该企业可能产生的持久影响，结合对该企业所在的行业环境与宏观经济环境做的总体预测，便可以对企业未来的财务状况、经营成果与现金流量做出预测。

在运用比较分析法时，应注意指标的相关性，分析的指标在性质上是同类的，就能够说明经济业务的内在联系。

此外，还应注意指标的可比性，具体表现在：计算口径一致，时间长度一致，会计核算一致，企业类型、经营规模和财务规模大体一致。只有这样，才能保证通过比较分析做出的判断和评价客观、可靠。

3. 比率分析法

比率分析法是通过计算各种比率指标来确定财务活动变动程度的方法。比率是相对数，采用这种方法，能够把某些条件下的不可比指标变为可比指标，以便进行分析。

比率指标主要有3种不同的类型，即构成比率、效率比率、相关比率。

（1）构成比率。构成比率又称结构比率，它是某项财务指标的各组成部分数值占总体数值的百分比，反映部分与总体的关系。其计算公式为

$$构成比率 = \frac{某个组成部分数值}{总体数值} \times 100\%$$

例如，企业资产中流动资产、固定资产和无形资产占资产总额的百分比（资产构成比率）；企业负债中流动负债和长期负债占负债总额的百分比（负债构成比率）等。利用构成比率，可以考察总体中某个部分的形成和安排是否合理，以便协调各项财务活动。

（2）效率比率。效率比率是某项财务活动中所费与所得的比例，反映投入与产出的关

系。利用效率比率指标可以进行得失比较，考察经营成果，评价经济效益。例如，将利润项目与销售成本、销售收入、资本金等项目加以对比，可以算出成本利润率、销售利润率以及资本金利润率等利润率指标，从不同角度观察、比较企业盈利能力的高低及其增减变化情况。

（3）相关比率。相关比率是将某个项目和与其有关但又不同的项目加以对比所得的比率，反映有关经济活动的相互关系。利用相关比率指标，可以考察企业相互关联的业务安排得是否合理，以保障经营活动顺畅地进行。例如，将流动资产与流动负债加以对比，计算出流动比率，据以判断企业的短期偿债能力。

比率分析法的优点是计算简便，计算结果也比较容易判断，而且可以使某些指标在不同规模的企业之间进行比较，甚至也能在一定程度上超越行业之间的差别进行比较，但采用这一方法时应注意以下几点。

① 对比项目的相关性。计算比率的子项和母项必须具有相关性，把不相关的项目进行对比是没有意义的。在构成比率指标中，部分指标必须是总体指标这个大系统中的一个小系统；在效率比率指标中，投入与产出必须有因果关系；在相关比率指标中，两个对比指标也要有内在联系，才能评价有关经济活动之间是否协调均衡，安排是否合理。

② 对比口径的一致性。计算比率的子项和母项必须在计算时间、范围等方面保持口径一致。

③ 衡量标准的科学性。运用比率分析，需要选用一定的标准与之对比，以便对企业的财务状况做出评价。通常而言，科学合理的对比标准有以下特点。

- 预定目标，如预算指标、设计指标、定额指标和理论指标等。
- 历史标准，如上期实际、上年同期实际、历史先进水平以及有典型意义时期的实际水平等。
- 行业标准，如主管部门或行业协会颁布的技术标准，国内外同类企业的先进水平，国内外同类企业的平均水平等。
- 公认标准。

4．因素分析法

因素分析法是依据分析指标与其影响因素的关系，从数量上确定各因素对分析指标影响方向和影响程度的一种方法。采用这种方法的出发点在于，当有若干因素对分析指标产生影响作用时，假定其他各个因素都无变化，顺序确定每一个因素单独变化所产生的影响。

因素分析法具体有两种：一种是连环替代法，另一种是差额分析法。

（1）连环替代法。连环替代法是将分析指标分解为各个可以计量的因素，并根据各个因素之间的依存关系，顺次用各因素的比较值（通常即实际值）替代基准值（通常即标准值或计划值）并据以测定各因素对分析指标的影响。

连环替代法的基本特点如下。

① 以基期指标为基础，把各个因素的基期数按照一定顺序依次地以实际数来替代，每替代一个因素就得出一个新结果。

② 在按顺序替代第一个因素时，要假定其他因素不变，即保持基期水平。

③ 在依次逐个替代其他因素时，以已替代过的因素的实际数为基础，其余尚未替代的因素仍保持基期水平。

④ 依照上述替代方法，有几个因素就替代几次，最后一次替代指标就是实际指标。将每次某因素替代后的指标与该因素替代前的指标进行相减，两者的差异就是某一因素的影响程度。将各因素的影响数值相加，应等于实际指标与基期指标之间的总差异。

连环替代法具体步骤如下。

假设某经济指标为 M，由 A、B、C 三个因素的乘积所构成，则

$$实际指标：M_1=A_1×B_1×C_1$$
$$基期指标：M_0=A_0×B_0×C_0$$

首先，确定分析对象为：实际指标与基期指标的差异 $D=M_1-M_0$。

其次，将基期指标中所有影响因素依次用实际指标进行替代，测算各因素变化对 $D=M_1-M_0$ 的影响。计算过程如下。

$$基期指标：M_0=A_0×B_0×C_0$$
$$第一次替代：M_A=A_1×B_0×C_0$$
$$A 变化对 M_1-M_0 的影响为 D_A=M_A-M_0=A_1×B_0×C_0-A_0×B_0×C_0$$
$$第二次替代：M_B=A_1×B_1×C_0$$
$$B 变化对 M_1-M_0 的影响为 D_B=M_B-M_A=A_1×B_1×C_0-A_1×B_0×C_0$$
$$第三次替代：M_C=M_1=A_1×B_1×C_1$$
$$C 变化对 M_1-M_0 的影响为 D_C=M_1-M_B=A_1×B_1×C1-A_1×B_1×C_0$$

最后，将以上各因素变动对 M_1-M_0 的影响加总，其结果等于实际指标与基期指标的差异 D。即

$$D_A+D_B+D_C=（M_A-M_0）+（M_B-M_A）+（M_1-M_B）=M_1-M_0=D$$

（2）差额分析法。差额分析法是连环替代法的一种简化形式，它是利用各个因素的比较值与基准值之间的差额，来计算各因素对分析指标的影响。

因素分析法既可以全面分析各因素对某一经济指标的影响，又可以单独分析某个因素对某一经济指标的影响，在财务分析中应用颇为广泛。但在应用这一方法时必须注意以下几个问题。

① 因素分解的关联性，即确定构成经济指标的因素，必须是客观上存在着因果关系的因素，要能够反映形成该项指标差异的内在构成原因，否则就失去了其存在的价值。

② 因素替代的顺序性。因素替代时，必须按照各因素的依存关系，排列成一定的顺序并依次替代，不可随意加以颠倒，否则就会得出不同的计算结果。一般而言，确定正确排列因素替代程序的原则是按分析对象的性质从诸因素相互依存关系出发，并使分析结果有助于分清责任。

③ 顺序替代的连环性。因素分析法在计算每一个因素变动的影响时，都是在前一次计算的基础上进行的，并采用连环比较的方法确定因素变化的影响结果。只有保持计算程序上的连环性，各因素影响之和才能等于分析指标变动的差异，因素分析法能全面说明分析指标变动的原因。

④ 计算结果的假定性。由于因素分析法计算的各因素变动的影响会因替代计算顺序的不同而有差别，因而计算结果难免带有假定性，即它不可能使每个因素计算的结果都达到绝对准确。它只是在某种假定前提下的影响结果，离开了这种假定前提条件，也就不会是这种影响结果。为此，分析时应力求使这种假定是合乎逻辑的假定，是具有实际经济意义的假定。只有这样，计算结果的假定性才不会妨碍分析的有效性。

✳ 任务实施

1. 运用连环替代法分析。

（1）确定分析对象。

实际数-计划数=21 600-17 920=3 680（元）

（2）建立分析对象与影响因素之间的函数关系式。

材料费用总额=产品产量×单位产品材料消耗量×材料单价

（3）计算各个因素对分析对象的影响程度。

计划数：160×14×8=17 920（元）①

替换一：180×14×8=20 160（元）②

替换二：180×12×8=17 280（元）③

替换三：180×12×10=21 600（元）④

产量增加的影响=②-①=20 160-17 920=2 240（元）

单位产品材料消耗量减少的影响=③-②=17 280-20 160=-2 880（元）

材料单价上升的影响=④-③=21 600-17 280=4 320（元）

三个因素共同的影响=2 240-2 880+4 320=3 680（元）

（4）分析。

实际产量比计划增加 20 件，使材料费用总额增加 2 240 元；单位产品材料消耗量比计划减少 2 千克，使材料费用总额减少 2 880 元；材料单价比计划上升 2 元，使材料费用总额增加 4 320 元。

2. 运用差额分析法分析。

（1）确定分析对象。

实际数-计划数=21 600-17 920=3 680（元）

（2）建立分析对象与影响因素之间的函数关系式。

材料费用总额=产品产量×单位产品材料消耗量×材料单价

（3）计算各个因素对分析对象的影响程度。

产品产量增加的影响=（180-160）×14×8=2 240（元）

单位产品材料消耗量减少的影响=180×（12-14）×8=-2 880（元）

材料单价上升的影响=180×12×（10-8）=4 320（元）

三个因素共同的影响=2 240-2 880+4 320=3 680（元）

（4）分析。

实际产量比计划增加 20 件，使材料费用总额增加 2 240 元；单位产品材料消耗量比计划减少 2 千克，使材料费用总额减少 2 880 元；材料单价比计划上升 2 元，使材料费用总额增加 4 320 元。

任务二　大数据财务指标的计算与分析

✳ 任务情境

华天公司 2021—2023 年的资产负债表项目数据见表 8-2，利润表项目数据见表 8-3。

表 8-2　华天公司 2021—2023 年资产负债表项目数据　　　　单位：元

项目	2021 年	2022 年	2023 年
流动资产：			
货币资金	572 776 657.07	385 182 280.66	707 245 339.84
交易性金融资产	270 883 309.00	80 037 145.00	
应收票据	49 117 645.71	205 029 450.82	318 877 057.06
应收账款	439 301 535.33	612 404 864.84	854 563 881.17
预付款项	13 064 856.25	36 401 037.58	30 111 039.58
其他应收款	67 330 193.18	71 979 947.19	60 468 324.71
存货	119 789 654.51	162 307 971.35	177 125 035.00
一年内到期的非流动资产			
其他流动资产			
流动资产合计	1 532 263 851.05	1 553 342 697.44	2 148 390 677.36
非流动资产：			
债务工具和权益工具			
债权投资		101 468 142.47	190 800 000.00
长期应收款			
长期股权投资	4 484 070.00	1 339 000.00	1 339 000.00
投资性房地产			
固定资产	468 587 700.09	461 984 917.77	480 723 760.33
在建工程	2 957 474.30	52 753 614.30	78 254 461.03
生产性生物资产			
油气资产			
无形资产	29 912 113.48	29 227 304.22	50 277 713.50
开发支出			
商誉			
长期待摊费用			
递延所得税资产	19 652 042.85	54 248 303.05	49 084 617.42
其他非流动资产			
非流动资产合计	525 593 400.72	701 021 281.81	850 479 552.28
资产总计	2 057 857 251.77	2 254 363 979.25	2 998 870 229.64
流动负债：			
短期借款	60 000 000.00		
交易性金融负债			
应付票据	53 482 500.30		
应付账款	92 542 865.49	131 966 551.22	138 564 654.82
预收款项	0.00	6 570 000.00	5 129 016.00
应付职工薪酬	5 968 592.91	5 018 406.80	800 666.50
应交税费	19 055 186.57	6 884 196.48	43 462 477.99
其他应付款	124 193 552.71	73 275 019.22	124 915 538.65

项目	2021 年	2022 年	2023 年
一年内到期的非流动负债	0.00	0.00	
其他流动负债	21 823 000.00	6 200 000.00	10 980 000.00
流动负债合计	377 065 697.98	229 914 173.72	323 852 353.96
非流动负债：			
长期借款			10 000 000.00
应付债券			
长期应付款			
专项应付款			
预计负债			
递延所得税负债	25 498 930.84		
其他非流动负债			
非流动负债合计	25 498 930.84		10 000 000.00
负债合计	402 564 628.82	229 914 173.72	333 852 353.96
所有者权益：			
实收资本	448 549 325.84	546 990 794.80	676 910 838.02
资本公积	338 136 946.37	315 678 481.94	315 678 481.94
减：库存股			
盈余公积	204 141 118.33	251 890 326.48	319 723 491.75
未分配利润	664 465 232.41	909 890 202.31	1 352 705 063.97
所有者权益合计	1 655 292 622.95	2 024 449 805.53	2 665 017 875.68
负债和所有者权益合计	2 057 857 251.77	2 254 363 979.25	2 998 870 229.64

表 8-3　华天公司 2021—2023 年利润表项目数据　　　　　　　　单位：元

项目	2021 年	2022 年	2023 年
一、营业收入	1 980 615 070.60	2 392 561 159.48	3 028 960 881.33
减：营业成本	331 216 463.10	400 872 920.72	523 851 650.70
税金及附加	31 542 306.63	37 706 399.50	45 219 394.68
销售费用	819 311 973.07	965 436 002.14	1 345 504 767.63
管理费用	407 249 310.71	341 965 991.31	435 723 056.08
财务费用	4 150 409.45	4 668 103.23	-8 340 797.89
其中：利息费用	5 231 411.23	5 467 214.56	2 678 954.22
利息收入	1 081 001.78	799 111.33	11 019 752.11
加：投资收益	38 847 054.73	21 763 949.26	-10 548 543.89
公允价值变动收益	101 995 723.34	-181 148 126.62	85 458 636.46
资产减值损失	24 986 738.92	32 821 343.55	-9 806 175.11
二、营业利润	503 000 646.79	449 706 221.67	771 719 077.81
加：营业外收入	4 616 820.75	25 176 006.75	9 112 236.20
减：营业外支出	885 791.03	4 862 100.65	145 518.09
三、利润总额	506 731 676.51	470 020 127.77	780 685 795.92

续表

项目	2021 年	2022 年	2023 年
减：所得税费用	86 343 312.41	34 425 894.38	87 385 580.86
四、净利润	420 388 364.10	435 594 233.39	693 300 215.06
五、每股收益			
（一）基本每股收益	0.801 8	0.817 6	1.072 5
（二）稀释每股收益	0.801 8	0.817 6	1.072 5

✦ 任务描述

请根据资产负债表和利润表，分析评价华天公司的盈利、营运、偿债、发展等方面的财务能力。

✦ 知识要点

一、偿债能力指标

偿债能力是指企业偿还到期债务（包括本息）的能力。偿债能力指标包括短期偿债能力指标和长期偿债能力指标。

1. 短期偿债能力指标

短期偿债能力是指企业流动资产对流动负债及时足额偿还的保证程度，是衡量企业当前财务能力，特别是流动资产变现能力的重要标志。

企业短期偿债能力的衡量指标主要有流动比率、速动比率和现金流动负债比率 3 项。

动画：短期偿债能力分析

（1）流动比率。流动比率是流动资产与流动负债的比率，它表明企业每元流动负债有多少元流动资产作为偿还保证，反映企业信用可在短期内转变为现金流动资产偿还到期流动负债的能力。其计算公式为

$$流动比率 = \frac{流动资产}{流动负债}$$

一般情况下，流动比率越高，企业短期偿债能力越强，债权人的权益越有保证。国际上通常认为，流动比率的下限为 1，而流动比率等于 2 时较为适当，它表明企业财务状况稳定可靠，除了满足日常生产经营的流动资金需要外，还有足够的财力偿付到期短期债务。如果流动比率过低，则表示企业可能经营困难，难以如期偿还债务。但是，流动比率也不可以过高，过高则表明企业流动资产占用较多，会影响资金的使用效率和企业的筹资成本，进而影响盈利能力。究竟应保持多高水平的流动比率，主要视企业对待风险与收益的态度而定。运用流动比率时，必须注意以下几个问题。①虽然流动比率越高，企业偿还短期债务的流动资产保证程度越强，但这并不等于说企业已有足够的现金或存款用来偿债。流动比率高也可能是由存货积压、应收账款增多且收账期延长，以及待摊费用和待处理财产损失增加所致，而真正可用来偿债的现金和存款却严重短缺。所以，企业应在分析流动比率的基础上，进一步对现金流量加以考察。②从短期债权的角度看，自然希望流动比率越高越好，但从企业经营

的角度看，过高的流动比率通常意味着企业闲置现金的持有量过多，这必然造成企业机会成本的增加和盈利能力的降低。因此，企业应尽可能地将流动比率维持在不使货币资金闲置的水平上。③流动比率是否合理，不同的企业以及同一企业不同时期的评价标准是不同的，因此，不应用统一的标准来评价各企业流动比率合理与否。④在分析流动比率时应当剔除一些虚假因素的影响。

（2）速动比率。速动比率是企业速动资产与流动负债的比值。所谓速动资产，是指流动资产剔除变现能力较弱且不稳定的存货、预付账款、一年内到期的非流动资产和其他流动资产等之后的资产。由于剔除了存货等变现能力较弱且不稳定的资产，因此，速动比率较流动比率能更加准确可靠地评价企业资产的流动性及其偿还短期负债的能力。速动比率的计算公式为

$$速动比率 = \frac{速动资产}{流动负债}$$

$$速动资产 = 货币资金 + 交易性金融资产 + 应收账款 + 应收票据$$

$$= 流动资产 - 存货 - 预付款项 - 一年内到期的非流动资产 - 其他流动资产$$

说明：报表中如有其他应收款项目，可视情况归入速动资产。

一般情况下，速动比率越高，企业偿还流动负债的能力越强。国际上通常认为，速动比率等于 1 时较为适当。如果速动比率小于 1，则企业面临很大的偿债风险；如果速动比率大于 1，尽管债务偿还的安全性很高，但企业却会因现金及应收账款资金占用过多而大大增加其机会成本。

在分析时需注意：尽管速动比率较流动比率更能反映出流动负债偿还的安全性和稳定性，但并不能因此认为速动比率较低的企业的流动负债到期绝对不能偿还。实际上，如果企业存货流转顺畅，变现能力较强，即使速动比率较低，只要流动比率高，企业仍然有望偿还到期的债务本息。

（3）现金流动负债比率。现金流动负债比率是企业一定时期的经营现金净流量同流动负债的比率，它可以从现金流量角度来反映企业当期偿付短期负债的能力。其计算公式为

$$现金流动负债比率 = \frac{年经营现金净流量}{年末流动负债}$$

其中，年经营现金净流量指一定时期内，企业经营活动所产生的现金及现金等价物流入量与流出量的差额。

现金流动负债比率从现金流入和流出的动态角度对企业的实际偿债能力进行考察。由于有利润的年份不一定有足够的现金（含现金等价物）来偿还债务，所以利用以收付实现制为基础计量的现金流动负债比率指标，能充分体现企业经营活动所产生的现金净流量可以在多大程度上保证当期流动负债的偿还，直观地反映企业偿还流动负债的实际能力。用该指标评价企业偿债能力是更加谨慎的做法。该指标越大，表明企业经营活动产生的现金净流量越多，越能保障企业按时偿还到期债务，但该指标也并不是越大越好，该指标过大则表明企业流动资金利用不充分，盈利能力不强。

2．长期偿债能力指标

长期偿债能力，指企业偿还长期负债的能力。企业长期偿债能力的衡量指标主要有资产负债率、产权比率、或有负债比率和已盈利息倍数。

教学视频：长期偿债
能力分析

（1）资产负债率。资产负债率又称负债比率，指企业负债总额与资产总额的比率。它表明企业资产总额中，债权人提供的资金所占的比重，以及企业资产对债权人权益的保障程度。其计算公式为

$$资产负债率 = \frac{负债总额}{资产总额} \times 100\%$$

一般情况下，资产负债率越小，企业长期偿债能力越强。但是，也并非该指标越小越好。从债权人的角度来说，该指标越小，企业偿债越有保障；如果该指标大，说明企业利用较少的自有资本投资形成了较多的生产经营资产，企业不仅扩大了生产经营规模，而且在经营状况良好的情况下，还利用财务杠杆的原理，得到较多的投资利润。如果该指标过小则表明企业对财务杠杆利用不够，但资产负债率过大，则表明企业的债务负担重，企业资金实力不强，这不仅对债权人不利，而且企业有濒临倒闭的危险。此外，企业的长期偿债能力与盈利能力密切相关，因此企业的经营决策者应当将企业的偿债能力指标（风险）与盈利能力指标（收益）结合起来分析，予以平衡考虑。保守的观点认为资产负债率不应高于50%，一般认为资产负债率的适宜水平为40%～60%。

（2）产权比率。产权比率是指负债总额与所有者权益总额的比率，是判断企业财务结构稳健与否的重要标志，也称资本负债率。它反映企业所有者权益对债权人权益的保障程度。其计算公式为

$$产权比率 = \frac{负债总额}{所有者权益总额} \times 100\%$$

一般情况下，产权比率越小，企业的长期偿债能力越强，债权人权益的保障程度越高，承担的风险越小，但企业不能充分地发挥负债的财务杠杆效应。所以，企业在评论产权比率适度与否时，应从提高盈利能力和增强偿债能力两个方面综合进行衡量，即在保障债务偿还安全的前提下，尽可能地提高产权比率。

产权比率与资产负债率评价偿债能力的作用基本相同，两者的主要区别是：资产负债率侧重于分析债务偿付安全性的物质保障程度，产权比率则侧重于揭示财务的稳健程度以及自有资金对偿债风险的承受能力。

（3）或有负债比率。或有负债比率是指企业或有负债余额与所有者权益总额的比率，反映企业所有者权益对可能发生的或有负债的保障程度。其计算公式为

$$或有负债比率 = \frac{或有负债余额}{所有者权益总额} \times 100\%$$

或有负债余额 = 已贴现商业承兑汇票余额 + 对外担保金额 + 未决诉讼、

未决仲裁（除贴现与担保引起的诉讼或仲裁）金额 + 其他或有负债金额

一般情况下，或有负债比率越低，企业长期偿债能力越强，所有者权益对或有负债的保障程度越高；或有负债比率越高，企业承担的相关风险越大。

（4）已盈利息倍数。已盈利息倍数，是指企业一定时期息税前利润总额与利息支出的比率，反映了盈利能力对债务偿付的保证程度。其中，息税前利润总额指利润总额与利息支出的合计数；利息支出指实际支出的借款利息、债券利息等。其计算公式为

$$已获利息倍数 = \frac{息税前利润总额}{利息支出}$$

其中：

$$息税前利润总额 = 利润总额 + 利息支出$$
$$= 净利润 + 所得税 + 利息支出$$

已盈利息倍数不仅反映了企业盈利的大小，而且反映了盈利能力对偿还到期债务的保证程度，它既是企业举债经营的前提依据，也是衡量企业长期偿债能力强弱的重要标志。一般情况下，已盈利息倍数越高，企业长期偿债能力越强。国际上通常认为，该指标为 3 较为适当。从长期来看，若要维持正常偿债能力，已盈利息倍数至少应当大于 1，如果已盈利息倍数过小，企业将面临亏损以及偿债安全性与稳定性下降的风险。究竟企业已盈利息倍数应是多少才算债务偿付能力强，这要根据往年经验结合行业特点来判断。

二、营运能力指标

营运能力指标是指基于外部市场环境的约束，通过内部人力资源和生产资料的配置组合而对财务目标实现所产生的作用大小。营运能力指标包括人力资源营运能力指标和生产资料营运能力指标。

1．人力资源营运能力指标

人，作为生产力的主体和企业财富的原始创造者，其素质水平的高低对企业营运能力的形成状况具有决定性作用。而分析和评价人力资源营运能力的着眼点在于如何调动劳动者的积极性和能动性，从而提高经营效率。人力资源营运能力通常采用劳动效率指标来分析。

教学视频：营运能力分析

劳动效率是指企业营业收入或净产值与平均职工人数（可以视不同情况具体确定）的比率。其计算公式为

$$劳动效率 = \frac{营业收入或净产值}{平均职工人数}$$

对企业劳动效率进行考核评价主要采用比较的方法。例如，将实际劳动效率与本企业计划水平、历史先进水平等指标进行对比，进而确定其差异程度，分析造成差异的原因，以选择适宜的对策，进一步发掘提高人力资源劳动效率的方法。

2．生产资料营运能力指标

企业拥有或控制的生产资料表现为各项资产占用。因此，生产资料营运能力实际上就是企业的总资产及其各个组成要素的营运能力。资产营运能力取决于资产的周转速度、资产运行状况和资产管理水平等多种因素。以资产的周转速度为例，一般来说，周转速度越快，资产的使用效率越高，则资产营运能力越强；反之，资产营运能力越弱。资产周转速度通常用周转率和周转期表示。所谓周转率，是企业在一定时期内资产的周转额与平均余额的比率，它反映企业资产在一定时期的周转次数。周转次数越多，周转速度越快，资产营运能力越强。周转天数，是周转次数的倒数与计算期天数的乘积，反映资产周转一次所需要的天数。周转的天数越少，周转速度越快，资产营运能力越强。两者的计算公式分别如下。

$$周转率（周转次数）= \frac{周转额}{资产平均余额}$$

$$周转期（周转天数）= \frac{计算期天数}{周转次数} = 资产平均余额 \times \frac{计算期天数}{周转额}$$

具体地说，生产资料营运能力分析可以从流动资产周转情况分析、固定资产周转情况分析以及总资产周转情况分析等方面进行。

（1）流动资产周转情况。反映流动资产周转率的指标主要有应收账款周转率、存货周转率和流动资产周转率。

应收账款周转率。它是企业一定时期内的营业收入（或销售收入）与平均应收账款余额的比率，是反映应收账款周转速度的指标。其计算公式为

$$应收账款周转率（周转次数）= \frac{营业收入}{平均应收账款余额}$$

其中：

$$平均应收账款余额 = \frac{应收账款余额年初数 + 应收账款余额年末数}{2}$$

$$应收账款周转期（周转天数）= \frac{平均应收账款余额 \times 360}{营业收入}$$

应收账款周转率反映了企业应收账款变现速度的快慢及管理效率的高低，周转率高则表明：①收账迅速，账龄较短；②资产流动性强，短期偿债能力强；③可以减少收账费用和坏账损失，从而相对增加企业流动资产的投资收益。同时借助应收账款周转期与企业信用期限的比较，还可以评价购买单位的信用程度，以及企业原定的信用条件是否适当。

利用上述公式计算应收账款周转率时，需要注意以下几个问题。

① 公式中的应收账款包括会计核算中"应收账款"和"应收票据"等全部赊销账款在内。

② 如果应收账款余额的波动性较大，则应尽可能使用更详尽的计算资料，如按每月的应收账款余额来计算其平均占用额。

③ 分子、分母的数据应注意时间的对应性。

存货周转率。它是企业一定时期营业成本与平均存货余额的比率，是反映企业流动资产流动性的一个指标，也是衡量企业生产经营各环节中存货运营效率的一个综合性指标，其计算公式为

$$存货周转率（周转次数）= \frac{营业成本}{平均存货余额}$$

其中：

$$平均存货余额 = \frac{存货余额年初数 + 存货余额年末数}{2}$$

$$存货周转期（周转天数）= \frac{平均存货余额 \times 360}{营业成本}$$

存货周转速度的快慢，不仅反映出企业采购、储存、生产、销售各环节管理工作状况的好坏，而且对企业的偿债能力及盈利能力产生决定性的影响。一般来讲，存货周转率越高越好。存货周转率越高，变现的速度越快；周转额越大，资产占用水平越低。因此，分析存货周转，有利于找出存货管理存在的问题，尽可能降低资金占用水平。存货既不能储存过少（可能造成生产中断或销售紧张），又不能储存过多（形成存货呆滞、积压），而要保持结构合理、质量可靠。存货是流动资产的重要组成部分，其质量和流动性对企业流动比率具有举足轻重的影响，并进而影响企业的短期偿债能力。故一定要加强存货的管理，以提高企业投资的变现能力和盈利能力。

在计算存货周转率时应注意以下问题。

① 存货计价方法对存货周转率具有较大的影响，因此，在分析企业不同时期或不同企业的存货周转率时，应注意存货计价方法的口径是否一致。

② 分子、分母的数据应注意时间上的对应性。

流动资产周转率。它是企业一定时期营业收入与平均流动资产总额的比率，是反映企业流动资产周转速度的指标。其计算公式为

$$流动资产周转率（周转次数）= \frac{营业收入}{平均流动资产总额}$$

其中：

$$平均流动资产总额 = \frac{流动资产总额年初数 + 流动资产总额年末数}{2}$$

$$流动资产周转期（周转天数）= \frac{平均流动资产总额 \times 360}{营业收入}$$

在一定时期内，流动资产周转次数越多，以相同的流动资产完成的周转额越多，流动资产利用效果越好。从流动资产周转天数来看，周转一次所需要的天数越少，流动资产在生产和销售各阶段所占用的时间越短。生产经营活动任何一个环节上的工作改善，都会反映到周转天数的缩短上来。

（2）固定资产周转情况。反映固定资产周转情况的主要指标是固定资产周转率，它是企业一定时期营业收入与平均固定资产净值的比值，是衡量固定资产利用效率的一项指标。其计算公式为

$$固定资产周转率（周转次数）= \frac{营业收入}{平均固定资产净值}$$

其中：

$$平均固定资产净值 = \frac{固定资产净值年初数 + 固定资产净值年末数}{2}$$

$$固定资产周转期（周转天数）= \frac{平均固定资产净值 \times 360}{营业收入}$$

需要说明的是，与固定资产有关的价值指标有固定资产原价、固定资产净值和固定资产净额等。其中固定资产原价是指固定资产的历史成本；固定资产净值为固定资产原价扣除已计提的累计折旧后的金额（固定资产净值=固定资产原价-累计折旧）；固定资产净额则是固定资产原价扣除已计提的累计折旧以及已计提的减值准备后的余额（固定资产净额=固定资产原价 - 累计折旧 - 已计提减值准备）。

一般情况下，固定资产周转率越高，企业固定资产利用越充分，固定资产结构越合理，越能够充分发挥效率。反之，如果固定资产周转率不高，则表明固定资产使用效率不高，提供的生产成果不多，企业的营运能力不强。

（3）总资产周转情况。反映总资产周转情况的主要指标是总资产周转率，它是企业一定时期营业收入与平均资产总额的比值，可以用来反映企业全部资产的利用效率。其计算公式为

$$总资产周转率（周转次数）= \frac{营业收入}{平均资产总额}$$

其中：

$$平均资产总额 = \frac{资产总额年初数 + 资产总额年末数}{2}$$

$$总资产周转期（周转天数） = \frac{平均资产总额 \times 360}{营业收入}$$

总资产周转率高，企业全部资产的使用效率就高；反之，如果该指标较低，则说明企业利用全部资产进行经营的效率较差，最终会影响企业的盈利能力。企业应采取各项措施来提高企业的资产利用程度，如提高销售收入或处理多余的资产。

三、盈利能力指标

对增值的不断追求是企业资金运动的动力源泉与直接目的。盈利能力就是企业资金增值的能力，它通常体现为企业收益数额的大小与水平的高低。由于企业会计的六大要素有机统一于企业资金的运动过程，并通过筹资、投资活动取得收入，补偿成本费用，从而实现利润目标。因此，可以按照会计基本要素设置营业利润率、成本费用利润率、盈余现金保障倍数、总资产报酬率、净资产收益率和资本收益率等6项指标，以评价企业各要素的盈利能力及资本保值、增值情况。此外，上市公司经常使用的盈利能力指标还有每股收益、每股股利、市盈率和每股净资产等。

动画：盈利能力分析

1. 营业利润率

营业利润率是企业一定时期营业利润与营业收入的比率。其计算公式为

$$营业利润率 = \frac{营业利润}{营业收入} \times 100\%$$

营业利润率越高，企业的市场竞争力越强，发展潜力越大，从而盈利能力越强。

需要说明的是，从利润表来看，企业的利润包括营业利润、利润总额和净利润3种形式；营业收入包括主营业务收入和其他业务收入，收入有商品销售收入、提供劳务收入和资产使用权让渡收入等。因此，在实务中也经常使用销售净利率、销售毛利率等指标（计算公式如下）来分析企业经营业务的盈利水平。此外，通过考察营业利润占利润总额比重的变化，可以发现企业经营理财状况的稳定性、面临的危险或者可能出现的转机迹象。

$$销售净利率 = \frac{净利润}{销售收入} \times 100\%$$

$$销售毛利率 = \frac{销售收入 - 销售成本}{销售收入} \times 100\%$$

2. 成本费用利润率

成本费用利润率是指企业一定时期利润总额与成本费用总额的比率。其计算公式为

$$成本费用利润率 = \frac{利润总额}{成本费用总额} \times 100\%$$

其中：

成本费用总额 = 营业成本 + 税金及附加 + 销售费用 + 管理费用 + 财务费用

该指标越高，企业为取得利润所付出的代价越小，成本费用控制得越好，盈利能力越强。

同利润一样,成本费用的计算口径可以分为不同的层次,如主营业务成本和营业成本等。在评价成本费用开支效果时,应当注意成本费用与利润之间在计算层次和口径上的对应关系。

3．盈余现金保障倍数

盈余现金保障倍数是企业一定时期经营现金净流量与净利润的比值,反映了企业当期净利润中现金收益的保障程度,真实反映了企业盈余的质量,是评价企业盈利状况的辅助指标。其计算公式为

$$盈余现金保障倍数 = \frac{经营现金净流量}{净利润}$$

盈余现金保障倍数从现金流入和流出的动态角度对企业收益的质量进行评价,在收付实现制的基础上,充分反映出企业当期净利润中有多少是有现金保障的。一般来说,当企业当期净利润大于 0 时,盈余现金保障倍数应当大于 1。该指标越大,企业经营活动产生的净利润对现金的贡献越大。

4．总资产报酬率

总资产报酬率是企业一定时期内获得的息税前利润总额与平均资产总额的比率。它是反映企业资产综合利用效果的指标,也是衡量企业利用债权人和所有者权益总额所取得的盈利的重要指标。其计算公式为

$$总资产报酬率 = \frac{息税前利润总额}{平均资产总额} \times 100\%$$

其中:

$$息税前利润总额 = 利润总额 + 利息支出$$
$$= 净利润 + 所得税 + 利息支出$$

总资产报酬率全面反映了企业全部资产的盈利水平,企业债权人和所有者对该指标都非常关心。一般情况下,该指标越高,企业的资产利用效益越好,整个企业盈利能力越强,经营管理水平越高。企业还可以将该指标与市场资本利率进行比较,如果前者较后者大,则说明企业可以充分利用财务杠杆,适当举债经营,以获得更多的收益。

5．净资产收益率

净资产收益率是企业一定时期净利润与平均净资产的比率。它是反映自有资金投资收益水平的指标,是企业盈利能力指标的核心。其计算公式为

$$净资产收益率 = \frac{净利润}{平均净资产} \times 100\%$$

其中:

$$平均净资产 = \frac{所有者权益年初数 + 所有者权益年末数}{2}$$

净资产收益率是评价企业自有资本及其累积获取报酬水平的最具综合性与代表性的指标,反映企业资本运营的综合效益。该指标通用性强,适应范围广,不受行业局限,在国际上的企业综合评价中使用率非常高。通过对该指标的综合对比分析,可以看出企业盈利能力在同行中所处的地位,以及与同类企业的差异水平。一般认为,净资产收益率越高,企业自有资本获取收益的能力越强,营运效益越好,企业对投资人和债权人权益的保障程度越高。

6. 资本收益率

资本收益率是企业一定时期净利润与平均资本（即资本性投入及其资本溢价）的比率，反映企业实际获得投资额的回报水平。其计算公式为

$$资本收益率 = \frac{净利润}{平均资本} \times 100\%$$

其中：

$$平均资本 = \{[实收资本（股本）年初数 + 资本公积年初数] +$$
$$[实收资本（股本）年末数 + 资本公积年末数]\}/2$$
$$资本公积 = 实收资本（股本）中的资本溢价（股本溢价）$$

需要说明的是，企业所有者权益的来源包括所有者投入的资本、直接计入所有者权益的利得和损失、留存收益等。其中，所有者投入的资本，反映在实收资本（股本）和资本公积（资本溢价或股本溢价）中；直接计入所有者权益的利得和损失反映在资本公积（其他资本公积）中；留存收益则包括未分配利润和盈余公积。换句话说，并非资本公积中的所有金额都属于所有者投入的资本，只有其中的资本溢价（股本溢价）属于资本性投入。

7. 每股收益

每股收益，也称每股利润或每股盈余，是反映企业普通股股东持有每一股份所能享有的企业利润或承担的企业亏损，是衡量上市公司盈利能力时常用的财务分析指标。每股收益越高，企业的盈利能力越强。每股收益的计算包括基本每股收益和稀释每股收益。

企业应当按照归属于普通股股东的当期净利润，除以发行在外普通股的加权平均数计算基本每股收益。其计算公式为

$$基本每股收益 = \frac{归属于普通股股东的当期净利润}{当期发行在外普通股的加权平均数}$$

其中：

$$当期发行在外普通股的加权平均数 = \frac{期初发行在外普通股股数 + 当期新发行普通股股数 \times 已发行时间}{报告期时间} - \frac{当期回购普通股股数 \times 已回购时间}{报告期时间}$$

注：已发行时间、报告期时间和已回购时间一般按天数计算，在不影响计算结果的前提下，也可以按月简化计算。

企业存在稀释性潜在普通股的，应当分别调整归属于普通股股东的当期净利润和发行在外普通股的加权平均数（即基本每股收益计算公式中的分子和分母），据以计算稀释每股收益。其中，稀释性潜在普通股，是指假设当期转换为普通股会减少每股收益的潜在普通股，主要包括可转换公司债券、认股权证和股票期权等。

计算稀释每股收益时，对基本每股收益计算公式中的分子的调整项目有：①当期已确认为费用的稀释性潜在普通股的利息；②稀释性潜在普通股转换时将产生的收益或费用。同时，将基本每股收益计算公式中的分母调整为当期发行在外普通股的加权平均数与假定稀释性潜在普通股转换为已发行普通股而增加的普通股股数的加权平均数之和。

每股收益是分析上市公司盈利能力的一个综合性较强的财务指标，可以分解为若干个相互联系的财务指标。因此，在对每股收益进行分析时，可以运用前面介绍的连环替代法来分析各个要素对该指标的影响。下面是一个简化的分解公式，只是为了说明各财务指标之间的关系，并不是精确的计算公式。

$$每股收益$$

$$= \frac{净利润}{普通股平均股数}$$

$$= \frac{净利润}{平均股东权益} \times \frac{平均股东权益}{普通股平均股数}$$

$$= 股东权益收益率 \times 平均每股净资产$$

$$= \frac{净利润}{平均资产总额} \times \frac{平均资产总额}{平均股东权益} \times \frac{平均股东权益}{普通股平均股数}$$

$$= 总资产收益率 \times 股东权益比率 \times 平均每股净资产$$

$$= \frac{净利润}{营业收入} \times \frac{营业收入}{平均资产总额} \times \frac{平均资产总额}{平均股东权益} \times \frac{平均股东权益}{普通股平均股数}$$

$$= 销售净利率 \times 总资产周转率 \times 股东权益比率 \times 平均每股净资产$$

8．每股股利

每股股利是上市公司本年发放的普通股现金股利总额与年末普通股总数的比值。其计算公式为

$$每股股利 = \frac{普通股股利总数}{年末普通股股数}$$

9．市盈率

市盈率是上市公司普通股每股市价相当于每股收益的倍数，反映投资者对上市公司每股净利润愿意支付的价格，可以用来估计股票的投资报酬和风险。其计算公式为

$$市盈率 = \frac{普通股每股市价}{普通股每股收益}$$

市盈率是反映上市公司盈利能力的一个重要财务指标，是投资者做出投资决策的重要参考因素之一。一般来说，市盈率高，说明投资者对该公司的发展前景看好，愿意付出较高的价格购买该公司股票，所以一些成长性较好的高科技公司股票的市盈率通常要高一些。但是，也应注意，如果某一种股票的市盈率过高，也意味着这种股票具有较高的投资风险。

10．每股净资产

每股净资产是上市公司年末净资产（即股东权益）与年末普通股总数的比值。其计算公式为

$$每股净资产 = \frac{年末股东权益}{年末普通股总数}$$

四、发展能力指标

发展能力是企业在生存的基础上，扩大规模和壮大实力的潜在能力。分析发展能力主要考察营业收入增长率、资本保值增值率、资本积累率、总资产增长率、营业利润增长率、营业收入3年平均增长率和资本3年平均增长率这7项指标。

动画：发展能力分析

1．营业收入增长率

营业收入增长率是企业本年营业收入增长额与上年营业收入总额的比率。它反映企业营

业收入的增减变动情况，是评价企业成长状况和发展能力的重要指标。其计算公式为

$$营业收入增长率 = \frac{本年营业收入增长额}{上年营业收入总额} \times 100\%$$

其中：

本年营业收入增长额=本年营业收入总额－上年营业收入总额

实务中，也可以使用销售增长率来分析企业经营业务收入的增减情况。其公式为

$$销售增长率 = \frac{本年销售收入增长额}{上年销售收入总额} \times 100\%$$

营业收入增长率是衡量企业经营情况和市场占有能力、预测企业经营业务拓展趋势的重要指标。不断增加的营业收入，是企业生存的基础和发展的条件。该指标若大于 0，表示企业本年的营业收入有所增长，指标值越高，增长速度越快，企业市场前景越好；若该指标小于 0，则说明产品或服务不适销对路、质次价高，或在售后服务等方面存在问题，市场份额萎缩。该指标在实际操作时，应结合企业历年的营业收入水平、企业市场占有情况、行业未来发展及其他影响企业发展的潜在因素进行前瞻性预测，或者结合企业前 3 年的营业收入增长率做出趋势性分析判断。

2．资本保值增值率

资本保值增值率是企业扣除客观因素后的本年末所有者权益总额与年初所有者权益总额的比率，反映企业当年资本在企业自身努力下实际增减变动的情况。其计算公式为

$$资本保值增值率 = \frac{扣除客观因素后的本年末所有者权益总额}{年初所有者权益总额} \times 100\%$$

一般认为，资本保值增值率越高，企业的资本保全状况越好，所有者权益增长越快，债权人的债务越有保障，该指标通常应当大于100%。

3．资本积累率

资本积累率是企业本年所有者权益增长额与年初所有者权益的比率。它反映企业当年资本的积累能力，是评价企业发展潜力的重要指标。其计算公式为

$$资本积累率 = \frac{本年所有者权益增长额}{年初所有者权益} \times 100\%$$

其中：

本年所有者权益增长额 = 所有者权益年末数 － 所有者权益年初数

资本积累率是企业当年所有者权益总的增长率，反映了企业所有者权益在当年的变动水平，体现了企业资本的积累情况，是企业发展强盛的标志，也是企业扩大再生产的源泉，展示了企业的发展潜力。资本积累率还反映了投资者投入企业资本的保全性和增长性。该指标若大于 0，则指标值越高表明企业的资本积累越多，应对风险和持续发展的能力越强；该指标如为负值，表明企业资本受到侵蚀，所有者利益受到损害，企业应予以充分重视。

4．总资产增长率

总资产增长率是企业本年总资产增长额同年初资产总额的比率，它反映企业本期资产规模的增长情况。其计算公式为

总资产增长率=本年总资产增长额/年初资产总额×100%

其中：

$$本年总资产增长额=资产总额年末数-资产总额年初数$$

总资产增长率是从企业资产总量扩张方面衡量企业的发展能力，表明企业规模增长水平对企业发展后劲的影响的指标。该指标越高，企业一定时间内资产经营规模扩大的速度越快。

5. 营业利润增长率

营业利润增长率是企业本年营业利润增长额与上年营业利润总额的比率，反映企业盈利的增减变动情况。其计算公式为

$$营业利润增长率=\frac{本年营业利润增长额}{上年营业利润总额}\times100\%$$

其中：

$$本年营业利润增长额=本年营业利润总额-上年营业利润总额$$

6. 营业收入3年平均增长率

营业收入3年平均增长率表明企业营业收入连续3年的增长情况，体现企业的持续发展态势和市场扩张能力。其计算公式为

$$营业收入3年平均增长率=\left(\sqrt[3]{\frac{本年营业收入总额}{3年前营业收入总额}}-1\right)\times100\%$$

式中，3年前营业收入总额指企业3年前的营业收入总额，例如，在评价企业2015年的绩效状况时，则3年前营业收入总额是指2012年的营业收入总额。

实务中，也可以使用销售收入3年平均增长率来分析企业营业收入连续3年的增减情况。其计算公式为

$$销售收入3年平均增长率=\left(\sqrt[3]{\frac{本年销售收入总额}{3年前销售收入总额}}-1\right)\times100\%$$

营业收入是企业积累和发展的基础，该指标越高，企业积累的基础越牢，可持续发展能力越强，发展的潜力越大。利用营业（销售）收入3年平均增长率指标，能够反映企业的经营业务增长趋势和稳定程度，体现企业的连续发展状况和发展能力，避免因少数年份业务波动而对企业发展潜力的错误判断。一般认为，该指标越高，企业经营业务持续增长势头越好，市场扩张能力越强。

7. 资本3年平均增长率

资本3年平均增长率表示企业资本连续3年的累积情况，在一定程度上体现了企业的持续发展水平和发展趋势。其计算公式为

$$资本3年平均增长率=\left(\sqrt[3]{\frac{年末所有者权益总额}{3年前年末所有者权益总额}}-1\right)\times100\%$$

式中，3年前年末所有者权益指企业3年前的所有者权益年末数，例如，在评价2024年企业绩效状况时，3年前所有者权益年末数是指2021年所有者权益年末数。

一般增长率指标在分析时具有滞后性，仅反映当期情况，而资本3年平均增长率，能够反映企业资本积累或资本扩张的历史发展状况，以及企业稳步发展的趋势。一般认为，该指标越高，企业所有者利益得到保障的程度越大，企业可以长期使用的资金越充足，抗风险和持续发展的能力越强。

❋ 任务实施

1. 盈利能力分析

（1）总资产报酬率如表 8-4 所示，总资产报酬率可视化图如图 8-1 所示。

表 8-4　总资产报酬率

指标名称	2022 年	2023 年
平均总资产/元	2 156 110 615.51	2 626 617 104.45
利润总额/元	470 020 127.77	780 685 795.92
利息支出/元	5 467 214.56	2 678 954.22
总资产报酬率	22.05%	29.82%

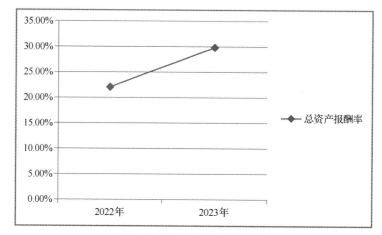

图 8-1　总资产报酬率可视化图

2023 年，公司总资产报酬率为 29.82%，比 2022 年增长 7.77 个百分点，反映公司运用全部资产的总体盈利能力有所提升。

（2）净资产收益率如表 8-5 所示，净资产收益率可视化图如图 8-2 所示。

表 8-5　净资产收益率

指标名称	2022 年	2023 年
平均净资产/元	1 839 871 214.24	2 344 733 840.61
净利润/元	435 594 233.39	693 300 215.06
净资产收益率	23.68%	29.57%

2023 年，资本与利润实现大幅双增，净资产收益率上升至 29.57%，说明公司本年自有资本获取收益的能力强，运营效益好，对企业投资人、债权人的保障程度较高。

（3）销售净利率、成本费用利润率如表 8-6 所示，销售净利率、成本费用利润率可视化图如图 8-3 所示。

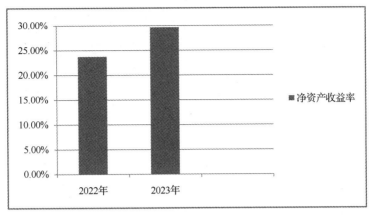

图 8-2 净资产收益率可视化图

表 8-6 销售净利率、成本费用利润率

指标名称	2021 年	2022 年	2023 年
销售净利率	21.23%	18.21%	22.89%
成本费用利润率	31.80%	26.85%	33.33%

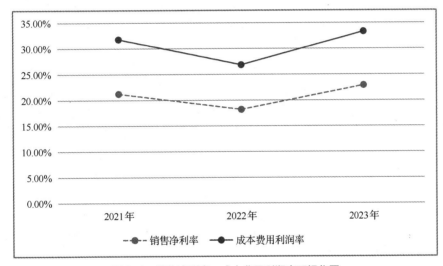

图 8-3 销售净利率、成本费用利润率可视化图

2023 年，华天公司销售净利率、成本费用利润率均有不同程度提高，提高幅度最大的是成本费用利润率，比上年提高 6.48 个百分点，销售净利率也提高了 4.68 个百分点，表明公司成本费用控制得较好，盈利能力较强。

（4）行业对比。根据东方财富网发布的行业平均水平数据，将 2023 年华天公司部分盈利能力指标与行业平均水平比较，如表 8-7 所示。

表 8-7 2023 年华天公司部分盈利能力指标与行业平均水平比较

项目	营业收入/亿元	净资产收益率	销售毛利率	销售净利率	每股收益/元
华天公司	30.29	29.57%	82.71%	22.89%	1.07
行业平均水平	20.88	17.68%	47.11%	13.83%	0.80

2023 年，华天公司营业收入、净资产收益率、销售毛利率、销售净利率、每股收益等盈利能力指标均超过行业平均水平，处于领先地位。

2．营运能力分析

营运能力指标如表 8-8 所示。

表 8-8　营运能力指标

指标名称	2022 年	2023 年
存货周转率	2.84	3.09
存货周转天数/天	126.67	116.63
应收账款周转率	4.55	4.13
应收账款周转天数/天	79.12	87.18
流动资产周转率	1.55	1.64
流动资产周转天数/天	232.14	219.98
固定资产周转率	5.14	6.43
固定资产周转天数/天	70.01	56.02
总资产周转率	1.11	1.15
总资产周转天数/天	324.42	312.18

从表 8-8 中看出，2023 年华天公司总资产周转率、固定资产周转率、流动资产周转率均有不同程度提高，说明公司对总资产、固定资产和流动资产的管理有所改善，资产的占用减少。

2023 年，华天公司存货周转率为 3.09，存货周转天数为 116.63 天，相对于行业平均水平（存货周转率 3.96，存货周转天数 90.91 天），华天公司相对较低。与前两年相比，存货周转率在 2023 年有一定程度的提高，说明公司存货管理得到改善，销售能力有所提高。作为行业内领先企业，华天公司应继续加强存货管理，采取积极的销售策略，进一步减少存货营运资金占用量。

据金融网提供的数据，该行业的应收账款周转率为 2.88，应收账款周转天数为 125 天。华天公司的应收账款周转率与应收账款周转天数均优于行业平均水平。但在 2023 年，公司应收账款周转率有所降低，比上年降低 0.42 个百分点，应收账款周转天数增加 8.06 天，主要是由于应收账款的大量增加，表明公司赊销与信用消费增多，扩大信用销售规模在市场竞争激烈的环境中对扩大销售、增加盈利无疑有着积极的影响，但公司也应注意对应收账款的控制。公司应收账款的管理水平在行业中仍然处于领先地位。

3．偿债能力分析

（1）短期偿债能力指标如表 8-9 所示，速动比率、流动比率可视化图如图 8-4 所示。

表 8-9　短期偿债能力指标

指标名称	2021 年	2022 年	2023 年
流动比率	4.06	6.76	6.63
速动比率	3.53	5.58	5.81

一般认为流动比率应在 2 以上，速动比率应在 1 以上。2021—2023 年，该两项指标值均超过 3，说明公司短期偿债能力较强。不同行业经营情况不同，其流动比率和速动比率的正常标准会有所不同，但这两个比率并非越高越好，过高可能存在现金持有过多或存货积压的问题。

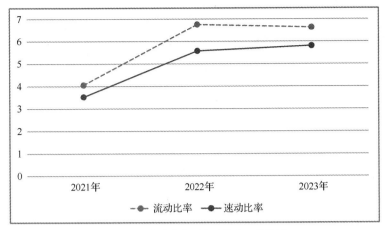

图 8-4　速动比率、流动比率可视化图

（2）长期偿债能力指标如表 8-10 所示，产权比率、资产负债率可视化图如图 8-5 所示。

表 8-10　长期偿债能力指标

指标名称	2021 年	2022 年	2023 年
资产负债率	19.56%	10.20%	11.13%
产权比率	24.32%	11.36%	12.53%

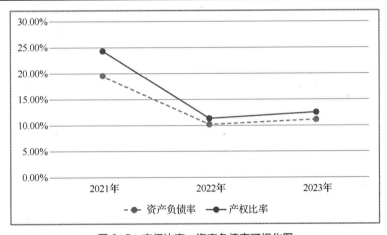

图 8-5　产权比率、资产负债率可视化图

① 资产负债率。2021—2023 年，公司资产负债率呈现下降趋势。从资产负债表上看，公司资产总额逐年增加，而负债总体规模减少，资产负债率维持在一个较低的水平，公司的债务负担较轻，相对而言，公司所有者权益所支撑的投资的规模较大。对债权人来说，其利益的保障程度较高；对投资者和公司本身而言，可以通过扩大举债规模来增加财务杠杆效益。所以，该比率可以通过债务融资适当提高。

② 产权比率。相对 2021 年，公司产权比率总体呈现下降趋势，2023 年稍有回升，但仍维持较低水平。该比率反映出了债权人提供的资本与股东提供的资本的相对关系，同时也表明了所有者权益对债权人投入资本的保障程度。公司产权比率较低，表明一种低风险、低收益的财务结构，并且对债权人的保障程度较高。

4．发展能力分析

发展能力指标如表 8-11 所示，发展能力指标可视化图如图 8-6 所示。

表 8-11　发展能力指标

指标名称	2022 年	2023 年
销售增长率	20.80%	26.60%
营业利润增长率	-10.60%	71.61%
总资产增长率	9.55%	33.03%
资本积累率	22.30%	31.64%

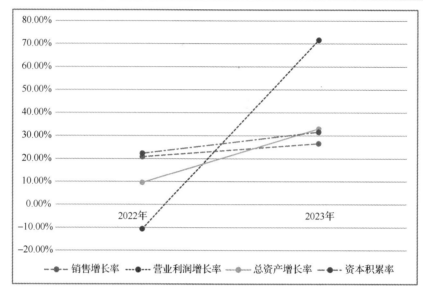

图 8-6　发展能力指标可视化图

根据表 8-11，可以发现华天公司除 2022 年营业利润增长率出现负值，2021 年以来销售增长率、营业利润增长率、总资产增长率、资本积累率均为正值。

2022 年，各项增长指标均较上年有所降低，尤其是营业利润呈现负增长，进一步分析利润表可知，营业利润下降主要是由于成本费用的提高超过了营业收入的提高。2023 年各项指标呈现大幅增长趋势，说明所有者权益、收益规模、营业收入、资产规模增长状况较好。

通过以上分析，可以看出华天公司在近三年来各项增长指标呈现出波动现象，在 2022 年各项增长指标都有所下滑，效益下降；而到 2023 年，各方面均恢复与 2021 年同期相似趋势，各项能力有所增强，且保持较高水平，公司发展渐入佳境。

任务三　大数据财务综合分析与应用

❋ 任务情境

结合华天公司 2022 年至 2023 年的有关财务数据（见表 8-2 和表 8-3），使用杜邦财务分析体系分析指标变动的原因。

❋ 任务描述

1. 计算华天公司的净资产收益率及其分解指标数值。
2. 对华天公司的净资产收益率及其分解指标进行分析。

✳ 知识要点

杜邦财务分析体系（简称"杜邦体系"）是利用各项财务指标间的内在联系，对企业财务状况及经济效益进行综合系统分析评价的方法。因其最初由美国杜邦公司创立并成功运用而得名。杜邦体系是以净资产收益率为龙头，以资产净利率和权益乘数为核心，重点揭示企业盈利能力及权益乘数对净资产收益率的影响，以及各相关指标间的相互影响作用关系。杜邦分析图如图 8-7 所示。

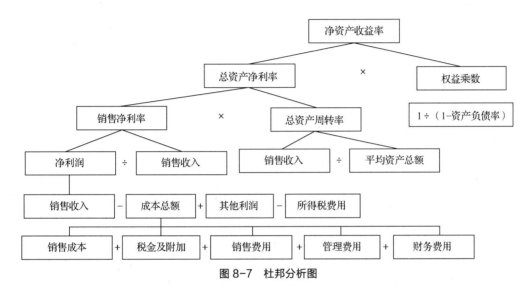

图 8-7　杜邦分析图

杜邦分析图包括以下几种主要的指标。

（1）净资产收益率是一个综合性非常强的财务指标，是整个分析系统的起点和核心。

（2）权益乘数表明了企业的负债程度。

（3）总资产净利率是销售净利率与总资产周转率的乘积。

（4）销售净利率反映了企业净利润与销售收入的关系。

（5）总资产周转率反映企业资产实现销售收入的综合能力。

一、杜邦财务分析体系

动画：杜邦分析

杜邦财务分析体系的核心指标是净资产收益率。

净资产收益率=净利润/平均净资产

　　　　　　=（净利润/平均资产总额）×（平均资产总额/平均净资产）

　　　　　　=总资产净利率×权益乘数

　　　　　　=（净利润/销售收入）×（销售收入/平均资产总额）×（平均资产总额/平均净资产）

　　　　　　= 销售净利率×总资产周转率×权益乘数

杜邦财务分析体系主要反映了以下几种主要的财务比率关系。

（1）净资产收益率与总资产净利率及权益乘数之间的关系。

净资产收益率 = 总资产净利率×权益乘数

（2）总资产净利率与销售净利率及总资产周转率之间的关系。

总资产净利率 = 销售净利率×总资产周转率

（3）销售净利率与净利润及销售收入之间的关系。

$$销售净利率 = 净利润 \div 销售收入$$

（4）总资产周转率与销售收入及平均资产总额之间的关系。

$$总资产周转率 = 销售收入 \div 平均资产总额$$

杜邦财务分析体系是对企业财务状况进行的自上而下的综合分析。它通过几种主要的财务指标之间的关系，直观、明了地反映出企业的偿债能力、营运能力、盈利能力及其相互之间的关系，从而为经营者提供解决企业财务问题的思路并为企业提供财务目标的分解、控制途径。从杜邦财务分析体系可以了解到下面的财务信息。

（1）净资产收益率是杜邦财务分析体系的核心，是综合性非常强的一个指标，反映了企业财务管理的目标。企业财务管理的重要目标之一就是实现股东财富的最大化，净资产收益率正是反映了股东投入资金的盈利能力，这一比率反映了企业筹资、投资和生产运营等各方面经营活动的效率。净资产收益率取决于企业总资产净利率和权益乘数。总资产净利率反映企业运用资产进行生产经营活动的效率，而权益乘数则主要反映企业的筹资情况，即企业资金来源结构。

（2）总资产净利率是反映企业盈利能力的一个重要财务比率，它揭示了企业生产经营活动的效率，也是综合性极强的一个指标。企业的销售收入、成本费用、资产结构、资产周转速度以及资金占用量等各种因素都直接影响总资产净利率。总资产净利率是销售净利率与总资产周转率的乘积。因此，可以从企业的销售活动与资产管理两个方面来进行分析。

① 从企业的销售活动方面看，销售净利率反映了企业净利润与销售收入之间的关系。一般来说，销售收入增加，企业的净利润会随之增加，但是要想提高销售净利率，必须一方面提高销售收入，另一方面降低各种成本费用，这样才能使净利润的增长高于销售收入的增长，从而使销售净利率得到提高。由此可见，提高销售净利率必须注重以下两个方面：一是开拓市场，增加销售收入；二是加强成本费用控制，降低耗费，增加利润。

② 从企业资产管理方面主要应分析以下两个方面。一是分析企业的资产结构是否合理，即流动资产与非流动资产的比例是否合理。一般来说，如果企业流动资产中货币资金占的比重过大，就应当分析企业现金持有量是否合理，有无现金闲置现象，因为持有过量的现金会影响企业的盈利能力；如果流动资产中的存货与应收账款过多，就会占用大量的资金，影响企业的资金周转。二是结合销售收入分析企业的资产周转情况。如果企业资产周转较慢，就会占用大量资金，增加资本成本，减少企业的利润。资产周转情况的分析要从分析企业总资产周转率、存货周转率与应收账款周转率几个方面进行，并将其周转情况与资金占用情况结合起来分析。

总之，从杜邦财务分析体系可以看出企业的盈利能力涉及生产经营活动的方方面面。净资产收益率与企业的筹资结构、销售规模、成本水平、资产管理等因素密切相关，这些因素构成一个完整的系统，系统内部各因素之间相互作用。只有协调好系统内部各因素之间的关系，才能使净资产收益率最高，从而实现股东财富最大化的理财目标。

二、沃尔评分法

最初的财务比率综合分析法也称沃尔评分法。其发明者是亚历山大·沃尔。他在 20 世纪初出版的《信用晴雨表研究》和《财务报表比率分析》中提出了信用能力指数的概念，把若干个财务比率用线性关系结合起来，以评价企业的信用水平。他选择了 7 种财务比率，分别给定其在总体评价中所占的比重，总和为 100 分。然后确定标准比率，并与实际比率相比较，评出每项指标的得分，最后求出总评分，从而对企业业绩进行评价。

【业务实例8-1】 沃尔评分法如表8-12所示。

表8-12   沃尔评分法

财务比率	比重①	标准比率②	实际比率③	相对比率④=③÷②	评分⑤=①×④
流动比率	25	2.00	2.33	1.17	29.13
净资产/负债	25	1.50	0.88	0.59	14.67
资产/固定资产	15	2.50	3.33	1.33	19.98
销售成本/存货	10	8	12	1.50	15.00
销售额/应收账款	10	6	10	1.67	16.67
销售额/固定资产	10	4	2.66	0.67	6.65
销售额/净资产	5	3	1.63	0.54	2.72
合计	100				104.81

从理论上讲，沃尔评分法存在一个不足：未能证明为什么要选择这7个指标，而不是更多或更少的指标，或者选择别的财务比率，以及未能证明每个指标所占比重的合理性。这个问题至今仍然没有从理论上解决。尽管沃尔评分法在理论上还有待证明，在技术上也不完善，但它还是在实践中被广泛应用。

现代社会与沃尔所在的时代相比，已发生很大的变化，所以在评价指标方面有一些变动，在给每个指标评分时，需规定上限和下限，以减少个别指标异常对总分造成不利的影响。

✳ 任务实施

1. 计算华天公司的净资产收益率及其分解指标数值，如表8-13、表8-14所示。

表8-13   2022—2023年杜邦体系主要指标

指标名称	2022年	2023年
净资产收益率	23.68%	29.57%
总资产净利率	20.20%	26.40%
权益乘数	1.11	1.13
销售净利率	18.21%	22.89%
总资产周转率	1.11	1.15
资产负债率	10.20%	11.13%

表8-14   2022—2023年杜邦体系相关指标   单位：元

指标名称	2022年	2023年
平均资产总额	2 156 110 615.51	2 626 617 104.45
平均净资产	1 839 871 214.24	2 344 733 840.61
负债	229 914 173.72	333 852 353.96
营业收入	2 392 561 159.48	3 028 960 881.33
成本费用	1 750 649 416.90	2 341 958 071.20
净利润	435 594 233.39	693 300 215.06

2. 对华天公司的净资产收益率及其分解指标进行分析。

（1）对比华天公司2022年和2023年的净资产收益率及其分解指标，可以看出公司在盈

利能力、营运能力和偿债能力方面的情况和相互关系。华天公司 2023 年净资产收益率 29.57%=总资产净利率 26.40%×权益乘数 1.13，2022 年净资产收益率 23.68%=总资产净利率 20.20%×权益乘数 1.11，可见，2023 年各项主要指标均有所增加，各环节财务状况、经营状况是有改善的；而且净资产收益率上升是由公司总资产净利率上升引起的，同时公司适当利用财务杠杆也给净资产收益率的上升带来有利影响。

（2）华天公司 2023 年总资产净利率 26.40%=销售净利率 22.89%×总资产周转率 1.15，2022 年总资产净利率 20.20% =销售净利率18.21%×总资产周转率 1.11，可以看出，销售净利率的上升，是使得总资产净利率上升的主要原因，同时总资产周转速度加快也对总资产净利率产生正向影响。

（3）据东方财富网发布的数据，2023 年华天公司所在行业净资产收益率的行业平均值为 6.76%，华天公司该指标值为 29.57%，领先于行业平均水平。

项目小结

1. 大数据财务分析是指利用大数据技术和方法来分析和解释企业的财务数据，以揭示潜在的商业机会、风险和趋势。传统的财务分析主要依赖于有限的财务指标和统计数据，而大数据财务分析则结合了大数据技术和算法，可以处理庞大的数据量，包括来自内部和外部的数据。通过分析更全面、准确的数据，财务分析师可以更好地了解企业的财务状况，从而做出更准确的决策。

2. 大数据财务分析在企业管理和决策过程中发挥着重要的作用：大数据财务分析是评价财务状况及经营业绩的重要依据；大数据财务分析是进行正确投资决策的重要步骤；大数据财务分析是强化风险管理的重要手段。

3. 大数据财务分析的内容一般包括偿债能力分析、营运能力分析、盈利能力分析和发展能力分析等方面，然而不同的信息需求者出于不同的利益考虑，对财务分析又有着不同的要求。

4. 大数据财务分析的方法多种多样，但常用的有趋势分析法、比较分析法、比率分析法和因素分析法 4 种。趋势分析法，是通过对比两期或连续数期财务报告中的相同指标，确定其增减变动的方向、数额和幅度来说明企业财务状况或经营成果的变动趋势的一种方法；比较分析法是将企业某项财务指标进行对比，从数量上确定其差异，从而得出分析结论或发现待解释问题的一种分析方法；比率分析法是通过计算各种比率指标来确定财务活动变动程度的方法；因素分析法是依据分析指标与其影响因素的关系，从数量上确定各因素对分析指标影响方向和影响程度的一种方法。

5. 将各种指标纳入一个有机的整体之中，全面地对企业经营状况、财务状况进行解剖和分析，称为综合指标分析。常用的综合指标分析方法是杜邦财务分析体系。杜邦财务分析体系（简称"杜邦体系"）是利用各项财务指标间的内在联系，对企业财务状况及经济效益进行综合系统分析评价的方法。

能力提升训练

赛学融合

参 考 文 献

［1］黄佑军. 财务管理项目实训. 北京：经济科学出版社，2010.

［2］黄佑军. 财务管理实务. 2 版. 北京：人民邮电出版社，2016.

［3］张尧洪，单松，王继祥. 大数据财务管理. 北京：高等教育出版社，2022.

［4］袁晓红. 大数据财务管理. 郑州：郑州大学出版社，2023.

［5］马兴元，薛春燕. 企业财务管理. 4 版. 北京：高等教育出版社，2021.

［6］李晶. 管理会计实务. 2 版. 北京：中国财政经济出版社，2023.

知识与技能拓展

动画:宏观环境分析（PEST）

动画:优先股筹资的优缺点

动画:投资报酬率

动画:标准成本及其制定

动画：保本分析

动画:定期预算与固定预算

动画:成本控制的含义与原则

动画:数智化预算及全面预算的内涵

教学视频：企业内外部环境分析

教学视频:自有资金筹集的内涵

教学视频：投融资管理

教学视频:静态投资指标

教学视频:贡献边际及其相关指标的内涵与计算

教学视频:确定目标成本的方法

教学视频:成本性态及分类

教学视频：本-量-利分析的内涵

教学视频：本-量-利分析的基本公式及运用

教学视频：保利分析

教学视频：盈亏平衡点基本模型及应用

教学视频：安全边际、安全边际率与保本作业率的内涵与计算

教学视频：利润敏感性分析

教学视频:相关因素变动对保本点、保利点的影响

教学视频：数智化销售预测分析

教学视频：数智化利润预测分析

教学视频：数智化目标利润分析

附录 A 复利终值系数表

计算公式：$f = (1+i)^n$

期数	1%	2%	3%	4%	5%	6%	7%	8%	9%	10%	11%	12%	13%	14%	15%
1	1.010 0	1.020 0	1.030 0	1.040 0	1.050 0	1.060 0	1.070 0	1.080 0	1.090 0	1.100 0	1.110 0	1.120 0	1.130 0	1.140 0	1.150 0
2	1.020 1	1.040 4	1.060 9	1.081 6	1.102 5	1.123 6	1.144 9	1.166 4	1.188 1	1.210 0	1.232 1	1.254 4	1.276 9	1.299 6	1.322 5
3	1.030 3	1.061 2	1.092 7	1.124 9	1.157 6	1.191 0	1.225 0	1.259 7	1.295 0	1.331 0	1.367 6	1.404 9	1.442 9	1.481 5	1.520 9
4	1.040 6	1.082 4	1.125 5	1.169 9	1.215 5	1.262 5	1.310 8	1.360 5	1.411 6	1.464 1	1.518 1	1.573 5	1.630 5	1.689 0	1.749 0
5	1.051 0	1.104 1	1.159 3	1.216 7	1.276 3	1.338 2	1.402 6	1.469 3	1.538 6	1.610 5	1.685 1	1.762 3	1.842 4	1.925 4	2.011 4
6	1.061 5	1.126 2	1.194 1	1.265 3	1.340 1	1.418 5	1.500 7	1.586 9	1.677 1	1.771 6	1.870 4	1.973 8	2.082 0	2.195 0	2.313 1
7	1.072 1	1.148 7	1.229 9	1.315 9	1.407 1	1.503 6	1.605 8	1.713 8	1.828 0	1.948 7	2.076 2	2.210 7	2.352 6	2.502 3	2.660 0
8	1.082 9	1.171 7	1.266 8	1.368 6	1.477 5	1.593 8	1.718 2	1.850 9	1.992 6	2.143 6	2.304 5	2.476 0	2.658 4	2.852 6	3.059 0
9	1.093 7	1.195 1	1.304 8	1.423 3	1.551 3	1.689 5	1.838 5	1.999 0	2.171 9	2.357 9	2.558 0	2.773 1	3.004 0	3.251 9	3.517 9
10	1.104 6	1.219 0	1.343 9	1.480 2	1.628 9	1.790 8	1.967 2	2.158 9	2.367 4	2.593 7	2.839 4	3.105 8	3.394 6	3.707 2	4.045 6
11	1.115 7	1.243 4	1.384 2	1.539 5	1.710 3	1.898 3	2.104 9	2.331 6	2.580 4	2.853 1	3.151 8	3.478 6	3.835 9	4.226 2	4.652 4
12	1.126 8	1.268 2	1.425 8	1.601 0	1.795 9	2.012 2	2.252 2	2.518 2	2.812 7	3.138 4	3.498 5	3.896 0	4.334 5	4.817 9	5.350 3
13	1.138 1	1.293 6	1.468 5	1.665 1	1.885 6	2.132 9	2.409 8	2.719 6	3.065 8	3.452 3	3.883 3	4.363 5	4.898 0	5.492 4	6.152 8
14	1.149 5	1.319 5	1.512 6	1.731 7	1.979 9	2.260 9	2.578 5	2.937 2	3.341 7	3.797 5	4.310 4	4.887 1	5.534 8	6.261 3	7.075 7
15	1.161 0	1.345 9	1.558 0	1.800 9	2.078 9	2.396 6	2.759 0	3.172 2	3.642 5	4.177 2	4.784 6	5.473 6	6.254 3	7.137 9	8.137 1

续表

期数	16%	17%	18%	19%	20%	21%	22%	23%	24%	25%	26%	27%	28%	29%	30%
1	1.160 0	1.170 0	1.180 0	1.190 0	1.200 0	1.210 0	1.220 0	1.230 0	1.240 0	1.250 0	1.260 0	1.270 0	1.280 0	1.290 0	1.300 0
2	1.345 6	1.368 9	1.392 4	1.416 1	1.440 0	1.464 1	1.488 4	1.512 9	1.537 6	1.562 5	1.587 6	1.612 9	1.638 4	1.664 1	1.690 0
3	1.560 9	1.601 6	1.643 0	1.685 2	1.728 0	1.771 6	1.815 8	1.860 9	1.906 6	1.953 1	2.000 4	2.048 4	2.097 2	2.146 7	2.197 0
4	1.810 6	1.873 9	1.938 8	2.005 3	2.073 6	2.143 6	2.215 3	2.288 9	2.364 2	2.441 4	2.520 5	2.601 4	2.684 4	2.769 2	2.856 1
5	2.100 3	2.192 4	2.287 8	2.386 4	2.488 3	2.593 7	2.702 7	2.815 3	2.931 6	3.051 8	3.175 8	3.303 8	3.436 0	3.572 3	3.712 9
6	2.436 4	2.565 2	2.699 6	2.839 8	2.986 0	3.138 4	3.297 3	3.462 8	3.635 2	3.814 7	4.001 5	4.195 9	4.398 0	4.608 3	4.826 8
7	2.826 2	3.001 2	3.185 5	3.379 3	3.583 2	3.797 5	4.022 7	4.259 3	4.507 7	4.768 4	5.041 9	5.328 8	5.629 5	5.944 7	6.274 9
8	3.278 4	3.511 5	3.758 9	4.021 4	4.299 8	4.595 0	4.907 7	5.238 9	5.589 5	5.960 5	6.352 8	6.767 5	7.205 8	7.668 6	8.157 3
9	3.803 0	4.108 4	4.435 5	4.785 4	5.159 8	5.559 9	5.987 4	6.443 9	6.931 0	7.450 6	8.004 5	8.594 8	9.223 4	9.892 5	10.604 5
10	4.411 4	4.806 8	5.233 8	5.694 7	6.191 7	6.727 5	7.304 6	7.925 9	8.594 4	9.313 2	10.085 7	10.915 3	11.805 9	12.761 4	13.785 8
11	5.117 3	5.624 0	6.175 9	6.776 7	7.430 1	8.140 3	8.911 7	9.748 9	10.657 1	11.641 5	12.708 0	13.862 5	15.111 6	16.462 2	17.921 6
12	5.936 0	6.580 1	7.287 6	8.064 2	8.916 1	9.849 7	10.872 2	11.991 2	13.214 8	14.551 9	16.012 0	17.605 3	19.342 8	21.236 2	23.298 1
13	6.885 8	7.698 7	8.599 4	9.596 4	10.699 3	11.918 2	13.264 1	14.749 1	16.386 3	18.189 9	20.175 2	22.358 8	24.758 8	27.394 7	30.287 5
14	7.987 5	9.007 5	10.147 2	11.419 8	12.839 2	14.421 0	16.182 2	18.141 4	20.319 1	22.737 4	25.420 7	28.395 7	31.691 3	35.339 1	39.373 8
15	9.265 5	10.538 7	11.973 7	13.589 5	15.407 0	17.449 4	19.742 3	22.314 0	25.195 6	28.421 7	32.030 1	36.062 5	40.564 8	45.587 5	51.185 9

续表

期数	1%	2%	3%	4%	5%	6%	7%	8%	9%	10%	11%	12%	13%	14%	15%
16	1.172 6	1.372 8	1.604 7	1.873 0	2.182 9	2.540 4	2.952 2	3.425 9	3.970 3	4.595 0	5.310 9	6.130 4	7.067 3	8.137 2	9.357 6
17	1.184 3	1.400 2	1.652 8	1.947 9	2.292 0	2.692 8	3.158 8	3.700 0	4.327 6	5.054 5	5.895 1	6.866 0	7.986 1	9.276 5	10.761 3
18	1.196 1	1.428 2	1.702 4	2.025 8	2.406 6	2.854 3	3.379 9	3.996 0	4.717 1	5.559 9	6.543 6	7.690 0	9.024 3	10.575 2	12.375 5
19	1.208 1	1.456 8	1.753 5	2.106 8	2.527 0	3.025 6	3.616 5	4.315 7	5.141 7	6.115 9	7.263 3	8.612 8	10.197 4	12.055 7	14.231 8
20	1.220 2	1.485 9	1.806 1	2.191 1	2.653 3	3.207 1	3.869 7	4.661 0	5.604 4	6.727 5	8.062 3	9.646 3	11.523 1	13.743 5	16.366 5
21	1.232 4	1.515 7	1.860 3	2.278 8	2.786 0	3.399 6	4.140 6	5.033 8	6.108 8	7.400 2	8.949 2	10.803 8	13.021 1	15.667 6	18.821 5
22	1.244 7	1.546 0	1.916 1	2.369 9	2.925 3	3.603 5	4.430 4	5.436 5	6.658 6	8.140 3	9.933 6	12.100 3	14.713 8	17.861 0	21.644 7
23	1.257 2	1.576 9	1.973 6	2.464 7	3.071 5	3.819 7	4.740 5	5.871 5	7.257 9	8.954 3	11.026 3	13.552 3	16.626 6	20.361 6	24.891 5
24	1.269 7	1.608 4	2.032 8	2.563 3	3.225 1	4.048 9	5.072 4	6.341 2	7.911 1	9.849 7	12.239 2	15.178 6	18.788 1	23.212 2	28.625 2
25	1.282 4	1.640 6	2.093 8	2.665 8	3.386 4	4.291 9	5.427 4	6.848 5	8.623 1	10.834 7	13.585 5	17.000 1	21.230 5	26.461 9	32.919 0
26	1.295 3	1.673 4	2.156 6	2.772 5	3.555 7	4.549 4	5.807 4	7.396 4	9.399 2	11.918 2	15.079 9	19.040 1	23.990 5	30.166 6	37.856 8
27	1.308 2	1.706 9	2.221 3	2.883 4	3.733 5	4.822 3	6.213 9	7.988 1	10.245 1	13.110 0	16.738 7	21.324 9	27.109 3	34.389 9	43.535 3
28	1.321 3	1.741 0	2.287 9	2.998 7	3.920 1	5.111 7	6.648 8	8.627 1	11.167 1	14.421 0	18.579 9	23.883 9	30.633 5	39.204 5	50.065 6
29	1.334 5	1.775 8	2.356 6	3.118 7	4.116 1	5.418 4	7.114 3	9.317 3	12.172 2	15.863 1	20.623 7	26.749 9	34.615 8	44.693 1	57.575 5
30	1.347 8	1.811 4	2.427 3	3.243 4	4.321 9	5.743 5	7.612 3	10.062 7	13.267 7	17.449 4	22.892 3	29.959 9	39.115 9	50.950 2	66.211 8

续表

期数	16%	17%	18%	19%	20%	21%	22%	23%	24%	25%	26%	27%	28%	29%	30%
16	10.748 0	12.330 3	14.129 0	16.171 5	18.488 4	21.113 8	24.085 6	27.446 2	31.242 6	35.527 1	40.357 9	45.799 4	51.923 0	58.807 9	66.541 7
17	12.467 7	14.426 5	16.672 2	19.244 1	22.186 1	25.547 7	29.384 4	33.758 8	38.740 8	44.408 9	50.851 0	58.165 2	66.461 4	75.862 1	86.504 2
18	14.462 5	16.879 0	19.673 3	22.900 5	26.623 3	30.912 7	35.849 0	41.523 3	48.038 6	55.511 2	64.072 2	73.869 8	85.070 6	97.862 2	112.455 4
19	16.776 5	19.748 4	23.214 4	27.251 6	31.948 0	37.404 3	43.735 8	51.073 7	59.567 9	69.388 9	80.731 0	93.814 7	108.890 4	126.242 2	146.192 0
20	19.460 8	23.105 6	27.393 0	32.429 4	38.337 6	45.259 3	53.357 6	62.820 6	73.864 1	86.736 2	101.721 1	119.144 6	139.379 7	162.852 4	190.049 6
21	22.574 5	27.033 6	32.323 8	38.591 0	46.005 1	54.763 7	65.096 3	77.269 4	91.591 5	108.420 2	128.168 5	151.313 7	178.406 0	210.079 6	247.064 5
22	26.186 4	31.629 3	38.142 1	45.923 3	55.206 1	66.264 1	79.417 5	95.041 3	113.573 5	135.525 3	161.492 4	192.168 3	228.359 6	271.002 7	321.183 9
23	30.376 2	37.006 2	45.007 6	54.648 7	66.247 4	80.179 5	96.889 4	116.900 8	140.831 2	169.406 6	203.480 4	244.053 8	292.300 3	349.593 5	417.539 1
24	35.236 4	43.297 3	53.109 0	65.032 0	79.496 8	97.017 2	118.205 0	143.788 0	174.630 6	211.758 2	256.385 3	309.948 3	374.144 4	450.975 6	542.800 8
25	40.874 2	50.657 8	62.668 6	77.388 1	95.396 2	117.390 9	144.210 1	176.859 3	216.542 0	264.697 8	323.045 4	393.634 4	478.904 9	581.758 5	705.641 0
26	47.414 1	59.269 7	73.949 0	92.091 8	114.475 5	142.042 9	175.936 4	217.536 9	268.512 1	330.872 2	407.037 3	499.915 7	612.998 2	750.468 5	917.333 3
27	55.000 4	69.345 5	87.259 8	109.589 3	137.370 6	171.871 9	214.642 4	267.570 4	332.955 0	413.590 3	512.867 0	634.892 9	784.637 7	968.104 4	1 192.533 3
28	63.800 4	81.134 2	102.966 6	130.411 2	164.844 7	207.965 1	261.863 7	329.111 5	412.864 2	516.987 9	646.212 4	806.314 0	1 004.336 3	1 248.854 6	1 550.293 3
29	74.008 5	94.927 1	121.500 5	155.189 3	197.813 6	251.637 7	319.473 7	404.807 2	511.951 6	646.234 9	814.227 6	1 024.018 7	1 285.550 4	1 611.022 5	2 015.381 3
30	85.849 9	111.064 7	143.370 6	184.675 3	237.376 3	304.481 6	389.757 9	497.912 9	634.819 9	807.793 6	1 025.926 7	1 300.503 8	1 645.504 5	2 078.219 0	2 619.995 6

附录 B　复利现值系数表

计算公式：$f=(1+i)^{-n}$

期数	1%	2%	3%	4%	5%	6%	7%	8%	9%	10%	11%	12%	13%	14%	15%
1	0.990 1	0.980 4	0.970 9	0.961 5	0.952 4	0.943 4	0.934 6	0.925 9	0.917 4	0.909 1	0.900 9	0.892 9	0.885 0	0.877 2	0.869 6
2	0.980 3	0.961 2	0.942 6	0.924 6	0.907 0	0.890 0	0.873 4	0.857 3	0.841 7	0.826 4	0.811 6	0.797 2	0.783 1	0.769 5	0.756 1
3	0.970 6	0.942 3	0.915 1	0.889 0	0.863 8	0.839 6	0.816 3	0.793 8	0.772 2	0.751 3	0.731 2	0.711 8	0.693 1	0.675 0	0.657 5
4	0.961 0	0.923 8	0.888 5	0.854 8	0.822 7	0.792 1	0.762 9	0.735 0	0.708 4	0.683 0	0.658 7	0.635 5	0.613 3	0.592 1	0.571 8
5	0.951 5	0.905 7	0.862 6	0.821 9	0.783 5	0.747 3	0.713 0	0.680 6	0.649 9	0.620 9	0.593 5	0.567 4	0.542 8	0.519 4	0.497 2
6	0.942 0	0.888 0	0.837 5	0.790 3	0.746 2	0.705 0	0.666 3	0.630 2	0.596 3	0.564 5	0.534 6	0.506 6	0.480 3	0.455 6	0.432 3
7	0.932 7	0.870 6	0.813 1	0.759 9	0.710 7	0.665 1	0.622 7	0.583 5	0.547 0	0.513 2	0.481 7	0.452 3	0.425 1	0.399 6	0.375 9
8	0.923 5	0.853 5	0.789 4	0.730 7	0.676 8	0.627 4	0.582 0	0.540 3	0.501 9	0.466 5	0.433 9	0.403 9	0.376 2	0.350 6	0.326 9
9	0.914 3	0.836 8	0.766 4	0.702 6	0.644 6	0.591 9	0.543 9	0.500 2	0.460 4	0.424 1	0.390 9	0.360 6	0.332 9	0.307 5	0.284 3
10	0.905 3	0.820 3	0.744 1	0.675 6	0.613 9	0.558 4	0.508 3	0.463 2	0.422 4	0.385 5	0.352 2	0.322 0	0.294 6	0.269 7	0.247 2
11	0.896 3	0.804 3	0.722 4	0.649 6	0.584 7	0.526 8	0.475 1	0.428 9	0.387 5	0.350 5	0.317 3	0.287 5	0.260 7	0.236 6	0.214 9
12	0.887 4	0.788 5	0.701 4	0.624 6	0.556 8	0.497 0	0.444 0	0.397 1	0.355 5	0.318 6	0.285 8	0.256 7	0.230 7	0.207 6	0.186 9
13	0.878 7	0.773 0	0.681 0	0.600 6	0.530 3	0.468 8	0.415 0	0.367 7	0.326 2	0.289 7	0.257 5	0.229 2	0.204 2	0.182 1	0.162 5
14	0.870 0	0.757 9	0.661 1	0.577 5	0.505 1	0.442 3	0.387 8	0.340 5	0.299 2	0.263 3	0.232 0	0.204 6	0.180 7	0.159 7	0.141 3
15	0.861 3	0.743 0	0.641 9	0.555 3	0.481 0	0.417 3	0.362 4	0.315 2	0.274 5	0.239 4	0.209 0	0.182 7	0.159 9	0.140 1	0.122 9

续表

期数	16%	17%	18%	19%	20%	21%	22%	23%	24%	25%	26%	27%	28%	29%	30%
1	0.862 1	0.854 7	0.847 5	0.840 3	0.833 3	0.826 4	0.819 7	0.813 0	0.806 5	0.800 0	0.793 7	0.787 4	0.781 3	0.775 2	0.769 2
2	0.743 2	0.730 5	0.718 2	0.706 2	0.694 4	0.683 0	0.671 9	0.661 0	0.650 4	0.640 0	0.629 9	0.620 0	0.610 4	0.600 9	0.591 7
3	0.640 7	0.624 4	0.608 6	0.593 4	0.578 7	0.564 5	0.550 7	0.537 4	0.524 5	0.512 0	0.499 9	0.488 2	0.476 8	0.465 8	0.455 2
4	0.552 3	0.533 7	0.515 8	0.498 7	0.482 3	0.466 5	0.451 4	0.436 9	0.423 0	0.409 6	0.396 8	0.384 4	0.372 5	0.361 1	0.350 1
5	0.476 1	0.456 1	0.437 1	0.419 0	0.401 9	0.385 5	0.370 0	0.355 2	0.341 1	0.327 7	0.314 9	0.302 7	0.291 0	0.279 9	0.269 3
6	0.410 4	0.389 8	0.370 4	0.352 1	0.334 9	0.318 6	0.303 3	0.288 8	0.275 1	0.262 1	0.249 9	0.238 3	0.227 4	0.217 0	0.207 2
7	0.353 8	0.333 2	0.313 9	0.295 9	0.279 1	0.263 3	0.248 6	0.234 8	0.221 8	0.209 7	0.198 3	0.187 7	0.177 6	0.168 2	0.159 4
8	0.305 0	0.284 8	0.266 0	0.248 7	0.232 6	0.217 6	0.203 8	0.190 9	0.178 9	0.167 8	0.157 4	0.147 8	0.138 8	0.130 4	0.122 6
9	0.263 0	0.243 4	0.225 5	0.209 0	0.193 8	0.179 9	0.167 0	0.155 2	0.144 3	0.134 2	0.124 9	0.116 4	0.108 4	0.101 1	0.094 3
10	0.226 7	0.208 0	0.191 1	0.175 6	0.161 5	0.148 6	0.136 9	0.126 2	0.116 4	0.107 4	0.099 2	0.091 6	0.084 7	0.078 4	0.072 5
11	0.195 4	0.177 8	0.161 9	0.147 6	0.134 6	0.122 8	0.112 2	0.102 6	0.093 8	0.085 9	0.078 7	0.072 1	0.066 2	0.060 7	0.055 8
12	0.168 5	0.152 0	0.137 2	0.124 0	0.112 2	0.101 5	0.092 0	0.083 4	0.075 7	0.068 7	0.062 5	0.056 8	0.051 7	0.047 1	0.042 9
13	0.145 2	0.129 9	0.116 3	0.104 2	0.093 5	0.083 9	0.075 4	0.067 8	0.061 0	0.055 0	0.049 6	0.044 7	0.040 4	0.036 5	0.033 0
14	0.125 2	0.111 0	0.098 5	0.087 6	0.077 9	0.069 3	0.061 8	0.055 1	0.049 2	0.044 0	0.039 3	0.035 2	0.031 6	0.028 3	0.025 4
15	0.107 9	0.094 9	0.083 5	0.073 6	0.064 9	0.057 3	0.050 7	0.044 8	0.039 7	0.035 2	0.031 2	0.027 7	0.024 7	0.021 9	0.019 5

续表

期数	1%	2%	3%	4%	5%	6%	7%	8%	9%	10%	11%	12%	13%	14%	15%
16	0.852 8	0.728 4	0.623 2	0.533 9	0.458 1	0.393 6	0.338 7	0.291 9	0.251 9	0.217 6	0.188 3	0.163 1	0.141 5	0.122 9	0.106 9
17	0.844 4	0.714 2	0.605 0	0.513 4	0.436 3	0.371 4	0.316 6	0.270 3	0.231 1	0.197 8	0.169 6	0.145 6	0.125 2	0.107 8	0.092 9
18	0.836 0	0.700 2	0.587 4	0.493 6	0.415 5	0.350 3	0.295 9	0.250 2	0.212 0	0.179 9	0.152 8	0.130 0	0.110 8	0.094 6	0.080 8
19	0.827 7	0.686 4	0.570 3	0.474 6	0.395 7	0.330 5	0.276 5	0.231 7	0.194 5	0.163 5	0.137 7	0.116 1	0.098 1	0.082 9	0.070 3
20	0.819 5	0.673 0	0.553 7	0.456 4	0.376 9	0.311 8	0.258 4	0.214 5	0.178 4	0.148 6	0.124 0	0.103 7	0.086 8	0.072 8	0.061 1
21	0.811 4	0.659 8	0.537 5	0.438 8	0.358 9	0.294 2	0.241 5	0.198 7	0.163 7	0.135 1	0.111 7	0.092 6	0.076 8	0.063 8	0.053 1
22	0.803 4	0.646 8	0.521 9	0.422 0	0.341 8	0.277 5	0.225 7	0.183 9	0.150 2	0.122 8	0.100 7	0.082 6	0.068 0	0.056 0	0.046 2
23	0.795 4	0.634 2	0.506 7	0.405 7	0.325 6	0.261 8	0.210 9	0.170 3	0.137 8	0.111 7	0.090 7	0.073 8	0.060 1	0.049 1	0.040 2
24	0.787 6	0.621 7	0.491 9	0.390 1	0.310 1	0.247 0	0.197 1	0.157 7	0.126 4	0.101 5	0.081 7	0.065 9	0.053 2	0.043 1	0.034 9
25	0.779 8	0.609 5	0.477 6	0.375 1	0.295 3	0.233 0	0.184 2	0.146 0	0.116 0	0.092 3	0.073 6	0.058 8	0.047 1	0.037 8	0.030 4
26	0.772 0	0.597 6	0.463 7	0.360 7	0.281 2	0.219 8	0.172 2	0.135 2	0.106 4	0.083 9	0.066 3	0.052 5	0.041 7	0.033 1	0.026 4
27	0.764 4	0.585 9	0.450 2	0.346 8	0.267 8	0.207 4	0.160 9	0.125 2	0.097 6	0.076 3	0.059 7	0.046 9	0.036 9	0.029 1	0.023 0
28	0.756 8	0.574 4	0.437 1	0.333 5	0.255 1	0.195 6	0.150 4	0.115 9	0.089 5	0.069 3	0.053 8	0.041 9	0.032 6	0.025 5	0.020 0
29	0.749 3	0.563 1	0.424 3	0.320 7	0.242 9	0.184 6	0.140 6	0.107 3	0.082 2	0.063 0	0.048 5	0.037 4	0.028 9	0.022 4	0.017 4
30	0.741 9	0.552 1	0.412 0	0.308 3	0.231 4	0.174 1	0.131 4	0.099 4	0.075 4	0.057 3	0.043 7	0.033 4	0.025 6	0.019 6	0.015 1

续表

期数	16%	17%	18%	19%	20%	21%	22%	23%	24%	25%	26%	27%	28%	29%	30%
16	0.093 0	0.081 1	0.070 8	0.061 8	0.054 1	0.047 4	0.041 5	0.036 4	0.032 0	0.028 1	0.024 8	0.021 8	0.019 3	0.017 0	0.015 0
17	0.080 2	0.069 3	0.060 0	0.052 0	0.045 1	0.039 1	0.034 0	0.029 6	0.025 8	0.022 5	0.019 7	0.017 2	0.015 0	0.013 2	0.011 6
18	0.069 1	0.059 2	0.050 8	0.043 7	0.037 6	0.032 3	0.027 9	0.024 1	0.020 8	0.018 0	0.015 6	0.013 5	0.011 8	0.010 2	0.008 9
19	0.059 6	0.050 6	0.043 1	0.036 7	0.031 3	0.026 7	0.022 9	0.019 6	0.016 8	0.014 4	0.012 4	0.010 7	0.009 2	0.007 9	0.006 8
20	0.051 4	0.043 3	0.036 5	0.030 8	0.026 1	0.022 1	0.018 7	0.015 9	0.013 5	0.011 5	0.009 8	0.008 4	0.007 2	0.006 1	0.005 3
21	0.044 3	0.037 0	0.030 9	0.025 9	0.021 7	0.018 3	0.015 4	0.012 9	0.010 9	0.009 2	0.007 8	0.006 6	0.005 6	0.004 8	0.004 0
22	0.038 2	0.031 6	0.026 2	0.021 8	0.018 1	0.015 1	0.012 6	0.010 5	0.008 8	0.007 4	0.006 2	0.005 2	0.004 4	0.003 7	0.003 1
23	0.032 9	0.027 0	0.022 2	0.018 3	0.015 1	0.012 5	0.010 3	0.008 6	0.007 1	0.005 9	0.004 9	0.004 1	0.003 4	0.002 9	0.002 4
24	0.028 4	0.023 1	0.018 8	0.015 4	0.012 6	0.010 3	0.008 5	0.007 0	0.005 7	0.004 7	0.003 9	0.003 2	0.002 7	0.002 2	0.001 8
25	0.024 5	0.019 7	0.016 0	0.012 9	0.010 5	0.008 5	0.006 9	0.005 7	0.004 6	0.003 8	0.003 1	0.002 5	0.002 1	0.001 7	0.001 4
26	0.021 1	0.016 9	0.013 5	0.010 9	0.008 7	0.007	0.005 7	0.004 6	0.003 7	0.003 0	0.002 5	0.002 0	0.001 6	0.001 3	0.001 1
27	0.018 2	0.014 4	0.011 5	0.009 1	0.007 3	0.005 8	0.004 7	0.003 7	0.003 0	0.002 4	0.001 9	0.001 6	0.001 3	0.001 0	0.000 8
28	0.015 7	0.012 3	0.009 7	0.007 7	0.006 1	0.004 8	0.003 8	0.003 0	0.002 4	0.001 9	0.001 5	0.001 2	0.001 0	0.000 8	0.000 6
29	0.013 5	0.010 5	0.008 2	0.006 4	0.005 1	0.004 0	0.003 1	0.002 5	0.002 0	0.001 5	0.001 2	0.001 0	0.000 8	0.000 6	0.000 5
30	0.011 6	0.009 0	0.007 0	0.005 4	0.004 2	0.003 3	0.002 6	0.002	0.001 6	0.001 2	0.001 0	0.000 8	0.000 6	0.000 5	0.000 4

附录 C 年金终值系数表

期数	1%	2%	3%	4%	5%	6%	7%	8%	9%	10%	11%	12%	13%	14%	15%
1	1.000 0	1.000 0	1.000 0	1.000 0	1.000 0	1.000 0	1.000 0	1.000 0	1.000 0	1.000 0	1.000 0	1.000 0	1.000 0	1.000 0	1.000 0
2	2.010 0	2.020 0	2.030 0	2.040 0	2.050 0	2.060 0	2.070 0	2.080 0	2.090 0	2.100 0	2.110 0	2.120 0	2.130 0	2.140 0	2.150 0
3	3.030 1	3.060 4	3.090 9	3.121 6	3.152 5	3.183 6	3.214 9	3.246 4	3.278 1	3.310 0	3.342 1	3.374 4	3.406 9	3.439 6	3.472 5
4	4.060 4	4.121 6	4.183 6	4.246 5	4.310 1	4.374 6	4.439 9	4.506 1	4.573 1	4.641 0	4.709 7	4.779 3	4.849 8	4.921 1	4.993 4
5	5.101 0	5.204 0	5.309 1	5.416 3	5.525 6	5.637 1	5.750 7	5.866 6	5.984 7	6.105 1	6.227 8	6.352 8	6.480 3	6.610 1	6.742 4
6	6.152 0	6.308 1	6.468 4	6.633 0	6.801 9	6.975 3	7.153 3	7.335 9	7.523 3	7.715 6	7.912 9	8.115 2	8.322 7	8.535 5	8.753 7
7	7.213 5	7.434 3	7.662 5	7.898 3	8.142 0	8.393 8	8.654 0	8.922 8	9.200 4	9.487 2	9.783 3	10.089 0	10.404 7	10.730 5	11.066 8
8	8.285 7	8.583 0	8.892 3	9.214 2	9.549 1	9.897 5	10.259 8	10.636 6	11.028 5	11.435 9	11.859 4	12.299 7	12.757 3	13.232 8	13.726 8
9	9.368 5	9.754 6	10.159 1	10.582 8	11.026 6	11.491 3	11.978 0	12.487 6	13.021 0	13.579 5	14.164 0	14.775 7	15.415 7	16.085 3	16.785 8
10	10.462 2	10.949 7	11.463 9	12.006 1	12.577 9	13.180 8	13.816 4	14.486 6	15.192 9	15.937 4	16.722 0	17.548 7	18.419 7	19.337 3	20.303 7
11	11.566 8	12.168 7	12.807 8	13.486 4	14.206 8	14.971 6	15.783 6	16.645 5	17.560 3	18.531 2	19.561 4	20.654 6	21.814 3	23.044 5	24.349 3
12	12.682 5	13.412 1	14.192 0	15.025 8	15.917 1	16.869 9	17.888 5	18.977 1	20.140 7	21.384 3	22.713 2	24.133 1	25.650 2	27.270 7	29.001 7
13	13.809 3	14.680 3	15.617 8	16.626 8	17.713 0	18.882 1	20.140 6	21.495 3	22.953 4	24.522 7	26.211 6	28.029 1	29.984 7	32.088 7	34.351 9
14	14.947 4	15.973 9	17.086 3	18.291 9	19.598 6	21.015 1	22.550 5	24.214 9	26.019 2	27.975 0	30.094 9	32.392 6	34.882 7	37.581 1	40.504 7
15	16.096 9	17.293 4	18.598 9	20.023 6	21.578 6	23.276 0	25.129 0	27.152 1	29.360 9	31.772 5	34.405 4	37.279 7	40.417 5	43.842 4	47.580 4

续表

期数	16%	17%	18%	19%	20%	21%	22%	23%	24%	25%	26%	27%	28%	29%	30%
1	1.000 0	1.000 0	1.000 0	1.000 0	1.000 0	1.000 0	1.000 0	1.000 0	1.000 0	1.000 0	1.000 0	1.000 0	1.000 0	1.000 0	1.000 0
2	2.160 0	2.170 0	2.180 0	2.190 0	2.200 0	2.210 0	2.220 0	2.230 0	2.240 0	2.250 0	2.260 0	2.270 0	2.280 0	2.290 0	2.300 0
3	3.505 6	3.538 9	3.572 4	3.606 1	3.640 0	3.674 1	3.708 4	3.742 9	3.777 6	3.812 5	3.847 6	3.882 9	3.918 4	3.954 1	3.990 0
4	5.066 5	5.140 5	5.215 4	5.291 3	5.368 0	5.445 7	5.524 2	5.603 8	5.684 2	5.765 6	5.848 0	5.931 3	6.015 6	6.100 8	6.187 0
5	6.877 1	7.014 4	7.154 2	7.296 6	7.441 6	7.589 2	7.739 6	7.892 6	8.048 4	8.207 0	8.368 4	8.532 7	8.699 9	8.870 0	9.043 1
6	8.977 5	9.206 8	9.442 0	9.683 0	9.929 9	10.183 0	10.442 3	10.707 9	10.980 1	11.258 8	11.544 2	11.836 6	12.135 9	12.442 3	12.756 0
7	11.413 9	11.772 0	12.141 5	12.522 7	12.915 9	13.321 4	13.739 6	14.170 8	14.615 3	15.073 5	15.545 8	16.032 4	16.533 9	17.050 6	17.582 8
8	14.240 1	14.773 3	15.327 0	15.902 0	16.499 1	17.118 9	17.762 3	18.430 0	19.122 9	19.841 9	20.587 6	21.361 2	22.163 4	22.995 3	23.857 7
9	17.518 5	18.284 7	19.085 9	19.923 4	20.798 9	21.713 9	22.670 0	23.669 0	24.712 5	25.802 3	26.940 4	28.128 7	29.369 2	30.663 9	32.015 0
10	21.321 5	22.393 1	23.521 3	24.708 9	25.958 7	27.273 8	28.657 4	30.112 8	31.643 4	33.252 9	34.944 9	36.723 5	38.592 6	40.556 4	42.619 5
11	25.732 9	27.199 9	28.755 1	30.403 5	32.150 4	34.001 3	35.962 0	38.038 8	40.237 9	42.566 1	45.030 6	47.638 8	50.398 5	53.317 8	56.405 3
12	30.850 2	32.823 9	34.931 1	37.180 2	39.580 5	42.141 6	44.873 7	47.787 7	50.895 0	54.207 7	57.738 6	61.501 3	65.510 0	69.780 0	74.327 0
13	36.786 2	39.404 0	42.218 7	45.244 5	48.496 6	51.991 3	55.745 9	59.778 8	64.109 7	68.759 6	73.750 6	79.106 6	84.852 9	91.016 1	97.625 0
14	43.672 0	47.102 7	50.818 0	54.840 9	59.195 9	63.909 5	69.010 0	74.528 0	80.496 1	86.949 5	93.925 8	101.465 4	109.611 7	118.410 8	127.912 5
15	51.659 5	56.110 1	60.965 3	66.260 7	72.035 1	78.330 5	85.192 2	92.669 4	100.815 1	109.686 8	119.346 5	129.861 1	141.302 9	153.750 0	167.286 3

续表

期数	1%	2%	3%	4%	5%	6%	7%	8%	9%	10%	11%	12%	13%	14%	15%
16	17.2579	18.6393	20.1569	21.8245	23.6575	25.6725	27.8881	30.3243	33.0034	35.9497	39.1899	42.7533	46.6717	50.9804	55.7175
17	18.4304	20.0121	21.7616	23.6975	25.8404	28.2129	30.8402	33.7502	36.9737	40.5447	44.5008	48.8837	53.7391	59.1176	65.0751
18	19.6147	21.4123	23.4144	25.6454	28.1324	30.9057	33.9990	37.4502	41.3013	45.5992	50.3959	55.7497	61.7251	68.3941	75.8364
19	20.8109	22.8406	25.1169	27.6712	30.5390	33.7600	37.3790	41.4463	46.0185	51.1591	56.9395	63.4397	70.7494	78.9692	88.2118
20	22.0190	24.2974	26.8704	29.7781	33.0660	36.7856	40.9955	45.7620	51.1601	57.2750	64.2028	72.0524	80.9468	91.0249	102.4436
21	23.2392	25.7833	28.6765	31.9692	35.7193	39.9927	44.8652	50.4229	56.7645	64.0025	72.2651	81.6987	92.4699	104.7684	118.8101
22	24.4716	27.2990	30.5368	34.2480	38.5052	43.3923	49.0057	55.4568	62.8733	71.4027	81.2143	92.5026	105.4910	120.4360	137.6316
23	25.7163	28.8450	32.4529	36.6179	41.4305	46.9958	53.4361	60.8933	69.5319	79.5430	91.1479	104.6029	120.2048	138.2970	159.2764
24	26.9735	30.4219	34.4265	39.0826	44.5020	50.8156	58.1767	66.7648	76.7898	88.4973	102.1742	118.1552	136.8315	158.6586	184.1678
25	28.2432	32.0303	36.4593	41.6459	47.7271	54.8645	63.2490	73.1059	84.7009	98.3471	114.4133	133.3339	155.6196	181.8708	212.7930
26	29.5256	33.6709	38.5530	44.3117	51.1135	59.1564	68.6765	79.9544	93.3240	109.1818	127.9988	150.3339	176.8501	208.3327	245.7120
27	30.8209	35.3443	40.7096	47.0842	54.6691	63.7058	74.4838	87.3508	102.7231	121.0999	143.0786	169.3740	200.8406	238.4993	283.5688
28	32.1291	37.0512	42.9309	49.9676	58.4026	68.5281	80.6977	95.3388	112.9682	134.2099	159.8173	190.6989	227.9499	272.8892	327.1041
29	33.4504	38.7922	45.2189	52.9663	62.3227	73.6398	87.3465	103.9659	124.1354	148.6309	178.3972	214.5828	258.5834	312.0937	377.1697
30	34.7849	40.5681	47.5754	56.0849	66.4388	79.0582	94.4608	113.2832	136.3075	164.4940	199.0209	241.3327	293.1992	356.7868	434.7451

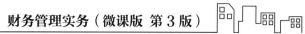

续表

期数	16%	17%	18%	19%	20%	21%	22%	23%	24%	25%	26%	27%	28%	29%	30%
16	60.925 0	66.648 8	72.939 0	79.850 2	87.442 1	95.779 9	104.934 5	114.983 4	126.010 8	138.108 5	151.376 6	165.923 6	181.867 7	199.337 4	218.472 2
17	71.673 0	78.979 2	87.068 0	96.021 8	105.930 6	116.893 7	129.020 1	142.429 5	157.253 4	173.635 7	191.734 5	211.723 0	233.790 7	258.145 3	285.013 9
18	84.140 7	93.405 6	103.740 3	115.265 9	128.116 7	142.441 3	158.404 5	176.188 3	195.994 2	218.044 6	242.585 5	269.888 2	300.252 1	334.007 4	371.518 0
19	98.603 2	110.284 6	123.413 5	138.166 4	154.740 0	173.354 0	194.253 5	217.711 6	244.032 8	273.555 8	306.657 7	343.758 0	385.322 7	431.869 6	483.973 4
20	115.379 7	130.032 9	146.628 0	165.418 0	186.688 0	210.758 4	237.989 3	268.785 3	303.600 6	342.944 7	387.388 7	437.572 6	494.213 1	558.111 8	630.165 5
21	134.840 5	153.138 5	174.021 0	197.847 4	225.025 6	256.017 6	291.346 9	331.605 9	377.464 8	429.680 9	489.109 8	556.717 3	633.592 7	720.964 2	820.215 1
22	157.415 0	180.172 1	206.344 8	236.438 5	271.030 7	310.781 3	356.443 2	408.875 3	469.056 3	538.101 1	617.278 3	708.030 9	811.998 7	931.043 8	1 067.279 6
23	183.601 4	211.801 3	244.486 8	282.361 8	326.236 9	377.045 4	435.860 7	503.916 6	582.629 8	673.626 4	778.770 7	900.199 3	1 040.358 3	1 202.046 5	1 388.463 5
24	213.977 6	248.807 6	289.494 5	337.010 5	392.484 2	457.224 9	532.750 1	620.817 4	723.461 0	843.032 9	982.251 1	1 144.253 1	1 332.658 6	1 551.640 0	1 806.002 6
25	249.214 0	292.104 9	342.603 5	402.042 5	471.981 1	554.242 2	650.955 1	764.605 4	898.091 6	1 054.791 2	1 238.636 3	1 454.201 4	1 706.803 1	2 002.615 6	2 348.803 3
26	290.088 3	342.762 7	405.272 1	479.430 6	567.377 3	671.633 0	795.165 3	941.464 7	1 114.633 6	1 319.489 0	1 561.681 8	1 847.835 8	2 185.707 9	2 584.374 1	3 054.444 3
27	337.502 4	402.032 3	479.221 1	571.522 4	681.852 8	813.675 9	971.101 6	1 159.000 1	1 383.145 7	1 650.361 2	1 968.719 1	2 347.751 5	2 798.706 1	3 334.842 6	3 971.777 6
28	392.502 8	471.377 8	566.480 9	681.111 6	819.223 3	985.547 9	1 185.744 0	1 426.571 9	1 716.100 7	2 063.951 9	2 481.586 0	2 982.644 4	3 583.343 8	4 302.947 0	5 164.310 9
29	456.303 2	552.512 1	669.447 5	811.522 8	984.068 0	1 193.512 9	1 447.607 7	1 755.683 5	2 128.964 8	2 580.939 4	3 127.798 4	3 788.958 3	4 587.680 1	5 551.801 6	6 714.604 2
30	530.311 7	647.439 1	790.948 0	966.712 2	1 181.881 6	1 445.150 7	1 767.081 3	2 160.490 7	2 640.916 4	3 227.174 3	3 942.026 0	4 812.977 1	5 873.230 6	7 162.824 1	8 729.985 5

附录 D 年金现值系数表

期数	1%	2%	3%	4%	5%	6%	7%	8%	9%	10%	11%	12%	13%	14%	15%
1	0.990 1	0.980 4	0.970 9	0.961 5	0.952 4	0.943 4	0.934 6	0.925 9	0.917 4	0.909 1	0.900 9	0.892 9	0.885 0	0.877 2	0.869 6
2	1.970 4	1.941 6	1.913 5	1.886 1	1.859 4	1.833 4	1.808 0	1.783 3	1.759 1	1.735 5	1.712 5	1.690 1	1.668 1	1.646 7	1.625 7
3	2.941 0	2.883 9	2.828 6	2.775 1	2.723 2	2.673 0	2.624 3	2.577 1	2.531 3	2.486 9	2.443 7	2.401 8	2.361 2	2.321 6	2.283 2
4	3.902 0	3.807 7	3.717 1	3.629 9	3.546 0	3.465 1	3.387 2	3.312 1	3.239 7	3.169 9	3.102 4	3.037 3	2.974 5	2.913 7	2.855 0
5	4.853 4	4.713 5	4.579 7	4.451 8	4.329 5	4.212 4	4.100 2	3.992 7	3.889 7	3.790 8	3.695 9	3.604 8	3.517 2	3.433 1	3.352 2
6	5.795 5	5.601 4	5.417 2	5.242 1	5.075 7	4.917 3	4.766 5	4.622 9	4.485 9	4.355 3	4.230 5	4.111 4	3.997 5	3.888 7	3.784 5
7	6.728 2	6.472 0	6.230 3	6.002 1	5.786 4	5.582 4	5.389 3	5.206 4	5.033 0	4.868 4	4.712 2	4.563 8	4.422 6	4.288 3	4.160 4
8	7.651 7	7.325 5	7.019 7	6.732 7	6.463 2	6.209 8	5.971 3	5.746 6	5.534 8	5.334 9	5.146 1	4.967 6	4.798 8	4.638 9	4.487 3
9	8.566 0	8.162 2	7.786 1	7.435 3	7.107 8	6.801 7	6.515 2	6.246 9	5.995 2	5.759 0	5.537 0	5.328 2	5.131 7	4.946 4	4.771 6
10	9.471 3	8.982 6	8.530 2	8.110 9	7.721 7	7.360 1	7.023 6	6.710 1	6.417 7	6.144 6	5.889 2	5.650 2	5.426 2	5.216 1	5.018 8
11	10.367 6	9.786 8	9.252 6	8.760 5	8.306 4	7.886 9	7.498 7	7.139 0	6.805 2	6.495 1	6.206 5	5.937 7	5.686 9	5.452 7	5.233 7
12	11.255 1	10.575 3	9.954 0	9.385 1	8.863 3	8.383 8	7.942 7	7.536 1	7.160 7	6.813 7	6.492 4	6.194 4	5.917 6	5.660 3	5.420 6
13	12.133 7	11.348 4	10.635 0	9.985 6	9.393 6	8.852 7	8.357 7	7.903 8	7.486 9	7.103 4	6.749 9	6.423 5	6.121 8	5.842 4	5.583 1
14	13.003 7	12.106 2	11.296 1	10.563 1	9.898 6	9.295 0	8.745 5	8.244 2	7.786 2	7.366 7	6.981 9	6.628 2	6.302 5	6.002 1	5.724 5
15	13.865 1	12.849 3	11.937 9	11.118 4	10.379 7	9.712 2	9.107 9	8.559 5	8.060 7	7.606 1	7.190 9	6.810 9	6.462 4	6.142 2	5.847 4

续表

期数	16%	17%	18%	19%	20%	21%	22%	23%	24%	25%	26%	27%	28%	29%	30%
1	0.862 1	0.854 7	0.847 5	0.840 3	0.833 3	0.826 4	0.819 7	0.813	0.806 5	0.800 0	0.793 7	0.787 4	0.781 3	0.775 2	0.769 2
2	1.605 2	1.585 2	1.565 6	1.546 5	1.527 8	1.509 5	1.491 5	1.474 0	1.456 8	1.440 0	1.423 5	1.407 4	1.391 6	1.376 1	1.360 9
3	2.245 9	2.209 6	2.174 3	2.139 9	2.106 5	2.073 9	2.042 2	2.011 4	1.981 3	1.952 0	1.923 4	1.895 6	1.868 4	1.842 0	1.816 1
4	2.798 2	2.743 2	2.690 1	2.638 6	2.588 7	2.540 4	2.493 6	2.448 3	2.404 3	2.361 6	2.320 2	2.280 0	2.241 0	2.203 1	2.166 2
5	3.274 3	3.199 3	3.127 2	3.057 6	2.990 6	2.926 0	2.863 6	2.803 5	2.745 4	2.689 3	2.635 1	2.582 7	2.532 0	2.483 0	2.435 6
6	3.684 7	3.589 2	3.497 6	3.409 8	3.325 5	3.244 6	3.166 9	3.092 3	3.020 5	2.951 4	2.885 0	2.821 0	2.759 4	2.700 0	2.642 7
7	4.038 6	3.922 4	3.811 5	3.705 7	3.604 6	3.507 9	3.415 5	3.327 0	3.242 3	3.161 1	3.083 3	3.008 7	2.937 0	2.868 2	2.802 1
8	4.343 6	4.207 2	4.077 6	3.954 4	3.837 2	3.725 6	3.619 3	3.517 9	3.421 2	3.328 9	3.240 7	3.156 4	3.075 8	2.998 6	2.924 7
9	4.606 5	4.450 6	4.303 0	4.163 3	4.031 0	3.905 4	3.786 3	3.673 1	3.565 5	3.463 1	3.365 7	3.272 8	3.184 2	3.099 7	3.019 0
10	4.833 2	4.658 6	4.494 1	4.338 9	4.192 5	4.054 1	3.923 2	3.799 3	3.681 9	3.570 5	3.464 8	3.364 4	3.268 9	3.178 1	3.091 5
11	5.028 6	4.836 4	4.656 0	4.486 5	4.327 1	4.176 9	4.035 4	3.901 8	3.775 7	3.656 4	3.543 5	3.436 5	3.335 1	3.238 8	3.147 3
12	5.197 1	4.988 4	4.793 2	4.610 5	4.439 2	4.278 4	4.127 4	3.985 2	3.851 4	3.725 1	3.605 9	3.493 3	3.386 8	3.285 9	3.190 3
13	5.342 3	5.118 3	4.909 5	4.714 7	4.532 7	4.362 4	4.202 8	4.053 0	3.912 4	3.780 1	3.655 5	3.538 1	3.427 2	3.322 4	3.223 3
14	5.467 5	5.229 3	5.008 1	4.802 3	4.610 6	4.431 7	4.264 6	4.108 2	3.961 6	3.824 1	3.694 9	3.573 3	3.458 7	3.350 7	3.248 7
15	5.575 5	5.324 2	5.091 6	4.875 9	4.675 5	4.489 0	4.315 2	4.153 0	4.001 3	3.859 3	3.726 1	3.601 0	3.483 4	3.372 6	3.268 2

续表

期数	1%	2%	3%	4%	5%	6%	7%	8%	9%	10%	11%	12%	13%	14%	15%
16	14.717 9	13.577 7	12.561 1	11.652 3	10.837 8	10.105 9	9.446 6	8.851 4	8.312 6	7.823 7	7.379 2	6.974 0	6.603 9	6.265 1	5.954 2
17	15.562 3	14.291 9	13.166 1	12.165 7	11.274 1	10.477 3	9.763 2	9.121 6	8.543 6	8.021 6	7.548 8	7.119 6	6.729 1	6.372 9	6.047 2
18	16.398 3	14.992 0	13.753 5	12.659 3	11.689 6	10.827 6	10.059 1	9.371 9	8.755 6	8.201 4	7.701 6	7.249 7	6.839 9	6.467 4	6.128 0
19	17.226 0	15.678 5	14.323 8	13.133 9	12.085 3	11.158 1	10.335 6	9.603 6	8.950 1	8.364 9	7.839 3	7.365 8	6.938 0	6.550 4	6.198 2
20	18.045 6	16.351 4	14.877 5	13.590 3	12.462 2	11.469 9	10.594 0	9.818 1	9.128 5	8.513 6	7.963 3	7.469 4	7.024 8	6.623 1	6.259 3
21	18.857 0	17.011 2	15.415 0	14.029 2	12.821 2	11.764 1	10.835 5	10.016 8	9.292 2	8.648 7	8.075 1	7.562 0	7.101 6	6.687 0	6.312 5
22	19.660 4	17.658 0	15.936 9	14.451 1	13.163 0	12.041 6	11.061 2	10.200 7	9.442 4	8.771 5	8.175 7	7.644 6	7.169 5	6.742 9	6.358 7
23	20.455 8	18.292 2	16.443 6	14.856 8	13.488 6	12.303 4	11.272 2	10.371 1	9.580 2	8.883 2	8.266 4	7.718 4	7.229 7	6.792 1	6.398 8
24	21.243 4	18.913 9	16.935 5	15.247 0	13.798 6	12.550 4	11.469 3	10.528 8	9.706 6	8.984 7	8.348 1	7.784 3	7.282 9	6.835 1	6.433 8
25	22.023 2	19.523 5	17.413 1	15.622 1	14.093 9	12.783 4	11.653 6	10.674 8	9.822 6	9.077 0	8.421 7	7.843 1	7.330 0	6.872 9	6.464 1
26	22.795 2	20.121 0	17.876 8	15.982 8	14.375 2	13.003 2	11.825 8	10.810 0	9.929 0	9.160 9	8.488 1	7.895 7	7.371 7	6.906 1	6.490 6
27	23.559 6	20.706 9	18.327 0	16.329 6	14.643 0	13.210 5	11.986 7	10.935 2	10.026 6	9.237 2	8.547 8	7.942 6	7.408 6	6.935 2	6.513 5
28	24.316 4	21.281 3	18.764 1	16.663 1	14.898 1	13.406 2	12.137 1	11.051 1	10.116 1	9.306 6	8.601 6	7.984 4	7.441 2	6.960 7	6.533 5
29	25.065 8	21.844 4	19.188 5	16.983 7	15.141 1	13.590 7	12.277 7	11.158 4	10.198 3	9.369 6	8.650 1	8.021 8	7.470 1	6.983 0	6.550 9
30	25.807 7	22.396 5	19.600 4	17.292 0	15.372 5	13.764 8	12.409 0	11.257 8	10.273 7	9.426 9	8.693 8	8.055 2	7.495 7	7.002 7	6.566 0

续表

期数	16%	17%	18%	19%	20%	21%	22%	23%	24%	25%	26%	27%	28%	29%	30%
16	5.668 5	5.405 3	5.162 4	4.937 7	4.729 6	4.536 4	4.356 7	4.189 4	4.033 3	3.887 4	3.750 9	3.622 8	3.502 6	3.389 6	3.283 2
17	5.748 7	5.474 6	5.222 3	4.989 7	4.774 6	4.575 5	4.390 8	4.219 0	4.059 1	3.909 9	3.770 5	3.640 0	3.517 7	3.402 8	3.294 8
18	5.817 8	5.533 9	5.273 2	5.033 3	4.812 2	4.607 9	4.418 7	4.243 1	4.079 9	3.927 9	3.786 1	3.653 6	3.529 4	3.413 0	3.303 7
19	5.877 5	5.584 5	5.316 2	5.070 0	4.843 5	4.634 6	4.441 5	4.262 7	4.096 7	3.942 4	3.798 5	3.664 2	3.538 6	3.421 0	3.310 5
20	5.928 8	5.627 8	5.352 7	5.100 9	4.869 6	4.656 7	4.460 3	4.278 6	4.110 3	3.953 9	3.808 3	3.672 6	3.545 8	3.427 1	3.315 8
21	5.973 1	5.664 8	5.383 7	5.126 8	4.891 3	4.675 0	4.475 6	4.291 6	4.121 2	3.963 1	3.816 1	3.679 2	3.551 4	3.431 9	3.319 8
22	6.011 3	5.696 4	5.409 9	5.148 6	4.909 4	4.690 0	4.488 2	4.302 1	4.130 0	3.970 5	3.822 3	3.684 4	3.555 8	3.435 6	3.323 0
23	6.044 2	5.723 4	5.432 1	5.166 8	4.924 5	4.702 5	4.498 5	4.310 6	4.137 1	3.976 4	3.827 3	3.688 5	3.559 2	3.438 4	3.325 4
24	6.072 6	5.746 5	5.450 9	5.182 2	4.937 1	4.712 8	4.507 0	4.317 6	4.142 8	3.981 1	3.831 2	3.691 8	3.561 9	3.440 6	3.327 2
25	6.097 1	5.766 2	5.466 9	5.195 1	4.947 6	4.721 3	4.513 9	4.323 2	4.147 4	3.984 9	3.834 2	3.694 3	3.564 0	3.442 3	3.328 6
26	6.118 2	5.783 1	5.480 4	5.206 0	4.956 3	4.728 4	4.519 6	4.327 8	4.151 1	3.987 9	3.836 7	3.696 3	3.565 6	3.443 7	3.329 7
27	6.136 4	5.797 5	5.491 9	5.215 1	4.963 6	4.734 2	4.524 3	4.331 6	4.154 2	3.990 3	3.838 7	3.697 9	3.566 9	3.444 7	3.330 5
28	6.152 0	5.809 9	5.501 6	5.222 8	4.969 7	4.739 0	4.528 1	4.334 6	4.156 6	3.992 3	3.840 2	3.699 1	3.567 9	3.445 5	3.331 2
29	6.165 6	5.820 4	5.509 8	5.229 2	4.974 7	4.743 0	4.531 2	4.337 1	4.158 5	3.993 8	3.841 4	3.700 1	3.568 7	3.446 1	3.331 7
30	6.177 2	5.829 4	5.516 8	5.234 7	4.978 9	4.746 3	4.533 8	4.339 1	4.160 1	3.995 0	3.842 4	3.700 9	3.569 3	3.446 6	3.332 1